翰墨心语

陶秀琪 著

图书在版编目(CIP)数据

翰墨心语 / 陶秀琪著. —广州：世界图书出版广东有限公司，
2025.1重印

ISBN 978-7-5100-7199-7

Ⅰ.①翰… Ⅱ.①陶… Ⅲ.①中小学教育—文集 Ⅳ.①G63-53

中国版本图书馆CIP数据核字(2013)第291824号

翰 墨 心 语

作　　者	陶秀琪	
策划编辑	梅祥胜	
责任编辑	翁　晗	
封面设计	黎　江	
出版发行	世界图书出版广东有限公司	
地　　址	广州市新港西路大江冲25号	
电　　话	020-84459702	
印　　刷	悦读天下（山东）印务有限公司	
规　　格	880mm×1230mm　1/32	
印　　张	7.875	
字　　数	160千字	
版　　次	2013年12月第1版	2025年1月第3次印刷
ISBN	978-7-5100-7199-7/G　0103	
定　　价	48.00元	

目　录

序言 ·············· 5

现代汉语教学研究篇

浅谈成分易位的修辞效果 ········ 7

武穴话的人称代词 ·········· 11

《邓小平文选》第三卷中设问的语言
特色浅析 ············ 16

语文教学研究篇

试论语文创新思维能力的培养
················· 19

论初中作文教学中创造性思维能力
的培养 ············ 21

浅谈重建课堂教学模式 ····· 23

综合阅读与综合性学习 ······ 26

湖北省"初中语文综合阅读课题研
究"结题报告 ········· 29

湖北省"初中语文/综合阅读课题研
究"交流展示 ········ 55

东坡赤壁文化融进语文教学
················ 60

一堂新设计，体现新课标——《走进
赤壁，感受东坡文化》学科整合的课
型研究 ············ 64

说整合　展成果　促课改

——走进赤壁　感受东坡文化省说课
大赛特等奖说课稿 ·········· 74

教诗用"五读"体现综合阅读

——《杜甫诗三首》诗歌教学法研讨
示范课 ············ 79

巧设"四环"轻松复习

——《走进诗歌天地，感悟人生真谛》
中考诗歌复习研讨示范课
················· 86

学用"五步"法　帮我学作文

——人教版五年级下册第二单元《难
忘童年》的作文指导课堂实录
················· 99

同题思"异"是培养学生"求异"思维
的有效途径——话题作文"感悟生命"
的指导 ·········· 109

教育教学管理研究篇

挑战与应答：老师行为与中学生不良行
为的矫正

——湖北省教育科学"九·五"规划课
题的子课题结题报告
················· 114

明目标、订措施、开题研究国家级课题

——中国教育学会十二五规划课题《中

小学生养成教育策略研究》开题报告
·············· 133

在新课标背景下班主任专业化发展
中实施年级管理的探索
——第16期"浦东教育论坛"上的交
流讲话 ·············· 141

启黄特色,打造基础教育品牌——黄
冈市电视台的黄冈新闻播出的系列
报道 ·············· 150

巧施爱心 循循善诱——致新同学的
一封信 ·············· 155

牢记"五点"调节 正确面对挫折
——怎样面对挫折 ·············· 164

遵循《规范》养成良好习惯
——《规范在我心中》主题班会实录
·············· 166

心存感恩 立志成才
——《感恩教育》主题班会实录 ···
·············· 178

家校沟通 共商教育策略
——知情况 查原因 拿措施 促进步
·············· 189

发展才是硬道理——启黄中学初三
年级总结会上的讲话 ·············· 195

晴空一鹤排云上 学子豪情到碧霄
·············· 201

让东坡诗词大步走进校园倡议书
·············· 206

立足岗位 扬起未成年人思想道德教
育建设的风帆 ·············· 208

传承东坡文化 打造特色名校 ···
·············· 213

知情况 明目标抓纪律 养习惯 勇达标
·············· 215

我们这样组织第二课堂活动 ··· 222

教坛心语篇

心中的赞歌 ·············· 225

中国梦 我的梦 ·············· 228

科学技术是第一生产力的理论意义
·············· 230

附 录

启黄中学2010年中考成绩公布牌
·············· 233

只知景观不知内涵如何让传统文化
浸润学生心灵 ·············· 234

传统文化,塑造文化校园 ········ 237

东坡文化走进、校园 ·············· 239

中小学开书法课,师资成了"拦路虎"
·············· 241

后记 ·············· 245

序　言

　　与陶秀琪同志认识是在 2010 年 9 月 16 日晚上，黄冈中学隆重举行 2010 年秋季全校教职工大会，在大会上她所带的初三年级被学校评为"中考先进集体"，我有幸被邀请参加这次会议，并给陶秀琪同志颁发"中考先进集体"的奖牌。那一年，她所带年级的中考成绩创造了启黄中学升入黄冈中学的历史新高。

　　赏读陶秀琪同志的文章，让我更走近了她。三十年立足教坛，留下她辛勤耕耘的印迹：在黄冈教育学院她为拓展我市成人教育奉献了青春；在黄冈财税学校她为发展我市中专教育作出了努力；在黄冈中学她为打造黄冈教育品牌作出了贡献；2012 年 11 月 13 日，她被市教育局选派到市东坡小学（原市实验二小）任校长为我市在义务教育中实施素质教育的道路上继续求索。

　　陶秀琪同志的文章饱含了对教育的思考。她在大学教书时，对所带课程现代汉语进行思考；在中学时，对中学教育和中学语文教学进行研究；在小学当老师时，潜心研究小学语文教法。这种以教带研、以研促教、研教结合的方式，应该是一个教师专业化发展的途径之一，也是构建大语文观的追求。她紧扣课堂教学，深入教育科研，注重教学改革与创新。早在 2004 年，她就开始在教学中落实新课标，并结合省级课题"初中语文综合阅读教学实践"的研究，构建了一套适合初中综合阅读的课堂教学模式，形成了自己独到的教学风格，为同行所公认，并在省内同层次学校的语文学科中具有较高的知名度。2005 年，她的"综合阅读"研究课在湖北省说课比赛中荣获特等奖；2011 年，她主持的省级课题荣获湖北省基础教育课题优秀课题一等奖，这项课题成果已经在黄冈中学和市东坡小学应用；2012 年，她承担了两个国家级课题《中小学生养成教育策略研究》和《学校文化特色的策划研究》的负责人，她结合小学教语文第五册作文研究课"难忘童年"构建了小学作文"五步教学法"，得到有关专家的好评。陶秀琪同志凭着自己品德高尚、专业素质好、创新能力强、业绩突出、理念先进，2012 年被黄冈市教育局评为黄冈名师。在学生和家长眼里，她也是一位好老师。学生最爱听她上的课，家长最爱把自己的孩子送到她带的班。家长评价说："你爱你的孩子，就把孩子送给陶秀琪；你恨你的孩子，更要把孩子送给陶秀琪"，这句话包含了家长对陶秀琪同志的无限信任。我相信这一切都得益于她对教育教学研究的自觉和实践，我更相信她能够成为推进我市中小学教育教学改革发展的学科领头人。

陶秀琪同志的作品还让我们感受到她对教育理想的执着追求。追梦的教育者，首先应该是无私奉献的人。她在黄冈中学可以说功成名就，待遇也不错，她可以就此止步。可是，当黄冈教育事业需要她的时候，她毅然离开了自己创造过辉煌的启黄中学和黄冈中学，来到一所由中专转制的基础薄弱、百业待兴的小学，她用自己无私的精神决意坚守着这块教育圣地，继续着她对教育梦想的追求。在几乎整个社会都不得不急功近利的背景下，她对教育之梦的追求，显得既有雄心壮志，有拼搏进取，有创新发展，同时又充满压力、充满矛盾。在新的环境下，我们的教育求索虽然遭受过很多挫折，但陶秀琪同志依然始终不渝对教育理想的执着追求，破冰前行，勇往直前，这是十分可贵而令人敬佩的。我为这本《教坛浅迹》写序言，意在期待陶秀琪同志和她的同行们在追求教育之梦的征程中，坚持不懈，用自己的新发现，续写黄冈教育的新篇章。

中国教育学会小学语文教学研究会副理事长
湖北省教研室小学语文教研员，特级教师
段宗平
2013 年 6 月 18 日

浅谈成分易位的修辞效果

汉语是一种形态不发达的语言,因此语序被作为一种重要的语法手段。同样的词语,组合的次序不同,结构关系不同,表达的意思就不完全相同或完全不相同。1976年,"四人帮"的爪牙曾贴出一幅标语:"强烈要求张春桥当总理"。首都群众看后十分气愤,于是针锋相对地也贴出了一幅:"张春桥强烈要求当总理"。使用同样的词语,只是变更了一下语序,就把张春桥急于篡党夺权的野心揭露无遗。

汉语又是一种富于表现力的语言。在语序上,汉语固然有固定性的一面,但又有灵活性的一面,在不改变结构关系和基本句意的前提下,又容许在语序上作些变易,以取得某种特殊的修辞效果。限于篇幅,本文只谈句子成分的易位及其修辞效果。

汉语的句子,主语在前,谓语在后;定语、状语在前,中心语在后,这是句子成分的常规排列次序。在言语表达中,说话人出于需要,有时故意改变这种句子成分的常规次序。具体说来,有三种情况。

一、主谓易位

主谓易位是把谓语挪到主语前边。例如:

①起来,饥寒交迫的奴隶,起来,全世界受苦的人!

(欧仁·鲍狄埃《国际歌》)

②终于过去了,那黑暗的日子!

主谓易位通常是为了强调突出谓语所表达的内容。如例①将谓语"起来"前移,就突出了谓语,强调了行为,增添了诗歌的号召、鼓舞力量。例②将谓语"终于过去了"前移,就鲜明地表现出说话人那种压抑不住的激动兴奋的情绪。

主谓易位有时是为了如实地反映紧急情况,表达说话人某种急迫、紧张的心情;或是突出对事物的感叹,抒发说话人某种特殊的感受。例如:

③水生笑了一下。女人看出他笑得不像平常,"怎么啦,你?"

(孙犁《荷花淀》)

④多么好,祖国!多么好,生活!那么好啊——物理!

(柯岩《奇异的书简》)

例③说话人出于急迫,因此先说出谓语,询问答案,然后再说出主语。例④说话人对咏叹,为了突出咏叹时的特殊感受,也将谓语提到了前边。

主谓易位有时是为了押韵协律,增强语言的和谐美。例如:

⑤美啊,我们这一代人的理想!

她是瑰丽的壮锦、壮美的诗章,

她是彩色的天桥、灿烂的霞光!

(《山花》1979年5期25页)

⑥灭了,风中的蜡;

僵了,井底的蛙;

倒了,泥塑的菩萨。

(《郭小川诗选》)

例⑤首句主谓易位,是要让"想"跟后两句的"章""光"押韵;例⑥三句分别易位,使"蜡""蛙""萨"协韵。这样,念读起来琅琅上口,悦耳动听;同时,在内容的表达上也有突出强调的作用。

二、定语易位

定语易位通常是将定语挪到中心语的后边,但也有前移的情况。例如:

⑦他们应该有新的生活,为我们所未经生活过的。(鲁迅《故乡》)

⑧我们曾和党内的机会主义倾向作斗争,"右"的和"左"的。(毛泽东《论人民民主专政》)

⑨广阔的平原底下,横的、竖的、直的、弯的,挖了不计其数的地道。(转引自《中国语文》1986年1期2页)

定语易位主要是为了强调突出定语所表达的内容。如例⑦强调说明"我"的"辛苦辗转"的生活,也不是闰土的"辛苦麻木"的生活,更不是"别人"的"辛苦恣睢"的生活,而是老一辈人未经生活过的那种"新的生活"。例⑧强调说明"我们走过了曲折的道路",跟机会主义倾向作过艰苦的斗争,而机会主义倾向又有"右"和"左"两种。

定语易位有时是起一种补充说明的作用,或是适应于某种特定的情境。例如:

⑩天空变成了浅蓝色,很浅很浅的;转眼间天边出现了一道红霞,慢慢儿

扩大它的范围,加强了它的光亮。（巴金《海上的日出》）

11 无数双眼睛——金黄的、碧蓝的、黝黑的,同时注视着那条受伤的手臂,各种语言发出同样的惊叹!（理由《扬眉剑出鞘》）

12 她一手提着竹篮,内中一个破碗,空的;一手拄着一支比她更长的竹竿,下端开了裂;她分明已经纯乎是一个乞丐了。（鲁迅《祝福》）

例⑩定语"很浅很浅的"、例 11 定语"金黄的、碧蓝的、黝黑的"挪移至后,就有补充说明的意味。例 12 将定语"空的"后置,既有补充说明的意味,同时也很切合当时的情景:作品中的"我"先是看到衣衫褴褛的祥林嫂,然后看到她手中的竹篮,进而注意到竹篮中的破碗,最后才注意到破碗还是"空的"。这样层层推进,既符合观察的顺序,也揭示了祥林嫂处境的悲惨。

定语易位有时则是为了简化句子结构,使言语简洁有力;或是为了调整句子韵律,使言语优美动人。如例⑨将定语挪到动词前边,在很大程度上就是出于结构方面的考虑。如果把它放在中心语的前边,说成"……挖了不计其数的横的,竖的,直的,弯的地道",就增加了整个定语的长度,使句子结构显得有些臃肿,笔力有所减弱;将它前置,既简化了结构,也加强了语势。又如:

13 满怀着深仇把救星找,找到共产党走上革命的路一条。

（京剧《智取威虎山》）

例中"一条"是定语,将它置于中心语之后,显然是为了跟上文"找"字协律,求得间韵的和谐。这种情形多见于韵文作品。

三、状语易位

按常规,状语一般是用于中心语之前,有时也出现在主语前边。这里所说的状语易位是指状语后置这种情况。例如:

14 这叫声,留在堂林嫂心里,永远永远。（艾之明《火种》）

15 如果我能够,我要写下我的悔恨和悲哀,为子君,为自己。（鲁迅《伤逝》）

状语易位主要也是出于如下三个方面的表达需要。首先是为了突出思想,强调感情,使话语富于一种浓郁的情绪。如例 14 后置状语"永远永远",突出时间,首意说明了"这叫声,对祥林嫂的影响极深。例 15 后置状语"为子君,为自己",强调目的,鲜明而有力地表达出"我"加快往事,悔恨悲哀的沉重心情。

其次是为了增强节奏感和韵律美。例如:

16 十年争战后,国共合作又。回念旧时人,潸然泪沾袖。

（陈毅《生查子·国共二次合作出山口占》）

状语"又"字置于句末，既跟下文的"袖"字押韵，增添了和谐，同时又造成与前后诗句相同的"二二一"音步形式，加强了节奏。

再次，状语易位有时是为了使句子结构清晰，让人一目了然。例如：

17 科学家是不哭的吗？不！他们泪下如雨，有的白发苍苍的老科学家几乎像孩子一样地哭了；

当党和国家领导人亲切地同他们握手，勉励他们为建设社会主义祖国、为攀登世界科学高峰不断作出新贡献的时候；

当他们手捧着叶剑英同志为科学大会题诗"……宏观在宇，微观在握……吴刚愕"的时候；

当他们听着邓小平同志在科学大会上嘱咐他们勇往直前，由他来做"后勤部长"的时候；

当他们听着著名小麦专家金善宝说他"今后 82 岁要当 28 岁过"的时候；

当他们看着身患绝症危在旦夕仍坚持在战斗岗位的陈簸同志走上大会讲台的时候；

（柯岩《奇异的书简》）

例 17 中将六个状语"当……时候"后置，一是因为它是句意的重心所在，有意使它得到特别的强调，使作者的感情得到充分的抒发；二是因为这些状语结构复杂，形体太长，放在中心语前边，就会使句子的肚子过大，结构松散，后置才使结构显得清晰紧凑。

末了需要说明的是，成分易位完全是出于表达的要求，以期获得某种特殊的表达效果。至于那种毫无修辞价值的成分的随意挪移，是我们所要反对的。

（此文刊登在 1993 年第 8 期《高师函授学刊》。）

武穴话的人称代词

武穴话的代词和普通话一样,可分为人称代词、指示代词和疑问代词三类,但与普通话比较又有不少差异,表现出自身的一些特色。笔者主要从形式和功能两方面讨论武穴话的人称代词及其变通用法。

一、人称代词的形式

武穴话按人称和数的区别,可以将人称代词分组列表如下:

二、人称代词的功能

(一)俺[?an²¹],我[?o⁴⁴],你[ne²¹],黑[xe³¹]

1、俺[?an²¹],我[?o⁴⁴]

"俺、我"均为第一人称单数,可以做主语、宾语、定语。作主语时读本调,作宾语时读轻声。例如:

①俺么晓得你[ne²¹]楞家[n??⁴⁴·ka]来呢(俺怎么知道你老人家来呢)

②我听不倒你说么事(我听不见你说什么事)

③记得有么事叫俺[·?an](记得有什么事叫俺)

④碰到难事晓得来找我(碰到难事知道来找我)

⑤你的事也[ia⁴⁴]是俺的事(你的事也是俺的事)

"俺、我"在武穴话中都是第一人称,在以上例中可以互换。但"俺"和"我"在实际运用中有以下几点不同:a、"俺"常用于口语,"我"多用于书面语。b、"俺"用于第一人称,往往带有亲切、喜爱等感情色彩。在武穴话中"俺"使用的频率比"我"高,一般老辈武穴人几乎都用"俺",只是现在的青年人则倾向于用"我"。例如:

⑥俺喜欢你

⑦我爱你

c、"俺"有时可用于双数,指称"你、我";也可以用于多数,指称"我们";而"我"则不行。例如:

⑧小王,俺要努力,不然,会被淘汰

⑨同学们,俺要听党的话

2、你[ne²¹],黑[xe³¹]

"你、黑"分别为第二人称和第三人称单数,可以作主语、宾语、定语。作主语时读本调,作宾语时读轻声。例如:

⑩你莫不好过[kuo⁴⁴](你莫难过)

11 黑真有狠[x? n⁴⁴](他真有本事)

12 书[cey⁴⁴]看完了就送给你[·ne²¹](书看完了就送给你)

13 过了身的事找黑[·xe]冒得用(已经过去的事找他没有用)但当说话人强调所说的人称时,宾语的人称代词仍读本调。例如:

14 俺是说黑[·xe³¹],又冒[mau²²]说你[ne²¹],你气个么事(我是批评他,又没有批评你,你生什么气)

关于"俺(我)、你、黑"有以下几种情况需要说明:a、"俺(我)、你、黑"修饰一般名词和指示代词,都读本调。修饰一般名词时,后边可带"个",也可带"的个"("的个"用在一般名词前面,表示对人或事物的喜爱、疼爱等附加意义);如果一般名词前边已用上指示代词"嗒[ta³⁵]"或"嘞[le³⁵]","俺(我)、你、黑"后边就不带"个"或"的个"。例如:

15 俺个钢筋车把[ma⁴⁴]别个□[lau³⁵]去[tcei⁴⁴]了(我的自行车被别人偷去了)

16 俺的个高露真乖(我的高露真乖)

17 黑的个文章写得么样(他的文章写得怎么样)

18 你的个对[ti³⁵]头跑到哪里去了(你的爱人跑到哪里去了)

19 你嗒本书真好(你这本书真好)

能修饰的指示代词只有"嗒[ta³⁵](这,这里,这儿)和嘞[le³⁵](那,那里,那儿)"例如:

20 俺嗒冒得围巾卖,黑嘞一样冒得(我这里没有围巾卖,他那里同样没有)

b、"俺(我)、你、黑"的后面常常带上"楞家[n?? ⁴⁴·ka⁴⁴]"表示对长辈对对方的尊敬之情,这时"楞家"读轻声,形成固定短语,它们一起充当句子成分。例如:

21 你楞家说的,我一定记住(您说的,我一定记住)

22 黑楞家做得对(他做得对)

23 俺楞家的话,你不听么得了(我这么大年纪说的话,你不听怎么行)

这里还有必要指出,"俺楞家、你楞家、黑楞家"还表示"俺老人家、你老人

家、黑老人家"意思,这时"楞家"要读本调,并稍稍读重一点。但作为这个意思的"俺楞家"很少用。例如:

24 你楞家慢点儿走(你老人家慢些走)

25 黑楞家冒享倒福(他老人家没有享到福)

(二)俺几个[ʔan21teci44ko35],你几个[ne21ti44ko35],黑几个[xe31tcei44ko35]

"几个"加在"俺、你、黑"的后面,表示复数"些人"。"俺几个","你几个","黑几个"分别为第一人称复数"我们",第二人称复数"你们",第三人称复数"他们"。它们在句中都可以作主语、宾语、定语。作定语时必须带"的[ti31]",作宾语时应读轻声,只在强调时才读本调。例如:

26 俺几个去割谷,你几个去挑稻(我们去割谷,你们去挑稻子)

27 你最好莫去碰黑几个(你最好别去惹他们)

28 你几个的谷割了冒(你们的谷子割完了没有)

29 最避时的是俺几个(最倒霉的是我们)

(三)自家[ts21ka44]

"自家"是自身代词,相当于普通话的"自己"。可以作主语、宾语、定语。作定语时要带"的"。

30 自家说,你做了[l??44]么事见不得人的事(自己说,你做了什么见不得人的事)

31 小明估[ku44]多大[tai33]了,还不会照顾自家(小明这么大了,还不会照顾自己)

32 王芳连自家的娘老子都不认(王芳连自己的父母亲都不认)

"自家"有时是特指的,特指前面出现的人称代词或表人名词,其前边往往还可以再补上"俺(我)、你、黑"等人称代词,如例○30○31○32。"自家"有时是泛指的,其前边没有也不好补书确定的人称代词。例如:

33 钱自家不用把[ma44]别个用,嗒[ta35]人少(钱自己不用给别人用,这样的人少)

更多时候是"自家"放在人称代词以及表人名词后边,组成复指结构,充当句子成分。例如:

34 俺自家冒争气,不怪别个(我自己不争气,不怪别人)

35 嘞[le35]个事只能怪黑自家(那件事只能怪他自己)

36 书记自家的妈妈[ma33·ma]也[ia44]做临工(书记自己的爱人也做临工)

13

（四）别个[pie²¹ko³⁵]≠人家[in³¹ka⁴⁴]

"别个"、"人家"（其中"个、家"常常读轻声）在意义和用法上是基本相同的，都是指称已方和对方以外的人，跟普通话"别人"、"旁人"相当；在句中也是作主语、宾语、定语。作定语时要带"的"。例如：

37 别个不到俺屋里来，你到别个的屋里做么事（别人不到我们屋里来，你到别人的屋里去做什么）

38 人家给我帮了忙，我该闹稳[nau²¹uen⁴⁴]人家（别人给我邦了忙，我应该感谢别人）

39 嗒是人家的屋，又不是你的（这是别人的屋，又不是你的）

以上例中的"别个"和"人家"可以互换。有时为避免词面的重复，求得话语的错综，还在上下文中变换使用"人家"和"别人"，不过，这种情况往往是特指的。例如：

40 俺去邀过人家，但别个不来

有时，"人家"和"别个"可以后跟名词性同位语，一起充当句子成分。例如：

41 人爱蔡国庆真有本真

42 别个刘建不是当了模范吗

"人家"和"别个"也有不同的地方："别个"可以用来泛指"另外的人"，"人家"不能；"别个"还可以用来表示"外人"，"人家"不能。下列三例中"人家"和"别人"是不容互换的：

43 屋里只有俺和你[i³¹]，冒得别人（屋里只有我和你，没有别个）

44 俺又不是别个，你估[ku⁴⁴]个讲礼的（我又不是别个，你这么客气）

45 别个说的你就信，我的话你当耳边风

（五）大势[tai³³s³⁵]

"大势"是总称代词，统指一定范围内的所有人，可以作主语、宾语、定语。作定语时要带"的"。例如：

46 大势伢[ia³¹]不肯斗钱送礼（大家都不肯凑钱送礼）

47 把油分给大势（把油分给大家）

48 嗒是大势的主意（这是大家的主意）

但当某人或某些人跟"大势"同时使用时，这人或这些人不在"大势"范围之内。例如：

49 俺不能为你一个人得罪大势（我不能为你一个人得罪大家）

50 大势对黑两个蛮有意见（大家对他俩有很大意见）

这两例中的"大势"不包括"俺、你"和"他两人"。"大势"还可以作为同位语用在"俺（我）、你、黑"的后面充当句子成分。例如：

51 俺大势伢不同意黑的意见（我们大家都不同意他的意见）

三、人称代词的变通用法

前面我们只谈了人称代词的一般用法。实际上，在运用中还会出现一些变通的情形。比如，有时单数形式指人称复数，这种情形往往是单数人称代词用在"数·量（名）"结构前面。例如：

52 俺四个人么样做得过来　俺＝我们

53 黑十个人来也冒得用　黑＝他们

这种情况还有，"大势"作为同位语用在"俺、你、黑"的后面时，这时单数人称代词指人称复数。例如：

54 你大势评评嗒个理　你＝你们

有时人称发生转换，这种转换在表达上往往具有某种特殊的效果。例如：

55 黑昨壹[i³⁵]夜[ia²²]里来约我几句，你能不去（他昨天晚上来邀我几趟，我能不去）

你＝我

56 就你能，别个就做不倒（就你能干，我就不会做吗）　别人＝我

57 伢[ia³¹]是人，人家考得取大学，俺就考不取（都是人，别人考得取大学，你就考不取）

俺＝你

"黑"有时用来指物（书面上号可写作"它"，但口语中没有区别），这种情形的"黑"往往出现在处置句的末尾，复指前面出现的名词，以示强调。例如：

58 你把这碗面趁热吃了黑（你把这碗面趁热吃了它）

59 你快点把脏水泌了黑（你快点把脏水泼掉它）

题目标明"武穴话"，而本文的语言材料，主要取自笔者的母语梅川话。梅川是原广济县（现武穴市）的老县城。在代词部题上，梅川话与城关话差别不大；但与武穴市里的某些乡镇的话比较，有不一致的地方。对于这种不一致的地方，本文就不涉及。

（此文刊登在 1994 年《黄冈师专学报增刊》。）

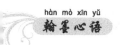
《邓小平文选》第三卷中设问的语言特色浅析

通读《邓小平文选》第三卷,从语言的角度,感到其中所用设问句比较多。这类句子为了引起人们的注意和思考,在阐明自己的观点之前,故意先提出问题,然后再作出回答。一般具有以下三个特点:①.问话人无疑而问,②.问话中不包含答案,③问话人不求听话人回答。这就是人们一般描述的自问自答句。例如:

中国革命为什么能取得胜利?就是以毛泽东同志为首的中国共产党人,独立思考,把马列主义的普遍原理同中国的具体情况相结合,找到了适合中国情况的革命道理、形式和方法。(《邓小平文选》第三卷 P²⁷)

思想路线是什么?就是坚持马克思主义,坚持把马克思主义同中国实际相结合,也就是坚持毛泽东同志说的实事求是,坚持毛泽东同志的基本思想。(P⁶²)

这两例是说话人自己思想里有了明确的观点,而在说话时故意提问,然后又自己作出回答的。

《邓小平文选》第三卷中的设问句,形式多样,远远超出了高校教科书论及的范围。文选中设问句频频出现,使用频率很高,因而,探讨这类设问句的句法结构、语用特色,当能窥知邓小平同志语言运用特色之一斑。

一、特指型设问句

特指型设问句指用疑问代词代替未知部分,说话人就疑问代词所问的内容,作出直接的或间接的回答。这种设问,提的问题比较集中,比较重要,抓的是较大的问题,使人的印象很深刻。

例如:

为什么还要等一、二年才正式宣布收回香港呢?就是希望在这段时间里同各方面进行磋商。(P¹³)

如果我们走回头路,会回到哪里?只能回到落后、贫困的状态。(P²⁹)

社会主义究竟怎么搞?你们讲要学习、借鉴中国的经验。中国搞社会主义走了相当曲折的道路。(P¹¹⁸)

如果实现了翻两番,那时会是个什么样的政治局面?我看真正的安定团结是肯定的。(P⁸⁹)

例设问句或问原因,或问处所,或问办法,或问结果,使说话人的语气得到了增强,更加引人注意,启发人的思考。

二、是非型设问句

是非型设问句是指提出一个问题,并直接地或间接地作出肯定或否定回答的。这种设问,简单明确,是非清楚,极易回答,又极能引人注意。例如:

⑦对香港来说,普选就一定有利?我不相信。(P²²⁰)

⑧比如说,我过去也谈过,未来香港当然是香港人来管理事务,这些人用普遍投票的方式来选举行吗?(同上)

⑨我们说,这些管理香港事务的人应该是爱祖国、爱香港的香港人,普遍就一定能选出这样的人来吗?(同上)

以上所举的设问句,虽然有的没有直接对所提问题作出回答,但问题集中,是非分明,能引起读者或听话人的注意,答案多寓于设问中。

三、选择型设问句

选择型设问句指的是设问句中并列几个问题或正反两个方面,说话人选择其中一个问题或一个方面作出直接的或间接的回答。这种设问都有比较,从比较中明辨是非,挑选正确的答案。例如:

⑩由乱变治,这样的干预应该欢迎还是应该拒绝?应该欢迎。(P7)

11 是坚持那种不能摆脱贫穷落后状态的政策,还是在坚持四项原则的基础上选择好的政策,使社会生产力得到比较快的发展?十一届三中全会决定进行改革,就是要选择好的政策。(P135)

四、反复型设问句

反复型设问句是由反复问充当的设问句。这种设问,正反答案同时提出,没有中间的观点,一般提出的问题都是重大的政策问题。例如:

12 靠不靠得住?党的十二大说靠得住,我也相信靠得住的,但究竟靠不靠得住,还要看今后的工作。(P16)

13 我们这样做,有人会说,党的方针是不是变了,还要不要百花齐放、百家争鸣?党的方针没有变,"双百"方针还是要。(P46)

14 到本世纪末翻两番有没有可能?我希望活到那个时候,看到翻两番实现。(P321)

反复型设问句除了少数动词或能愿动词形式、"x 不 x"构成的肯否相叠的形式和"有没有"的形式外,还有"过问不过问""是不是""对不对"等形式。例如:

15 党的十三大概括的"一个中心,两个基本点"对不对?两个基本点,即四个坚持和改革开放,是不是错了?我最近总在想这个问题。我们没有错。(P305)

这种肯否相叠的形式不仅提的问题明确,而且强调所提问题的重要性,增强了提问语气,具有一定的强调作用。

五、综合型设问句

综合型设问句指的是由两个或两个以上的设问句并列而成的一组句子。这种设句,提问自由,富于变化,给人以无拘无束之感;内容紧凑,有连贯性,能形成一种气势。例如:

16 什么叫胜利?胜利不在当时消灭多少敌人? 要不要消灭敌人?要消灭,要争取打几个歼灭仗。(P340)

17 这就要问,什么是人权?首先一条,是多少人的人权?是少数人的人权,还是多数人的人权,全国人民的人权?(P125)

由上二例可以看出,综合型设问句便于表达强烈奔放的感情,突出所描写和论述的对象,增强语势;同时,句式整齐,节奏分明,还可以增强语言的旋律美。

综上所述,可以看出,《邓小平文选》第三卷中的设问句,无论在内容上还是形式上都极有特色,主要体现出形式多样,富于变化;提问精辟,引人注意;结构紧凑,波澜起伏,启发思考,增强语势。设问句是一种修辞现象,但就篇章结构而言,也是一种语法现象。本文就其句法结构作了一些探讨,其它语法问题就不涉及了。

(此文刊登在 1995 年第 4 期《高师函授学刊》。)

试论语文创新思维能力的培养

中学语文教学中实施创新教育要结合中学生的特点来进行。到了中学阶段,学生已具备相当的抽象思维能力、独立思考能力和判断能力,创造力发展已有了一定的基础。但对于个体的全面发展来说,中学教育仍然属于全面打基础的阶段。中学阶段正处于由青少年时期进入成人时期的发展阶段,个体人格逐渐趋向成熟,自主性明显增强,逐渐形成摆脱父母控制的独立人格。心理学研究表明,个体的创造性在整个中学阶段呈稳定上升的趋势。因而可以说,中学阶段是培养人的创造性的大好时机。

下面结合中学语文教学实际,从几个方面浅析中学生创新思维能力的培养。

第一,通过对教材中若干观点的辨析培养学生的求异思维能力。

1.批判文中的观点。如《塞翁失马》一文中,作者的"福祸相依"的辩证观点固然正确,但文中所举的福祸的事实却值得商榷。作者衡量好事、坏事的标准,都是从个人的利益得失上考虑,甚至不顾国家的利益,这是不足取的。人们对于古代流传下来的一些思想观念往往有绝对化的看法,如果在这时引导学生发表不同的见解,无疑对学生的思维能力有极大的提高。

2.发展文中的观点。如《滥竽充数》一文对南郭先生不懂装懂的事极尽讽刺。"南郭先生为何能在宫中混了那么久呢?"如果从这角度思考问题,就能发现文中更为深刻的寓意,这也是锻炼学生创造性思维能力的好时机。它要求学生不重复教师的观点,发表自己的观点,有自己的见解,要在论述中讲清道理,或作必要的论证,做到言之有理。如果能力排众议,独树一帜更好。如有的学生提出南郭先生的错误要比宣王的错误小得多,宣王在机构编制和有关人事安排上大有问题:一是他摊子大,爱搞排场,连一个乐队也"必三百人",完全是随心所欲。南郭先生的存在,说明乐队人员少于三百,也是完全可以的。二是他以言取人,根本不看是否有真本事。那位南郭先生得知宣王听竽喜欢人多,便投其所好,说要为他吹竽。宣王一听,便高兴起来,马上把不会吹竽的南郭先生弄进了乐队。另外还有学生提出其他的观点,都是很有道理的。

在学习《邹忌讽齐王纳谏》一文时,对"忠言逆耳利于行"这句俗语也提出不同的看法。看来"忠言顺耳"也是利于行的,那么又何必让自己的话不顺耳呢,多提一点顺耳忠言不是一样能达到目的吗?

第二,通过对教材中表现方法的质疑培养学生求异的思维能力。对文中的人物形象塑造方法,结构安排方法,细节描写等问题,提出不同看法。《群英会蒋干中计》确实是《三国演义》中十分精彩的一场重头戏,但是在人物形象塑造上有十分明显的简单化做法,即把"好人"写得十全十美,好上加好,而把"坏人"(反面人物)写得一无是处,不名一文。如蒋干这个形象被写得平庸可笑。应该说这不是艺术上的成功之笔,而恰恰是败笔,因为曹操如此雄才大略,怎么会重用如此平庸不堪的人呢?曹操对周瑜应该说有充分的认识,要劝周瑜来降,绝不会派等闲之辈作为说客。蒋干始则口出狂言,继而狼狈不堪,之后又弄巧成拙,轻易中计,以致贻误大事。这等平庸之辈,绝不像曹操手下深受器重的谋士。再则,作者意在表现周瑜的非凡谋略,可是却用这等不堪一击的低劣人物作为对手,根本达不到衬托的目的。

第三,通过对教材中标准答案的商榷培养学生求异的思维能力。在高中语文课本中,有许多值得商榷的地方,所以在教学中要时常提醒学生,不迷信课本,要敢于运用发散性思维,善于发现问题,提出不同的意见。如《与朱元思书》中的"风烟俱净,天山共色"一句课文将"风烟"注为"烟雾",这种解释值得推敲。文中两句显然属于对仗手法,"风烟"与"天山"相对,"俱"与"共"相对,"净"与"色"相对,"天山"是两个词,分指两物,按对仗要求"风烟"也是两个词,也应分指两物,这样才说得通,可课文却注为一词一物,就没有道理了。再如《邹忌讽齐王纳谏》中,"旦日,客从外来"中的"旦日"解释为"第三日"就不恰当,学生经过讨论认为将其解释为"第二日"才合理。

(此文在刊登在 2000 年第 9 期《中学语文》)

论初中作文教学中创造性思维能力的培养

在初中作文教学中如何培养学生的创造性思维能力呢？

一、运用发散思维审题，准中求异。

所谓发散思维就是从多种角度和多个方向进行多方面的思维，沿着不同的方向，不同的角度思考问题，从多方面寻找解决问题的答案。所谓"准中求异"，就是在审题时，分析所给题目、材料的含义与要求，揣摩命题者的意图，领会题目材料的主旨，从而恰当地确定文章体裁、选材范围、写作重点及表达方式等等，在准确把握题目要求的基础上，再充分调动想象和联想，运用发散思维，再挖掘文题深层的思想意义，或在文题的前后加上适当的词语，或利用半开放的作文的填词等方式，激活学生的思维，让学生进入最佳的思维领域，寻找最新的表现角度，写出最新的表达内容，以此达到创造性思维的能力培养。

例如：2000 年河北省的中考作文题：

提示：可以用"压力"为题作文，也可以根据你写的内容，在"压力"二字的前面、后面或前后加上适当的词语，然后按自拟的题目作文。

本题的审题可以从以下几个角度发散思维：

图一

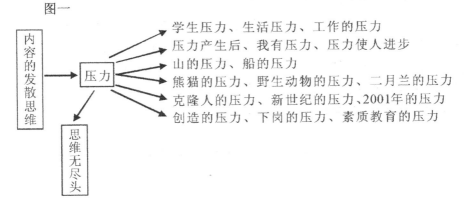

从图一、图二可以看出，在把握题目的基本要求的情况下，运用发散思维

来审题，就可以引导学生从多角度和多种方向进行思考，从多方面来找出解决问题的答案，学生就能找出最佳的表现角度，最新的立意，最新的表达内容，最好的表达方式等。这样，不仅培养了学生的作文能力，而且培养了他们的创造性思维能力。

图二

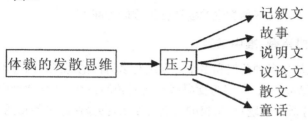

二、一事（物）多写，各有所异。

事物都有它的多面性，但是学生不会从多角度观察、多方面去分析事物。根据这种情况，笔者就训练学生对同一事物从多方面去写。为了打开学生的思路，曾以竹子为例，启发学生从不同侧面、不同角度去考察：由竹子的中空想到那些没有真才实学的人，想到"墙上芦苇，头重脚轻根底浅；山间竹笋，嘴尖皮厚腹中空"这副名联；由郑板桥的竹子图及图中的题词"高风亮节"，想到做人应有气节；由竹子弯曲又会伸直想到韧性；由竹子没有旁逸斜出的枝蔓想到挺拔向上；由竹子不落叶想到傲霜斗雪的气概；由雨后春笋想到顽强的生命力等等。

三、克服思维定势，敢于标新立异。

生活中的某些认识，一旦成为模式，就很难打破。这种思维定势，也体现在作文中。比如校长常常是正义的化身，副校长总是目光短浅的代表，年轻人是开拓者，老年人是绊脚石等等。针对这一点，要引导学生克服思维定势，大胆创新，敢于标新立异，这也是培养学生创造性思维的好途径。为此，在作文训练中，老师应常常要求学生写逆向思维的文章。

（此文在刊登在 2002 年第 3 期《中学语文》）

浅谈重建课堂教学模式

重建课堂教学模式是素质教育的需要,符合当前课堂教改的形势,是势在必行的。

重建的思考

重建课堂教学模式,需要思考以下问题:

1.教材与考试的问题。

中学的语文教材入选的课文在进入教学过程之前就有了先决的诸多限定,由这种种限定而产生了种种弊端。

我认为,应把教材、中(高)考考卷、考纲、教学大纲和语文学科的素质教育目标等进行整合,把编辑者和教学者一致认为好的文章作为教材课文,再把中(高)考考查的能力层的内容选一部分篇目作为教材的补充,以打破教材编辑者的个人理解与教学限定,让教师根据自己的理解,开展比较自由的研究性的课堂教学,从而给学生创造一种快乐学语文的环境。

2.讲解与讨论的问题。

我认为,教师要在传道、授业、解惑的基础上,到课堂交流、讨论、争论中去发现学生的错误和不足,并加以适当的讲解,导之以理;对学生的观点作出自己的判断,阐明自己的观点、根据及思考过程,导之以思维;同时听取学生的评价,与学生共同探讨问题,导之以研究性学习;还有导之以创新,导之以兴趣,导之以意志等等。这样做的目的在于引导学生自己找到一条学语文的路,即教是为了不教。讨论是学生参与课堂的有效途径之一。我们要让讨论成为课堂教学的主要形式,让学生真正成为课堂的主体。

3.落实与务虚的问题。

"落实",即学生对基础知识的掌握和基本技能的运用。"务虚",指对学生的语文素养的培养。学生的语文素养有:学生的语言素质、心理素质(最核心部分)、品质素质、智能素质、审美素质。(即语文素养的三维结构:知识和能力、过程和方法、感情态度和价值观。)语文素质的培养过程是艰苦的,工作难度大,见效慢。我认为,我们在课堂教学中要重"落实",但更重要的是要"务虚"。

4.有序与无序的问题。

教师要求学生专心听讲是对的,但过分强调这一点就会影响学生思维的发展,当然更不利于创造思维的发展。有人曾做过实验,证明人在无序的状态下更具有创造性。我也认识到,课堂纪律最好的时候,并不是学生思维最活跃的时候。那么,应运用何种教学方式?营造何种课堂气氛?如何调动学生的积极性?这些无疑是教师备课要考虑的内容。但这些内容应有一定的限制,也就是要"有序"。有序不是目的,激活学生的思维才是目的。那么,课堂如何做到"有序而不死,活而不乱",也是我们必须要考虑的。

综上所述,语文课堂教学模式应是开放的,发散的,主动的,内容和条理应是清楚的。重建语文课堂教学模式的核心就是要充分发挥学生的主体作用,想尽办法调动学生的积极性。

教学策略

1.加强理论学习,树立当代语文教学观。

我认为,语文教师重建语文教学模式应该在先进、科学的当代教育理念的指导下进行。因此,要注重学习语文教学的理论性文章。通过学习,我们就能了解到当代先进教学流派的共同特点:以培育学生健康向上的心理素质为基础,以创造条件使学生不断获得成功的机会为主要原则,以引导学生走自学之路为主要方法,以培养学生的学习兴趣为主要手段,以鼓励创造精神、培养创造能力为教学思想的核心。通过学习,我们就能明白真正意义上的语文教师,应该是能和学生在一起,在人类优秀文化的熏陶中,帮助学生找到打开汉语言文学大门钥匙的教师。通过学习,我们就能在语文教学中树立"以学生为本"、面向全体学生的教育观念,用极大的耐心和理智的爱心,去引导、帮助全体学生学会学语文。

2.注重教学环节,提高教学质量。

我认为,语文教学环节可以分为:学习习惯——阅读习惯、写作习惯、听话习惯、说话习惯等环节;学习方法——预习、听课、作业、背记、运用、拓展等环节;传授知识——备课、讲课、布置作业、批改作业、评讲作业、检查落实等环节。在语文教学中,要注重教学过程中教师和学生两个方面的各个环节到位,还要注重指导学生提高学习效率,与学生一起研究班级开展"语文环节的监督"的有效措施。

3.注重探讨不同课型的课堂教学模式,力争课堂教学模式多样化。

讲授阅读课文,运用"读—思—积—用"的四步教学模式,适当运用多媒体手段,运用收录机配乐点缀,使学生"眼看、耳听、动脑、手勤",大大激发学生的语文学习兴趣;自读课文运用"自读——拟题——讨论——解答——点拨——积累——运用"的七步教学模式,主要是进行多种形式的讨论或通过开辩论会的形式,让学生表现自己的思辨能力;教读文言文,运用"精读——自译——讲讲——背背——写写"的五步教学模式;教读诗歌,运用"听读(配乐)——试读——会意——悟理——背写"的五步教学模式;作文教学则运用"欣赏——评讲——思维训练——写作"的教学思路,并为学生创设成功的机会,把学生的文章推荐到有关报刊杂志上去发表,让学生获取成功感,大大激发学生写作文的积极性。

4.开展丰富多彩的第二课堂活动,调动学生语文学习的积极性,提高学生的语文素养。

第二课堂活动包括:(1)激励性的语文活动,如"优秀语文作业展览活动""阅读角中展览优秀作品""有奖问答""小组语文学习竞赛"等;(2)积累性的语文活动,如"背古诗文比赛活动"、"讲成语故事活动"、"积累优秀作品和古诗文的活动"等;(3)创新性的语文活动,如在"课前三分钟"讲故事、表演课文剧等;(4)拓展性的语文活动,如到图书馆上阅读课、到有关景点进行观察等。开展这些活动,能培养学生的语文兴趣,调动学生语文学习的积极性,拓宽学生的知识面,提高学生的语文素养,从而培养学生的创新意识和创新能力。

5.带领学生走入第三课堂(社会生活),开展语文研究性学习,培养学生"自主、合作、探究"的研究性学习能力。

例如,开展"日常生活中常见错别字的成因及纠正"的社会调查、以"抗非典"为中心的社会调查等,并指导学生在收集和整理材料的基础上进行写作实践。这些活动的开展不仅会提高学生的语文综合素质,还会培养学生的创新能力。

(本文刊登在2003年7月的中国《语文报》教师版。作者时任省级课题《语文综合阅读》课题组长。)

综合阅读与综合性学习

　　我发现：新教材在安排综合性学习中，强化了学生的实践活动，而淡化了作文指导；强调了信息和资料的搜集，而缺乏怎样收集材料和收集怎样的材料方面的指导；综合性学习重视交流，提倡听说读写综合能力的整体发展，但忽略了综合性学习中的学习体系构建，最终导致学生写出的文章都只是罗列相关材料，写作的效果并不怎么好。在这种情况下，我开始反思教学思路。重新学习《语文课程标准》，并拜读了一些专家学者关于综合性学习方面的论著。通过学习，我认识到：语文综合性学习的设置是基于语文综合性的特点和个人发展的全面性、整体性需要，旨在实现语文学习对学生素质的整体优化，全面提高。那么，该怎样搞好综合性学习的教学呢？正当我思考这些问题的时候，我承接了湖北省"综合阅读"的课题研究。这个课题的到来，让我有了一种"山穷水尽疑无路，柳暗花明又一村"的感觉；这个课题拓展了我的眼界，打开了一扇门，我找到了一条综合性学习教学的新路子。

　　所谓综合阅读，是立足于语文学科，整合学生阅读能力、综合能力、实践能力、自我评价能力的综合性学习课程。从内容上看，综合阅读是阅读内容多样化，实现跨学科综合，达成学科间横向沟通的全领域学习；从方式上看，综合阅读是一种新型的阅读方式，它关照并尊重学生的个性、兴趣与经验，强调在实践、活动、生活中学习，它是一个自主的、合作的、探究的阅读过程。

　　综合阅读中的交流和评价两个部分是侧重学生的实践活动，是与综合性学习相容的。综合阅读中的阅读和链接是注重阅读，看起来与综合性学习无关，其实，是对综合性学习的必要补充。

　　一是补充了综合性学习中收集材料的针对性指导的环节。我把综合阅读中的"阅读"改变为让学生围绕每单元的话题，收集与此相关的名家名言、科学小品、经典作品等等，收集的文章就构成了学生的阅读群，这个"阅读群"也就是写作中的"材料库"，学生在阅读中不仅可以得到阅读体验，从收集的材料中还可以得到人文思想的感染、文学艺术的熏陶。更为重要的是，这个"阅读群"就为综合性学习的口语交际、写作提供了素材，让学生在口语交际和写作中"言之有物""写之有料"。因此,"阅读"和"链接"不仅丰富了学生的积累,提高了学生积累材料的能力,而且让学生从中获取了新知,开阔了视野,提高了语文素养。

二是补充了综合性学习中的写作指导的不足。新教材把写作、口语交际融合到了综合性学习中,强化了实践活动,淡化了写作知识的指导。作文教学是语文教学的难点,这给我们出了一道难题。怎么办?我认为阅读和衔接这两部分所形成的阅读群就可以给学生提供写作"材料库"和范文,能让学生从中去学习相关的写法,获得有效的写作指导,从而丰富了学生的写作知识,促进了学生写作能力的提高!

综合阅读的综合性还表现在学习方式上的综合。综合阅读的教材根据学习规律,设计了一个完整的学习过程:阅读--链接--交流--评价。这个学习过程的实质是由"吸收"到"表达"(语言表达和行为表达)再到"反思",是一个完整的学习行为链(所谓"铸链"就是要构建完善的学习体系),正好弥补了综合性学习过程中体系构建的不足,因此,综合阅读的学习行为链是对综合性学习的体系构建的补充。

通过上述研究,我在教学中,将综合阅读与综合性学习相关的内容都融合到综合性学习当中,并结合综合性学习的特点来改革综合性学习的教学。做法是:设计好综合性学习的学习行为链,科学的构建完善的综合性学习的学习体系,便于学生进行综合性学习。

综合性学习的学习行为链具体内容如下:

第一环:"阅读"让学生围绕教材的每单元话题来选读一组文章。选取的这些文章内容广泛,形式多样,无论是从情感、趣味还是理念上,都具有较强的可读性和较高的探究价值。文后设计了既有积累的问题,又有探究性的问题,还有分析文章,和品读文章的问题,目的是引导学生把握文本,探究思考。这既是培养学生的积累能力,又是培养学生的分析问题和解决问题的能力,更重要的是帮助学生进行丰厚的积累,为口语交际和写作构建"材料库"。

第二环:"衔接"让学生着眼于信息的广泛性和多样性,有意识的引导学生围绕教材的每单元话题去收集与此相关的名家名言、科学小品、经典作品等。这部分内容还有助于学生获取新知,开阔视野。为了引导、促进学生主动学习,这个部分还附有向学生推荐的书目、网址等,并鼓励学生推荐参与。"阅读"和"衔接"共同形成了一个"阅读群",为学生构建起一个多维的阅读空间,更为学生的口语交际和写作构建"材料库",使学生"言之有物""写之有料"。

第三环：交流是基于动口、动手实践性较强的合作与交流的学习行为。交流以探究式交流（请你根据对文章的探究提出问题，并回答问题）的方式和活动式交流（结合文章内容，请你或将上面的文章读给家人听或做一件与文章相关连）的事或为主人公做一种设计或举办话题故事会、演唱会、事物展览其他方式的交流的方式呈现。内容围绕教材的每单元话题展开，形式灵活多样。目的是通过口语交流，探究式交流和活动式交流来提高学生的口语表达能力，最终达到促进学生的语文知识的综合运用、读说听写能力的整体发展的目标，同样这个环节也是为写作做储备的。

第四环："写作"这个环节是综合性学习的落脚点，是综合性学习的最后环节，具体写作内容由教师根据教材和学生的实际来设计。

（本文刊用在中国《语文报》教师版初中第 55 期。作者时任省级课题《语文综合阅读》课题组长。）

湖北省"初中语文综合阅读课题研究"结题报告

课题名称：初中语文综合阅读研究
立项单位：湖北省教研室
课题类型：新课程学科教学研究课题
编号：2004 年第 010923-1 号
实施单位：湖北省黄冈中学初中语文课题组
课题组长：陶秀琪
课题组成员：陶秀琪　邓伏黄　金　婵　黄　君　徐志莉　张春霞
　　　　　　　郭　珊　黄　梅　徐　勇　马汉武　罗　凯

一、问题的提出

阅读理论研究与语文教学的科学化和人文化思潮密不可分。20 世纪 70~80 年代，为了扭转语文教学的"少慢差费"现象，更多地强调语文教学的科学化，由最初讲究语文学科的训练体系、训练技法到最终将学生当成变相的工具进行训练，"科学化"走进"异化"的死角；针对"科学化"的弊端，人文性被提到一定的高度，使语文教学又陷入为人文而人文的误区。如何更好地在语文学科中将科学与人文进行合理的整合，形成综合化的语文学习，是近十年来语文教育界积极思索、探讨和研究的问题，很多阅读教育理论也应运而生。其中最具代表性的是研究性阅读和新概念阅读，这两种理论以全新的视角为我们如何更好地解决这个问题提供了很好的理论基础。在这种背景下，我们承担了这个课题的研究工作，这是语文教师明智的选择。

所谓"综合阅读"是一个全新的研究课题。

综合阅读是立足于语文学科，整合学生阅读能力、综合能力、实践能力、自我评价能力的综合性学习课程。

从内容上看，综合阅读是阅读内容多样化以及实现跨学科综合，形成学科间横向沟通的综合学习领域。

从方式上看,综合阅读是一种新型的阅读方式,它关注并尊重学生的个性、兴趣与经验,强调在生活、活动、实践中学习,它是一个自主的、合作的、探究的阅读过程。

二、理论依据

1、马克思关于人全面发展学说的理论。人的全面发展应包括以下三个方面:一是人的个性心理的全面发展;二是人的社会属性即德智体美劳诸方面的全面发展;三是人的潜能的全面发展。本课题的研究和实施,最终目的就是要全面提高学生的语文素养,促进学生的全面发展。

2、建构主义理论。建构主义的知识观强调知识客观性与主观性的辩证统一,以发现为主导的知识的接受与发现的辩证统一。其学习理论基本观点主要有三:(1)学习是学习者主动建构内部心理表征的过程,它不仅包括结构性的知识,而且包括大量的非结构性的背景知识,人脑并不是被动地学习和记录输入的信息,它总是建构在对输入信息的解释,主动选择一些信息,忽视一些信息,并从中得益。(2)建构一方面是对新信息的建构,同时又包含对原有经验的改造和重组。一方面,通过使用先前知识,学习者建构当前事情用以超越所给的信息;另一方面,被利用的先前知识不是原封不动地提取,而是本身也要根据具体实例变异成新建构。由于要进行这种双向建构,学习者必须时刻保持认知的灵活性。(3)学习者的建构是多元化的,事物存在复杂多样性、学习情感存在一定的特殊性以及前经验存在独特性,每个学习者对事物意义的建构是不同的。

按建构主义学说的理论分析中学语文学习是一个主动建构知识的过程。对中学生来说,获得语文知识需要每个人再现类似的创造过程,学生学习语文不是被动地吸收课本上的现成结论,而是一个丰富、生动的思维活动过程,一个经历实践和创新的过程。具体地说,学生从"语文生活"出发,在教师指导下自己活动,运用与反思,采用阅读、查找、观察、实践等手段收集材料,获得体验,从而在与经验的类比、分析、归纳中逐渐形成自己的语文素养。

3、新课程理念。《语文课程标准》指出"应该重视语文的熏陶感染作用,注意教学内容的价值取向,同时也应尊重学生在学习过程中的独特体验",因此,"应积极倡导自主、合作、探究的学习方式"。《语文课程标准》明确指出:"应拓宽语文学习和运用领域,注重跨学科的学习和现代科技手段的运用,使学生在不同内容和方法的相互交叉、渗透和整合中开阔视野,提高学习效率"。这就告诉我们：构建新的开放性的语文课堂，就要注重学习内容、学习方式和学习过程的整合。语文综合阅读是一个立足于语文学科，实现内容多样化，跨学科综合，形成学科间横向沟通的学习领域。这样的学习领域是进行了有效的学科整合的，这样就避免了阅读学习的片面性和局限性，帮助学生营造一种以内容广泛、形式多样为基本特征的学习空间，促进学生全面学习、全面发展；同时促进教学过程的改革，形成有利于学生发现、创造、发展的学习方式。这样的学习领域横跨初中学生学习的十几个学科，使得科科学习有语文，语文学习中有每一科，达到相互促进的全面学习效果。

4、语文实践活动论：语文素养的形成需要实践活动。苏霍姆林斯基论述："当儿童跨进校门以后，不要把他们的思维套进黑板和语文课堂的框框里，不要让教室的四堵墙壁把他们跟气象万千的世界隔绝开来，因为世界的奥秘中包含着思维和创造的取之不竭的源泉"《全日制九年义务教育语文课程标准（实验稿）》指出："应拓宽语文学习和运用的领域，注重跨学科的学习，使学生在不同内容和方法的交叉、渗透和整合中开阔视野，提高学习效率，初步获得现代社会所需要的语文实践能力"。

三、研究意义

1.课题研究适应《基础教育课程改革纲要（试行）》的精神。

2001年，教育部颁布了《基础教育课程改革纲要（试行）》，纲要提出我国基础教育课程改革的目标，强调要"改变课程过于注重知识传授的倾向；强调形成积极主动的学习态度，使获得基础知识与基本技能的过程同时成为学会学习和形成正确价值观的过程"；强调"改变课程结构过于强调学科本位、科目过多和缺乏整合的现状……设置综合课程，以适应不同地区和学生发展的要求，体现课程结构的均衡性、综合性和选择性"；强调"改变课程实施过于强调接受性学习、死记硬背、机械训练的现状，倡导学生主动参与、乐于探究、勤于动手，培养学生搜集和处理信息的能力、获取新知识的能力、分析和解决问题的能力以及交流与合作的能力"。所以，本课题研究要落实《基础教育课程改革纲要（试行）》的精神。

2.课题研究是对阅读理论的补充。

《义务教育语文课程标准》指出："应拓宽语文学习和运用领域，注重跨学科的学习和现代科技手段的运用，使学生在不同内容和方法的相互交叉、渗透和整合中开阔视野，提高学习效率，初步获得现代社会所需要的语文实践能力"；语文课程"应该是开放而富有创新活动的，应尽可能满足不同地区、不同学校、不同学生的需求，并能根据社会的需要不断自我调节、更新发展"。因此，本课题研究是适应新课标的要求的。

3.课题研究还能帮助实现语文课程改革对阅读提出了新的要求。

语文课程改革对阅读提出的新要求："阅读是搜集处理信息、认识世界、发展思维、获得审美体验的重要途径，要纠正过去专注经典、以本为本的阅读倾向，注重选择开阔学生视野的阅读内容，使学生在广泛的阅读中形成阅读的大视野，促进学生关注自然、社会，培养学生对社会和自然的责任感。"

4.本课题研究也是对综合性学习理论的补充。

本课题研究还能帮助实现综合性学习所提出的语文学科的基本目标。综合性学习所提出的语文学科的基本目标是全面提高学生的语文综合素养。课程标准中明确指出："语文综合性学习有利于学生在感兴趣的自主活动中全面提高语文素养，是培养学生主动探究、团结合作、勇于创新精神的重要途径，应予大力倡导。"基于这一理念的指导，我们想通过本研究的探讨来"实现语文知识的综合运用、听说读写能力的整体发展、语文与其他学科的有机沟通、课堂学习与实践活动的紧密结合"这一综合性学习的整体目标。

5.本课题研究是为了适应"知识经济"的需求。

"知识经济"是建立在知识、信息的生产、分配和使用基础上的经济，是以"无形资产"为主的经济。由于计算机技术、微电子技术的迅猛发展，给社会经济发展带来深刻的变革，使知识、信息提供的生产力日益成为经济长期增长的首要因素，成为提高一个国家、一个民族竞争力的关键因素。

因此，21世纪被称为知识化社会、信息化社会、学习化社会。在知识经济时代，人们获得知识、信息的基本途径就是阅读，而阅读作为学习之母、教育之本，与知识经济的腾飞关系密切。只有让学生学会阅读，才能适应知识经济的时代要求，知识经济才能有广阔的发展空间。

6.本课题研究也是语文教学的需要。

黄冈中学是全国普通教育的一面旗帜，新的课程标准的实施给这所百年老校带来了新的生机，各级各类各学科的课题研究已蔚然成风，在这样的氛围下，初中语文的教改怎么搞，是黄冈中学初中语文老师思考的问题。因此，本课题的研究弥补了黄冈中学初中语文教改的不足，这是一项很有实际价值的课题研究。

基于上述认识，学校决定设立本课题，试图通过综合阅读的课题研究，寻找到一套适合黄冈中学语文教学的方法，具体探讨出综合阅读课的教学模式来改革课堂教学，真正实现语文新课标的落实，真正实现教研工作为教学服务。通过综合阅读的课题研究，培养教师的业务素质，提高教科研的专业能力，从而达到规范教师教育教学行为的目的。

四. 课题研究的目标

1. 通过综合阅读过程中教师行为的理论研究和广泛的实践探索，探索出运用综合阅读来改革课堂教学的具体策略、构建新型的教学模式和开展综合阅读科学策略。同时，建立以创新教育为导向的、能有效激励教师开展研究的教学管理制度和教学评价机制。

2. 通过本课题的实践，让学生在探究过程中去实现学习内容多样化以及跨学科综合，形成学科间横向沟通的学习领域。

3. 通过课题的研究让学生立足于语文学科，通过第三课堂（即社会实践）的学习探究过程来整合自己的阅读能力、综合能力、实践能力和自我评价能力。

4. 通过课题的研究让学生充分发挥自己的个性、兴趣与经验优势，积极投入到生活、活动、实践中去学习，以达到培养学生自主的、合作的、探究的阅读能力的目的。

5. 课题的研究是为了倡导学生主动学习、乐于探究、勤与动手，使学生在不同内容和方法的交叉、渗透和整合中开阔视野，培养学生个性化的阅读能力，获取新知识的能力，分析和解决问题的能力，合作和交往的能力；初步树立起批判和创新的精神。

五. 课题研究步骤

第一阶段：课题研究的启动阶段（2004 年 8 月——2005 年 4 月）

对语文教师教学状况和学生状况进行摸底调查，作为课题研究工作的基本资料，落实课题研究实验条件，获取语文综合阅读实验过程的动态性、发展性的资料，分析影响中学生语文综合阅读学习的因素，制定好课题实施方案。

组织课题组成员学习有关理论著作，《国家基础课程改革纲要》《新课程标准》和其他现代教学理论，学习他人成功的教改经验，不断提高教师的理论素养；不断促进教师形成新型的课程观、学生观、教学观和学科观。

通过教材分析、专题讲座、教学观摩、个案研讨等方法,初步探索语文综合阅读的基本模式、基本策略及设计思路等。2005 年 4 月完成第一阶段性总结题报告。

第二阶段:方案实施阶段(2005 年 5 月——2006 年 4 月)

1、在深入开展理论学习与提高的基础上,根据方案的研究目标、内容、策略并结合学生实际积极开展各项综合阅读活动的研究,从实践中归纳、确立行之有效的新课程综合阅读学习的教学策略,并以此为指导开展教学实践活动。

2、根据课题研究方案,不定期地组织语文综合阅读课题研究课堂教学活动。课题组成员每人上一节综合阅读学习研究课进行研讨,加强策略的交流与运用。

3、实施对语文课程资源的开发与利用的研究,沟通课堂内外、充分利用学校、家庭和社会等教育资源,开展综合阅读学习活动,创造性地开展各类活动,给学生创设语文实践的环境和机会,建立大语文教学观。

4、加强对语文综合阅读学习策略实验的专项档案、课题研究资料的收集与管理,写好心得体会,进行信息交流和阶段性总结。

5、在不断丰富活动策略与经验的基础上,进一步修订完善实验方案,落实措施,深入开展实践活动,不断提高综合阅读学习效率,促进学生全面、协调发展。2005 年 5 月,组织中期总结活动,完成中期结题报告。

第三阶段:课题总结阶段(2006 年 5 月——2007 年 11 月)

1、整理、分析课题实验材料,进行课题反思,展开结题讨论与总结。

2、总结课题研究工作,积累课题研究过程资料,将实验过程和实验经验撰写成实验研究报告和研究论文,做好结题工作。

3、召开经验交流、成果展示会,并尝试推广应用。

六. 研究方法

本课题以行动研究法为主,综合运用实验调查、案例研究、经验总结等方法进行研究。

1、行动研究法。

即强调研究过程与行动过程相结合的研究方法。它是在动态发展的、自然的、开放的语文综合性学习教学中进行研究。也就是说在日常的活动情境中,发现活动中存在的问题,捕捉有效的教学策略,发掘活动评价的智慧,收集有价值的教学案例,把活动教学与策略研究融为一体。

2、实验调查法。

运用问卷、访谈、测量等方式,有目的、有计划地搜集实验班与暗设对照班的学生学习的实际情况,对中学语文综合性学习方式进行调查了解,形成资料为实验提供事实依据。

3、活动观察法。

观察法是有目的、有计划地观察研究对象(师生)在教育教学过程中和日常生活条件下言语、行为的客观表现来进行分析的一种研究方法。

4、案例研究法。

实验中,对实验班的语文综合性学习活动进行个案分析,跟踪调查研究,不定期地开展研讨课、公开课,做好听课、说课、评课活动以及活动材料的分析、经验交流等教研活动,同时收集典型的案例实录,进行研究分析并进行案例反思,达到对比借鉴,资源共享,促进语文综合性学习教学水平不断提高的目的。

5、经验总结法。

通过对语文综合性学习活动研究中的具体情况进行归纳与分析,总结实验的得失,再指导研究和实践,从而探索出一套行之有效的教学策略和方法。

七. 实验开展情况

(一)制定有效的课题实施方案。

湖北省教学研究室批准黄冈中学承担课题"综合阅读"的研究工作后,黄冈中学领导高度重视,于2004年11月25日在黄冈中学举行了"黄冈中学综合阅读"课题开题仪式,并请湖北省教研室副主任史绍典、中语会主任秦训刚、省教研员蒋红森、黄冈市教科院教研员王泽芳来黄冈中学亲临指导。为了确保课题研究工作的展开,黄冈中学校级领导不仅加强对课题研究的指导,还参加课题全程研究活动,并在教研经费上给予了大力的支持。教研处、教务处和语文教研组共同为课题研究做了大量的组织工作和指导性工作。为了确保课题的深入研究,学校还组织了一批富有教学经验的高中高级教师为业务顾问,在业务上给予课题组以支持和帮助。并确立了课题组组长,组成了以中青年骨干教师为课题组研究人员的研究机构,并建立了课题组织机构档案。课题组成员初步确定了研究的子课题,明确了课题研究目标,制定了研究计划,明确了研究的任务和责任。

课题组成员子课题及计划一览表

姓名	子课题名称	计 划 概 述
陶秀琪	综合阅读过程中的教师行为	2004年8月-2005年05月 教师引进综合阅读，促进综合性学习教学改革 2005年6月—2006年5月 综合阅读过程中的教师行为 2006年6月—2007年11月 综合阅读过程中的教师行为
邓伏黄	老师和学生参与课程开发的实践行为	2004年8月-2005年5月 初步综合性阅读，促进综合性学习教学改革 2005年6月—2006年5月 教师和学生参与课程开发的实践行为 2006年6月—2007年11月 教师和学生参与课程开发的实践行为
金婵	综合阅读过程中的教师引导行为	2004年8月-2005年5月 教师引进综合阅读，促进综合性学习教学改革 2005年6月—2006年5月 综合阅读过程中的教师行为 2006年6月—2007年11月 综合阅读过程中的老师行为
黄君	综合阅读过程中的教师课堂行为	2004年8月-2005年5月 教师引进综合阅读，促进综合性学习教学改革 2005年6月—2006年5月 综合阅读过程中的教师行为 2006年6月—2007年11月 综合阅读过程中的教师行为
徐志莉	阅读过程的封闭性与开放性	2004年8月-2005年5月 教师引进综合阅读，促进综合性学习改革 2005年6月—2006年5月 阅读过程的开放性与封闭性 2006年6月—2007年11月 阅读过程的开放性与封闭性
张春霞	综合阅读过程中的作文教学	2004年8月-2005年5月 2005年6月—2006年5月 综合阅读怎样促进作文教学 2006年6月—2007年11月
黄梅	阅读内容的分类及阅读对策	2004年8月-2005年5月 阅读内容的分类及阅读对策 2005年6月—2006年5月 阅读内容的分类及阅读对策 2006年6月—2007年11月 阅读内容的分类及阅读对策
郭珊	综合阅读过程中的学生行为	2004年8月-2005年5月 综合阅读过程中的学生行为 2005年6月—2006年5月 综合阅读过程中的学生行为 2006年6月—2007年11月 综合阅读过程中的学生行为
徐勇	阅读方式的多样化；	2004年8月-2005年5月 阅读方式的多样化； 2005年6月—2006年5月 阅读方式的多样化； 2006年6月—2007年11月 阅读方式的多样化；
马汉武 罗凯	综合阅读过程中，老师和学生参与地方课程开发的实践行为	2004年8月-2005年5月 综合阅读过程中，老师和学生参与地方课程开发的实践行为 2005年6月—2006年5月 方课程开发的实践行为 2006年6月—2007年4月

(二)学习有指导性的教育教学理论。

我们认为搞教育科研必须要有新的思想，新的概念，必须掌握必要的科研方法。因此,我们组织课题组的老师学习有关阅读教学的理论知识,如《中国教育改革和发展纲要》和《九年义务课程标准》,为老师的综合阅读的研究提供资源;组织开展为期一个月的"教育思想大讨论活动",并撰写心得体会。还学习了《综合阅读》的专业知识和《教师行为研究学》。学习先进的教育教学理论,用科学的理论帮助老师树立合乎素质教育要求的教学观和人才观;如《语文课程标准解读》,顾明远主编的《国际教育新理念》,柳菊兴主编的《语文课程标准教师读本》,史绍典主编的《语文永远是语文》,姜平主编的《综合性实践活动教学设计》。学习教育心理的有关知识,帮助老师准确把握当代青少年的身心发展规律,把握来自不同家庭的学生的个性差异,从而做到因材施教,如《教育心理学》《初中生心理学》《教育学》等。

还注意学习有关研究的一般方法的理论书籍,从而适应组织学生进行探究性学习的需要。要求教师做好学习摘记,写下学习心得,以达到提高老师的研究能力的目的。如《自然科学研究方法》《新教学法》。鼓励课题组老师上网查找与课题有关的理论专著,在校园网上转载,供老师们共同学习讨论,为课题研究积累资料,提供有力、可靠的素材,为完成科研任务提供有利的帮助。

学校不仅重视强化理论学习,还注重青年教师的培训工作。一方面采用请进来、走出去的方式,对教师进行培训。每年都会邀请有关专家、领导来校讲座。如去年就请湖北省教研室史绍典副主任,中语室主任秦训刚同志,教研员蒋红森,黄冈市教科院教研员王泽芳老师来黄冈中学亲临指导。2005年3月王泽芳老师又专门来黄冈中学指导课题组的工作。黄冈中学每年都会安排课题组教师外出学习,仅2004年就有3人次外出到武穴、黄梅、宜昌等地听课学习,2005年4月又派三名课题组成员到武汉学习,2006年选派三名教师参加市省级语文教师培训,2007年初三全组教师都参加教科院组织的"初三语文备考研究"活动。学校每年都要为此花费不菲的资金,同时这些课题组教师通过外出学习,提高了认识,开拓了思路,开阔了眼界,对于自身的发展从而促进课题研究的成功的实施起到了推进作用。

(三)合理计划语文综合阅读的布局

将语文综合阅读融入到人教版的综合性学习之中以"联系教材,大小穿插"的方式来科学安排教学。一方面是与阅读教学有机的结合,另一方面是与人教版教材中的综合性学习的专题结合,同时以开发地方资源的方式来开展综合阅读。这样既落实了教材要求,完成综合性学习的任务,又能很好的完成综合阅读的培养目标。在领会和实践这一意图的前提下，黄冈中学还根据多年来的语文教学经验，自主创造性的形成"点面结合、大小穿插、联系教材、资源开发"的语文综合阅读的教学布局。

1. 点面结合、大小穿插

黄冈中学的初中语文从学习规摸、覆盖视野将综合阅读分为大型的综合阅读活动、小型（微型）的综合阅读活动和点面结合式等类型。

大型的综合阅读：要求学习者广泛收集资料、多角度展开探究，多角度展开交流并展示成果。

探究流程：扣住选题——收集资料——访问专家（实地考察或听专题报告）——整理材料——分析归纳——选择典型材料——结构论文——写作提纲——撰写论文——展示成果。

小型（微型）的综合阅读：是定点阅读一篇课文或文章，由文章的重点问题引出话题，再引导学生延伸读，然后交流。这是择取小的切入点，重点突破，注重课内外衔接，注重学法指导的阅读方式，是我们初步尝试出来的用综合阅读的方式来研读教材的一种途径。

教学模式是：点击课文（定点阅读）——多项链接（延伸读）——自主探究——合作研讨——成果交流——评价反思。

探究式的综合阅读：即是让"学生带着教材走向教师"，让学生充分运用"自主、合作、探究"的学习能力、充分实现自我价值、尊严、自由、创新的学习过程。

探究流程是：课前"自主探究"式阅读——导读探究激趣——点击课文阅读、探究问题（初读课文，感受内容——精读课文，师生重点探究——品读课文，学生自主阅读探究）——拓展链接

点面结合式综合阅读：用成果交流课的形式集中展示，阅读者广泛收集资料，多角度展开阅读探究，交流与合作的整个阅读探究的过程与成果。

教学模式为：确定话题——制定目标——自组小组——计划谋略——自主探究——合作研讨——成果交流——评价反思（展示观摩课的教案）。

常规式综合阅读：融综合阅读和综合性学习的综合学习书面学习方式"综合性学习行为链"，即是帮助学生经常性进行综合阅读能力训练的一种好方式。

综合阅读行为链：阅读——链接——交流——作与反思

除此之外，黄冈中学还结合教材阅读教学的进程，随时穿插一些综合阅读

的能力培养点,即随机式综合阅读。这样综合阅读的形式多彩多姿,灵活多变,操作性强,这给黄冈中学的语文教学带来了勃勃生机。

黄冈中学综合阅读课题组组长陶秀琪老师在执教《杜甫诗三首》(人教版新课标教材八年级上)时,把综合阅读融入阅读教学之中,随机插入能力训练点:诗歌的赏读能力。

老师设置作书签的活动。

首先明确赏读的方法：

评点式书签内容:在两首诗中选出诗句是 ＿＿＿＿＿＿＿＿＿＿＿＿＿；句中运用了的修辞或其他表现手法是 ＿＿＿＿＿＿＿＿＿＿＿＿＿＿；表达作者的感情:＿＿＿＿＿＿＿＿＿＿＿＿＿＿＿＿＿＿＿。请同学们调动积累,找到一个角度进行与此句意义相关的名句或佳句链接(链接的范围要广些:古代的、现代的都行)。

再明确赏读的步骤:1、把学生分成六个小组,每个小组自主品味赏读一联,每个小组自主讨论。

2、在讨论的时候,同学们要抓住诗句中的关键词或修辞手法或作者的感情表达等方面来赏读、也可以只说其中的一点。3、学生边交流,老师边出示赏析,边讲解。

最后,教师示范赏析:"烽火连三月,家书抵万金"写出了烽火连月不息,盼家书经久不至时的迫切心情。体现出了家书的难得和珍贵的程度。此联运用对仗表达了诗人强烈思念家乡和亲人的真挚感情。因而成为千古流传的名句。链接:请同学们调动积累,说说还有哪些古诗词中也有思乡名句?

预设:举头望明月,低头思故乡。——李白《静夜思》

春风又绿江南岸,明月何时照我还。——王安石《泊船瓜州》

这样,让学生在做书签的活动中,去掌握赏析诗词的方法,去领会诗歌的意境,去链接丰富的诗词名句,增强学生的语文综合阅读能力。

金婵老师上的《爸爸的花儿落了》(人教版新课标教材七年级上),注重学习的过程和学生获得亲身参与探究实践的体验,培养发现问题和解决问题的能力,培养收集、分析和利用信息的能力,学会分工与合作,培养科学态度,培养对社会的责任心和使命感。邓伏黄老师上的《戏曲大舞台》(人教版新课标教材七年级下),邓伏黄老师给学生搭设学唱戏的平台,让学生自主的唱戏,有的唱京剧,有的唱黄梅戏,有的唱豫剧等,同学们即兴的表演,展示了他们学习戏曲的成果,加深了对戏曲文化的认识,提高了赏析能力。金婵老师上的《春酒》(人教版新课标教材八年级下)注重课内外衔接,让学生积累有关乡愁的名言名句,并让学生把课文与诗歌《乡愁》进行比较阅读,使学生在语文实践运用中,提高语文综合阅读能力。陶秀琪老师的《走进赤壁 感受东坡文化》。这节课总的设计思路是以点带面的成果交流课:即以赤壁为点引出赤壁之战黄州说--苏东坡的故事--苏东坡的诗词艺术--苏东坡的精神--展望东坡赤壁等内容;另外,这节交流课作为一个点,展示的是《走进赤壁 感受东坡文化》的整个探究过程,展示的是学生的参与过程和获得的成果。

这样根据教材,大小穿插,让综合阅读的教学成为学生学习语文的兴趣拨动点,不仅促进了文本阅读的质量,而且促进了同学们的语文综合学习能力,同时也真正培养了同学们的语文素养。

2. 联系教材、资源开发

叶圣陶先生说过,"教材只是一个例子"。因此,我们开展综合阅读时的原则是:尊重教材,落实教材的训练点,但也不拘泥于教材,而是始终坚持将教材与自身的教学实际相联系,选择教材中合乎自身教育资源的来实施,并结合地方特点有效的开辟地方资源、网络资源等来补充教材资源来实施。例如:赤壁是我们黄冈的名胜古迹,"赤壁之战黄州说"已经成为历史学家争论的热点。又因为苏东坡谪居黄州期间留下了大量的诗词文赋书画作品,尤其是苏东坡在黄州所表现出的精神品质,更赋予东坡文化以特别内涵,成为一代又一代黄冈人享用不尽的文化和精神财富。《走进赤壁 感受东坡文化》这节课,让学生走近赤壁,多方面感受东坡文化,可以说是一次在学生认知层面设计的文化之旅,是对传统课堂学习的极大拓展与丰富。课堂学习单靠教材内容是不够的,整合地方学习资源并融入学生的学习过程中,是提高课堂学习效益的必由之路。这是地方资源开发运用的成功典范。邓伏黄老师上的《话说黄冈中学》也是利用黄冈中学的品牌学校的资源来实施综合阅读的教学的。

(四)开展综合阅读科学策略

《课程标准》指出:综合性学习主要体现为语文知识的综合运用,听说读写能力的整体发展,语文课程与其它课程的沟通,书本学习与实践活动的紧密结合。而综合阅读正是落实综合性学习的有效途径。由此出发,我们可从以下几方面实施语文综合阅读。

1.注重观念的转变,积极开展综合阅读

长期以来,语文教学一直处于"高耗低效"的状态,语文教坛三个"唯一"的现象相当严重。课本是唯一的信息源,教师是唯一的信息传递者,教室是唯一的信息交流所。这些都导致学生的语文素质难以提高,新课程改革呼唤开放的有实效的语文教学课堂。《新课程改革纲要》提出:倡导学生主动参与、乐于探究、勤于动手,培养学生搜集和处理信息的能力,获取新知识的能力,分析和解决问题的能力以及交流与合作的能力。新教材中一单元有一次综合性学习,但就这一单元一次的综合性活动也有许多老师怕麻烦、怕动脑、怕耽误课时,而使它被忽略,更不要谈平时日常教学中实施综合阅读。随着新课程改革的深入,综合阅读培养学生能力的独特优势已逐渐显现。作为教师,为了学生的发展,应该投身于新课程改革之中,以新的眼光来看待综合阅读,积极开展综合阅读,且应以引导者、帮助者、合作者的身份出现在学生的综合阅读活动中,为学生的综合阅读添砖加瓦,为学生的全面发展添柴加薪。

2、注重学生学习的过程,强调学生的学法

综合阅读活动的过程是帮助实现综合性学习。在这一过程中,学生的情感得到了激励,兴趣得到了强化,能力得到了锤炼。因此,课题组非常注重学生学习的过程,强调学生的学法;注重培养学生学习态度、创新意识和实践能力以及健康的思想品质等多方面的综合发展,为学生的终身发展奠定基础。配合课程功能的转变,我们关心的不只是学生知识、技能的掌握情况,更应该关注学生掌握学习知识、技能的过程与方法,以及与之相伴随的情感态度与价值观的形成。如学习兴趣如何?感情是否投入?合作情况怎样?处理事物都采用了一些什么方法?有没有科学、严谨诚实的态度?能力有没有得到锻炼?遇到困难时怎么办?总之,关注的是学生求知的过程、探究的过程和努力的过程,以利于有效地帮助学生形成积极的学习态度、科学的探究精神,乐观进取的人生观和富有时代精神的价值观。

在综合阅读活动的过程中要注重以下能力的培养:(1)能自主组织文学活动,在办刊、演出、讨论等活动中,体验合作与成功的喜悦。(2)能提出学习和生活中感兴趣的问题,共同讨论,选出研究主题,制订简单的研究计划,从报刊、书籍或其他媒体中获取有关资料,讨论分析问题,独立或合作写出简单的研究报告。(3)关心学校、本地区和国内外大事,就共同关注的热点问题,搜集资料,调查访问,相互讨论,能用文字、图表、图画、照片等形式展示学习成果。(4)掌握查找资料、引用资料的基本方法,分清原始资料与间接资料的主要差别;学会注明所援引资料的出处。

3、注重学生学习方式的转变,强调学生自主学习。

《基础教育课程改革发展纲要》指出:"改变课程实施过于强调接收学习、死记硬背、机械训练的现状,倡导学生主动参与、乐于探究、勤于动手,培养学生搜集和处理信息的能力、获取新知识的能力、分析和解决问题的能力以及交流与合作的能力"。这一段话要求我们要克服三种旧的学习方式,提倡四种新的学习方式,在学习方式上要实现转变。

德国教育家第斯多惠说过:一个人要不主动学会些什么,他就一无所获,不堪造就。人们可以提供一个物体或其他什么东西,但是人却不能提供智力,人必须主动掌握学习。

学习方式的转变主要是指由原来的被动、机械、他主的学习转变为主动、自由、自主的学习;由原来的个体学习转变为合作学习;由原来过于强调接受学习转变为探究性学习。

综合阅读活动主要体现为语文知识的综合运用、听说读写能力的整体发展、语文课程与其他课程的沟通、书本学习与实践活动的紧密结合。大多数的学习环节都是在课外进行的。它不仅需要学生自主地运用已有的知识积累、生活经验去处理各种问题,也需要学生加强合作,注意学习活动过程的策划、组织、协调和实施,更需要学生在学习活动过程中,发挥积极主动的参与精神对各种问题进行富有创新的探索和研究。因此,综合阅读必须改变传统的教学习惯,实现学生学习方式的转变,让学生进行自主学习、合作学习和探究学习。

4、注重学生个性的发展,培养学生的创新能力。

学生个性的发展既是一种个性教育,又是一种创新教育。素质教育认为,由于人的个体先天素质、后天环境和教育影响的不同,学生的素质结构不可能千篇一律。因此,实施素质教育必须把发展学生个性列为重要目标,"提倡让学生主动发展"。教师要突出学生的主体地位,调动学生的积极性,全面观察分析每个学生,善于发现和开发学生潜在素质的闪光点,因材施教,给学生创造一个自主发展的空间,使他们的个性得到充分自由的发展。这既是对"人"的尊重,也是知识经济和未来社会实践对人才素质的又一特殊要求。经济学家告诉人们,知识经济时代的市场竞争已经成为设计人员在工作间里的创意竞争,谁能设计出个性化的、适应不同层次消费者需要的产品，谁就能在市场竞争中取胜。个性化的产品离不开个性化的人，个性化的人离不开个性化的教育。创新是素质教育的灵魂。《中共中央关于教育体制改革的决定》指出："社会主义'四有'新人不仅要有为国家富强和人民富裕而艰苦奋斗的献身精神，而且应该不断追求新知识，具有实事求是、独立思考、勇于创新的精神。"江泽民总书记1995年在全国科技大会上也指出："创新是一个民族进步的灵魂，是国家兴旺发达的不竭动力。一个民族缺乏独创能力，就很难屹立于世界民族之林"。

5. 注重课外资源的利用，激发学生综合性学习的兴趣。

学习兴趣是学生对学习对象、学习活动的一种力求认识或积极接近的心理倾向。在兴趣的影响下，学生会情绪高涨，积极主动地认识事物，观察力显得敏锐、思维显得活跃、记忆力增强、想像力丰富，克服困难的意志力随之增强。

学习方面可以利用的课外资源主要有以下几个类别：

（1）自然景物。天高云淡，秋风送爽，各种颜色、不同形状的叶子像蝴蝶般飞满了果园，飞满了校园和乡间小道。在上学或放学的路上，细心的孩子总爱拣几片漂亮的叶子夹在书中做书签，此时此刻，发动学生采集各种树叶，召开一个色彩斑斓的赏叶会，那会是多么令学生开心的事啊!在这个活动会上，学生可将采集来的树叶进行归类，(有的按颜色归类、有的按形状归类，有的按药用价值归类)，将自己的归类内容说给大家听。在介绍树叶名称和树叶归类的过程中，既锻炼了学生的口头表达能力，又增加了学生的知识，丰富了词汇，发展了语言。把叶子进行归类后，喜欢画画的学生马上想到用树叶贴画，有的学生在画自己喜欢的树叶，有的和同伴一起制作叶片标本……同时，这也是一次很好的与写作紧密结合的活动。

（2）人文场馆。"标准"又指出："各地区都蕴藏着自然、社会、人文等多种语文课程资源。充分利用学校、家庭和社区等教育资源，开展综合性学习活动，拓宽学生学习的空间，增强语文实践的机会。"因此，实践活动的开展应与博物馆、乡土风俗等人文景观紧密联系结合，积极组织参观、考察、游览、远足等活动。值得注意的是，开展这些活动应调动学生的积极性，使学生成为活动的设计者、组织者，而不仅仅是个被动参与者。黄冈中学就有很多自己的课外人文活动。比如：祭扫红安革命烈士墓、参观李时珍陵园、闻一多纪念观、走进黄冈赤壁等活动。有效地利用这些人文场馆，开展很好的综合实践活动，既开展了人文教育，实现了德育，有促进了学生综合素质的提高。

6. 注重网络资源利用。

今天，网络已悄然走进了课堂和生活。在我们惊叹网络浩如烟海的信息量和强大的搜索、交流功能，便捷、丰富的资源共享时，如何充分利用网络的优势开展语文综合性学习已成为必需思考的问题。如黄冈中学综合阅读课题组组长陶秀琪老师执教的《杜甫诗三首》一文后有这样一道拓展练习题：结合课文内容并收集资料，并要求写出读后感。根据这一要求，我们可设计一节网络环境下的综合性学习课，引导学生在网络环境下学会查找、运用资料，激发想象力和创造力，感受名人的人格之美。在此过程中，应注重这两方面的培养：(1)合作意识。在信息时代，无论学习还是工作、生活，合作都显得尤为重要。网络中的信息搜集、整理更要求有良好的协作。本课中，可主要从以下两方面进行组织：组建合作小组，让组内同学自主分工合作，完成学习任务；引导组际合作，创设共同学习的氛围。(2)问题意识。自主、探究的前提就是学习者要有问题意识。因此，我们首先要求学生会归纳出问题：在课文学习过程中遇到哪些问题？面对本课的学习目标你又产生哪些问题？经过学习小组的讨论和全班交流，梳理出共有哪些问题，哪些是急待解决的主要问题，从而确定本学习小组下一步探究的具体目标。在教学中要鼓励学生在探究的过程中发现问题并随时讨论并与班内同学交流。

7. 注重课内与课外的联系，切实提高学生综合素质。

近年来，中考试题命题正在向能力化、素质化、个性化、综合化的方向发展，各学科考试更体现了这一点，而课程开发的目标和方向正是发挥学生的个性和特长，提高学生的综合素质。因此，开发课程不仅不会影响升学率，反而会促进中考升学率的提高。黄冈中学 2006 年参加语数外三联赛总分黄冈市第一，语文单科首次荣获黄冈市第一名。黄冈中学 2007 年中考考取黄高学生的总人数位居黄冈城区第一。树立正确的育人观，对待升学率，"不唯中考，激发潜能；发展个性，中考必胜"，满意的升学率应是素质教育的结果，而不是片面追求的目标。

8. 开展形式多样的读书活动(活动例举)。

——读书推介会。学生或老师对自己喜欢的书或篇目，谈感想、说认识、颂警句，引发大家的读书兴趣。

——读书沙龙。针对某单元，读后谈感想、谈心得，互问互答，不求全，只求有真情。

——读书辩论会。围绕单元或专题，找准辩论题，充分准备，分组争辩，不求标准结论，但求主动参与。

——读书挑战。围绕单元，各自读书，小组出题，挑战提问。

——读书故事会。选择自己喜欢的内容，或寓言、或童话、或散文、或诗歌、或故事，给大家讲一讲。专题也行，综合也可。

——讲读比赛。选择同一篇课文，自当老师，上台先读后讲析。比一比谁读得好，谁能讲出理。

——听读欣赏。自录配乐颂读磁带，全班放录，大家欣赏评议。

——插图评选。依据单元有关选文，自画插图，贴于板上，画者指画讲述。

——问题抽答。围绕单元有关内容，师生均出题，按组推选代表，抽题解答。

——编演"文选小品剧"。小组根据有关选文，自编小品剧，自编自演。

——写读后感。举办"读后感""阅读小报""读书笔记"等展览。

——作文材料库展示。举办在读书过程中收集名篇佳作的资料有多少的活动，帮助学生建立自己的作文材料库。

9. 积极组织第二课堂，开展有效的综合阅读的探究活动。

(1)根据教材的综合性学习的内容来恰当的与综合阅读相融合，组织综合阅读的探究活动。如：七年级(上)有一个综合性学习的内容：感受自然。我们就组织全年级的学生围绕话题"热爱自然　保护环境"进行分班阅读，然后，在全年级举办专题故事会进行交流，取得很好的效果。

(2)积极组织学生参加学校组织的语文实践活动，拓宽综合阅读的渠道。如：2005 年，在学校举办的科技文化节上，我们初一年级的初一(3)班和初一(5)班为了锻炼同学们的语文素养都把朗诵与舞蹈相配，搬上了舞台，有很好的效果，特别是初一(5)班全班排了大型的"诗朗诵"参加学校的科技文化节，获得全校第一名；我们初一年级和初二年级还有很多同学积极参加书法绘画，有很多优秀的作品，都获得了好的评价。还有 2006 年 3 月年级组织春游活动，我们就定一个话题"感受春游"，让学生开展综合阅读的探究活动，并评比优秀论文，年级发奖。这些语文实践活动有力的帮助了我们培养学生实践能力、综合能力。

(3)确立研究小组，利用课外活动课时间来开展综合阅读的探究活动，努力完成综合阅读教材的学习任务，提高学生的自学能力。

(4)年级成立语文兴趣小组，让学生举办优秀作文选，培养学生综合的语文能力。

10. **开辟第三课堂,走进社会,开展有效的社会调查、社会实践活动,进行大语文学习,促进综合阅读的探究活动的开展。**

(1)注重寒暑假的语文社会实践活动的组织、安排和指导,这也是非常好的一条综合阅读探究活动的路子。如:2004年寒假,全年级各班都布置了语文综合阅读的探究活动,并对搞得好的同学发奖,激发学生的阅读兴趣,提高了学生的语文素养。

(2)鼓励学生多向社会展示自我,多走入社会,感受人生体验,培养自己在社会中学语文,在生活中学语文,拓展综合阅读的探究领域,提高学生的综合能力。如初一(5)学生吴奕萱在家长的支持下自己主动参加湖北省的诗词比赛,获得一等奖,2004年秋自己主动的参加楚天都市报举办的"楚天杯"作文竞赛,获全省二等奖。这个学生的综合能力强,与她敢于走入社会,敢于在社会这个大舞台上锻炼,敢于在社会中去接受检验,去感受人生的真谛是分不开的。

(3)开展有效的社会调查,实地考察,是有利于综合阅读探究活动的创新的。如"走进赤壁 感受东坡文化"的综合阅读探究活动,就因为开展了社会调查和实地考察,还拜访专家,所以才有袁驰的《周郎何处破曹公之我见》等这篇创新性文章。初三(五)班吴奕萱同学06年7月参加北京"新东方"英语比赛荣获第一名,07年7月被北京总部派到美国去参加夏令营活动,为学校争光。她的这一成绩与我们平时开展综合阅读活动分不开,广泛的语文阅读与英语阅读活动的开展,促进了她的综合能力的提高。

(五)探究有价值的综合阅读方法

经过广大语文教师的精心探索,黄冈中学在实施语文综合阅读学习课题研究方面摸索出多种综合阅读方法,具体如下:

(1)**综合阅读问题探究法**。让学生在阅读过程中针对文本的特点及学生的自身经验,发现问题,采用类比生疑法、联想生疑法,异同对比法、借果推因生疑法等,学生自己提出问题,并自主探究或对教师提出的问题,师生一起进行探究和解决。阅读探究问题的过程也就是提出问题并解决问题的过程,在探求过程中要总结规律、培养技能。

(2)**综合阅读情境探究法**。创设综合阅读探究性学习的情境,创造一种宽松、自主的学习环境,让学生在民主的、和谐的、平等的氛围中进行探究性学习,有助于兴趣的提高和知识的掌握。

(3)**综合阅读自主探究法**。在自主学习过程中,给学生充分的自学时间,让学生自己带着自定的专题去读书、去感悟、去探究。强化学生的自主阅读意识，让学生这个阅读主体独立领受和驾驭文本。

（4）**综合阅读合作探究法**。合作探究如果用在刀刃上，能激发学生探究学习的兴趣，有利于发挥每个人的长处。如在教学重点难点处，组织学生分成小组或全班集体合作探究，对阅读写作等整体性的学习内容，组织整节课探究学习……这样同学间相互弥补、借鉴、相互启发、拨动，形成立体的交互的思维网络，实现个性差异互补，使学生在合作中竞争，在交流中发展，在探究中提高，就能产生 1+1>2 的效果。

（5）**综合阅读想像探究法**。对于一些寓言、神话及有想象空间的小说、戏剧等，将学生语文综合阅读学习由探究现实存在的问题引向探究虚构存在的问题。拓展学生想象的空间，培养学生的想象能力，开发智力，提高语文素养。

（6）**综合阅读纵横探究法**。既从课文间的联系对纵向横向两方面进行问题探究，获取知识。又从课内到课外间的联系对纵向横向两方面进行问题探究，获取知识。

（7）**综合阅读接受式探究法**。根据文本需要，让学生从个人、学校、社会等现有资料或现有资源中直接搜集或询问得来。既丰富了学生的知识积累，又培养了学生收集、整理资料的能力。

（8）**综合阅读发现式探究法**。在发现式的探究学习中，没有现成的信息可以直接搜集到，而必须由探究者对文本经过阅读、分析、解读、研讨等活动过程，通过知识间的链接来获得认识成果。

（9）**口语交际课的综合阅读情境探究法**——它要求教师要创设综合阅读口语交际的情境，创造一种宽松、自主的学习环境，让学生在民主的、和谐的、平等的学习氛围中进行综合阅读学习，让课堂充满着情感的碰撞、情绪的体验、生命的交流，以达到语文综合能力的提高。

（10）**写作课的综合阅读合作探究法**——将综合阅读探究学习引入作文评改课堂，全班学生按优、中、差均匀搭配分成若干小组，每组 4 人，确定一名学生作记录人，小组集体讨论评改分配的作文，评改内容按照本次作文要求（包括作文是否说了真话、抒了真情以及在拟题、审题、立意、构思、谋篇布局、写法、语言等方面的优点、不足、修改意见），然后小组代表在全班汇报评改情况，小作者根据小组评改的意见写出二稿，组长根据小组成员在本次作文的表现，给每个人评定等级，并负责把集体讨论的内容、素材、初稿、修改意见、二稿等材料按顺序装订好,交教师审阅或各小组交换评改。

（11）**综合阅读活动课的体验法**——如学生在综合阅读学习中独特的感受、体验和理解。学生在探究过程中体验了成功,也体验了挫折。探究过程中的挫折、错误、弯路甚至失败,对学生都具有重要的教育价值。对此,教师要适时给予适当的帮助、引导,从而使探究在经历了一段努力之后有所结果,让学生体验到有所收获的喜悦和兴奋。

（12）**中考备考中运用综合阅读探究法**——将综合阅读探究学习引入到中考备考中就是要求做到建立"单元复习意识"或"专题复习意识",重联系,重活动。具体应注意:

——"单元意识",即以"单元"为教学单位,要注重单元各篇的整合,绝不可上成讲读单篇课文的语文教学模式。"专题意识"即以某一集中的论题为教学的核心内容,由一点而形成生发态势,便于集中主题,防止节外生枝。

——以"一篇带多篇、几篇带单元",或以"主题问题带单元","各抒己见议单元",均是可尝试的办法。

——语文学习是个整体,联系是整体的结构原则。要注意阅读与文本的联系,阅读与写作的联系,阅读与口语交际的联系,阅读与综合性学习的联系,个人读书与集体读书的联系,读书与生活的联系。

——阅读是一种行为,是一种活动,将阅读内容转化为听说读写的活动和综合性学习活动,在活动中学生既有语言的吸收,也有语言的表达。学生在主动参与活动中体验就是语言和能力的获得。努力寻找、创设学生喜欢的读书活动,是教师的重要创新。

——语文知识复习随文学习。

语文知识,原则上随文学习、自主学习;也可采用"互问互学、互考互问、质疑中学、听读中学",不作独立的教学内容。

词句学习,服从"整体理解、整体感悟"的原则,但也不可对疑难词句不问不睬,听之任之。我们要树立"语文意识",把握好工具性与人文性的统一,灵活处理"语文知识随文学"的原则,做到语文知识学在精彩处、学在疑难处。

（六）建立科学的课堂教学评价机制

宏观上,《综合阅读》教学的主阵地在课堂,激发课堂活力的关键在评价,因而建立科学的课堂评价机制是特别重要的。依据新课程的要求,遵循地方课程的特点,课堂评价应以动态评价为主,推荐一种评价方式——课堂曲线评价法。主要内涵是：建立学生动态评价档案，每堂课以抽样方式（在一定周期内照顾到班上的每一位同学）对部分学生进行课堂表现、思维力度、合作精神、创新意识等方面的综合评价，每周一小结，一月一中结，一学期一总结，对变化趋势呈上升态势的学生给予表彰。

具体地就评课作为一种质量分析，首先应该有一种质量标准。这就如同一种产品的质量验收，验收应有质量标准一样。为了适应课题研究的需要，我们拟有一份研究课的评课标准仅供参考。

附：一节研究课的评价标准

1、教学目的（体现目标意识）

(1)教学（研究）目标全面、具体、明确，要符合大纲的要求、符合研究课题的需要、适合教材和学生的实际。

(2)重点和难点的提出与处理得当，抓住了关键，能以简驭繁，所教知识准确，研究方向明确。

(3)教学（研究）目标达成意识强，尤其是研究的重点内容要凸现。

2、教学程序（体现主体意识）

(1)教学（研究）思路清晰，课堂结构严谨，教学密度合理。

(2)面向全体，体现差异，因材施教，全面提高学生综合语文素养。

(3)传授知识的量和实践能力训练的度要适中，突出重点，抓住关键。

(4)给学生创造机会，让他们主动参与，主动发展，凸现学生"自主、合作、探究"的学习方式。

(5)体现学生知识形成和学生学习探究的过程，结论由学生自悟与发现。

3、教学方法（体现训练意识）

(1)精讲精练，体现思维训练为重点，落实"双基"。

(2)教学方法灵活多样，符合教材，学生和教师实际。

(3)教学信息多项交流，反馈及时，矫正奏效。

(4)从实际出发，运用现代教学手段恰当。

4、情感教育（体现情感意识）

(1)教学民主，师生平等，课堂气氛融洽和谐，培养创造新能力。

(2)注重学生动机、兴趣、习惯、信心等非智力因素培养。

(3)注重人文精神的渗透。

5、教学基本功（体现技能意识）

(1)能够运用课题理论指导教学过程。

(2)用普通话教学,语言规范简洁,生动形象。

(3)教态亲切、自然、端庄、大方。

(4)板书工整、美观、言简意赅,层次清楚。

(5)能熟练运用现代化教学手段。

(6)应变和调控课堂能力强

6、教学效果(体现效率意识)

(1)教学(研究)目标达成,教学效果好。

(2)学生会学,学习生动,课堂气氛活跃。

(3)信息量适度,学生负担合理,短时高效。

7、教学特色(体现特色意识)

(1)教学(研究)有个性特点。

(2)教师形成教学教研风格。

八. 课题研究的成效

三年来,课题组积极开展课题研究活动,在课堂教学、综合阅读等方面进行了探索、实践,取得了一定的成效。

课题研究促使课堂教学面貌发生着根本性的变化。自主探究教育观念深入师心,加快了语文课堂教学素质化进程。课堂教学组织形式在一定程度上有了很大的改变,大多数教师自觉采取新的教学方式,比如让学生自主交流等方式,激活了课堂,给沉寂的语文课堂吹来一股股清新的风:语文堂课气氛十分活跃,学生积极参与,用综合阅读的课题研究促进了综合性学习的教学的开展;课堂教学鲜明地体现了综合性学习自主性、探索性、创新性和开放性的特征。尤其是在综合阅读的课堂教学模式的探讨上,有了不少的突破,创造性的形成"点面结合、大小穿插、联系教材、资源开发"的语文综合阅读的教学布局,教学呈现一派生机。语文学科知识和政治、历史等学科知识有机融为一体,较好地体现了新课程标准规定的语文工具性和人文性的特征。学生的思维能力和表达能力都得到了充分的锻炼,学生也实现了由"知识"向能力的飞跃,这也正是我们教学工作应当追求的目标。教师开始成为学生学习的组织者、引导者和促进者。课堂上师生关系平等、融洽,学生的学习兴趣、学习主动性有所提高。

课题研究促进了教师教科研能力提高。参与课题研究的教师在教育教学观念和行为上有了转变。教师们都有了新的思想、新的概念,掌握了必要的科研方法。尽管在实践中还表现出不适应、不一致和不协调，但却可以发现他们内心有冲突，他们在调整、在尝试。新课程、新教材对教师提出了更高标准，迫切要求教师更新观念、转换角色、提高素质，因而，参与课题研究的教师的学习积极性空前高涨，科研意识和反思能力有所增强。

教科研是提高教师业务素质的捷径。从前"教学科研"充满了神秘、神圣的感觉，觉得遥不可及；亲密接触之后，才发现科研就在我们身边，科研是为了解决存在的实际问题，初步知道了课题研究的步骤和方法，自觉自愿投入学习中，知识面大大加宽，分析处理信息能力大大加强，还撰写了有价值的心得和教案。参与科题研究的教师都有成果在市级或市级以上获奖，或在报刊上发表，可谓成果颇丰。

课题研究促进了教学管理水平的提高。课题研究对学校教学管理提出了挑战，客观要求变革旧的管理模式，树立"以人为本"的管理理念。学校在加强教学管理制度和机制建设的同时，也在主动探索建构民主、开放的管理形态，构建新的教学评价制度，促进学校的教学改革的可持续发展。

通过课题研究，学生对语文学习兴趣增强了。正如苏霍姆林斯基说："人的心灵深处都有一种根深蒂固的需要，这就是希望感到自己是一个发现者、研究者、探索者"。开展研究后，在教学中注重创设自主探究的情境，激起学生的求知欲望，打开了学生思维的闸门，使学生进入"求通而未通，欲言而未能"的境界，增强了学生的学习内驱力，学生的学习由被动接受到积极参与、主动探究。

通过课题研究，学生自主合作探究意识明显增强。学生能积极主动地投身于各种自主探究的学习实践活动中，课前预习已不必由教师作专门的指导，只须按照掌握的预习方法进行就行了。有些学生还超前预习；在学习中主动出主意、想办法，解决疑难问题；在许多公众场合，一些以前躲于人后、怕抛头露面、羞于启齿的学生也开始有了探究的欲望、交往的愿望、展示自我的渴望。课外阅读更是深入学生的心，大语文学习观已渗入到每位学生的心中。

通过课题研究，自主探究能力明显提高。学生在学期初能认真分析自己的学习实际，确立了自己的奋斗目标，明确学习目的、内容和高度，并据此制定出自己的学习计划，探索自己的学习进程和方法，在学习过程中，能积极主动地进行各种学法的尝试和探索，并及时作出自我评价，了解自己的学习现状，反思现状，总结经验教训，进行学法的改进，学习状态的调整，使自己始终处于一种学习的兴奋状态。努力实现现代语文教育的鼻祖叶圣陶先生曾说："尝谓老师教各种学科,其最终目的在达到不复需教,而学生能自为研索,自求解决,故老师之为教,不在全盘授与,而在相机诱导"。通过课题研究,还初步养成了自主探究的习惯。我国早在春秋时期就有"博学之、审问之、慎思之、明辨之、笃行之"的教学主张,在课题研究中,学生已初步养成了自主预习、复习的习惯,乐思善辩的习惯,勤翻工具书的习惯,博览群书、广泛摄取信息的习惯,自疑解疑的习惯,善于收集资料的习惯。

通过课题研究,黄冈中学语文取得了优异的成绩:

1. 2006 年 12 月我校学生在黄冈市教科院组织的语数英三科联赛中语文单科成绩首次位居黄冈市第一名。

附:2006 年黄冈市三联赛语文单科成绩获奖情况统计表

校名	一等奖人数	二等奖人数	三等奖人数	总人数	全市名次
黄冈中学	27 人	35 人	30 人	92 人	第一名
黄冈外校	28 人	23 人	24 人	75 人	第二名
麻城市博达	9 人	11 人	14 人	34 人	第三名
黄州城区宝塔中学	4 人	15 人	8 人	27 人	第四名
英山县实验中学	5 人	11 人	6 人	22 人	第五名
麻城市福田河中学	0 人	16 人	7 人	23 人	第六名

2. 在 07 年中考中语文成绩各项指标首次位居黄州城区第一名。

附:2007 年黄州城区其他学校的语文单科成绩分析表

校名	参考人数	分数段	100—120	90—99.5	80—89.5	72—79.5	72 分以下	人平分	重点中学升学率
黄冈中学	384	人数	70	124	107	40	44	87.69	21.1%
		百分比	18.2%	32.3%	27.9%	10.4%	11.5%		
城区其他学校	2247	人数	161	352	613	370	538	79.03	6.1%
		百分比	7.1%	15.7%	27.2%	16.4%	23.9%		

3. 综合阅读促进学生语文单科成绩进步显著的个案分析表

姓名	入学成绩	初一成绩	初二成绩	初三(上)成绩	中考成绩
刘颖灵	78	90	95	98	113
傅炜翔	75	89	90	93	110
金贤宇	74	80	88	93	108
刘梦龙	60	78	85	90	102
李韬	50	55	65	78	84

九. 课题研究的主要成果

教师成果类

1、课题实验研究报告（课题实施方案、阶段性总结及各种计划或表格）。

2、课题结题汇报短片。

3、语文综合阅读研究教案集。

4、语文综合阅读案例分析与研究材料集。

5.教师教学论文及综合阅读探讨心得体会结集。

6.教师获奖证书复印件。

7.研究课实录光碟。

8.师生开展各项活动的录象资料带。

9.教师和学生参加各种教研活动的展板。

10.综合阅读读本

学生成果类

1.学生活动的照片（影集形式）（讲故事活动、综合阅读探究活动、春游活动、各种探究活动等照片）。

2.学生作品集（平时作品集、专题小论文、综合阅读心得体会）。

3.阅读读本。

4.学生成绩展示（三联赛的文件、中考成绩汇总表）。

十. 反思

实施新课程三年多来,黄冈中学为了落实新课程特地开展了课题研究,通过三年的理论培训和教学实践,可以说每一位教师基本上都认同或接受了新课程的理论,在教学中也能尽可能体现新课程的特点。但是,由于传统观念的根深蒂固,加上操作层面上存在的一些误区,在实际的教学中,还存在着许多与新课程理念不相符合的教学行为,具体表现为:

（1）少数教师的主导意识太强,仍然不肯放弃自己在课堂教学中的霸主地位,牢牢掌握着课堂教学的话语权,给学生自主学习、思考和活动的空间很小,学生基本上还是忠实的听众,在课堂上没有真正做到培养学生的语文素养。

（2）少数教师把课内阵地丢失,忽视对文本的深入解读,课文阅读走马观花,没有扎实的落实课本,没有注重学生的能力培养,课外无效资料和信息充塞,做大量练习,搞大运动量训练,看似重视了实践,其实是舍本逐末,搭花架子,对学生的发展没有实质性的帮助。

(3)强化阅读复习,淡化作文训练。语文中考命题趋势越来越明朗,侧重于考查学生的阅读能力和写作能力。这两项能力是语文教学效果的最高表现形式,也是语文教学的根本目的。绝大多数初三语文老师在制定复习计划时,也考虑到这两项能力。但在具体实施复习计划的过程中,阅读复习往往被得到强化,而作文训练却常常被忽视。究其原因,阅读复习的范围较窄,无非是有限的基本课文中的重点篇目,花大量的时间复习,也许在中考中能碰上几道题,收到立竿见影的效果;而作文训练不是一朝一夕就能达到预期效果的,作文水平高低与学生的语言表达能力、审题能力等综合素质密切相关,而这些综合素质都是学生长期在语言训练中形成的,非短期训练所能奏效,教者感到无处着手。久而久之,作文训练就成为语文复习中的难题。

(4)缺乏整合,有待提高。在学生探究活动上,教师的讲授多,学生思考探讨形式大于收获。强求一致多、发展个性少;死记硬背多、鼓励创新少。学习方式依然单一,阻碍个体终身学习能力的发展。在阅读上,学生读书缺乏自己的感悟和探究。在课堂探究时,学生缺乏充分的读书时间,小组合作探究流于形式,学生未能真正产生自己的感受和看法,导致探究不够深入。还有在写作上,拟题和指导构思没有给学生的自由写作、自由表达、自由探究提供必要的条件和广阔的空间,写作题目没有特色,构思内容过于狭窄,且忽视了学生在修改环节上的个性化表达和探究创造。如何处理好活跃课堂气氛与落实"知识目标"之间的矛盾;怎样引导学生走出校外进行有效的大语文探究;如何建立全面评价教师、学生的体系等均是摆在我们面前的任务。

(此文是2007年本人承担的省级课题"初中语文综合阅读教学研究"结题报告,"初中语文综合阅读课题研究"结题报告获湖北省教研室授予的课题优秀成果一等奖。此课题2007年荣获省"课题实验先进单位"称号,这项成果已在黄冈中学推广使用。在2011年4月,作者承担的省级课题《初中语文综合阅读教学研究》被评为全省"基础教育课题"研究项目一等奖,本人作为课题组负责人被评为优秀项目主持人,同时黄冈中学被评为全省基础教育研究和指导工作先进单位。时任省级课题《语文综合阅读》课题组长。)

湖北省"初中语文综合阅读课题研究"交流展示

省级课题"综合阅读研究及《综合阅读》教学实践"。

2004 年 11 月王泽芳老师和陶秀琪老师一起承担了对黄冈市参加课题研究的学校的指导工作。三年来,黄冈中学的领导特别重视,刘祥校长亲自听课,并参加评课和教研活动进行指导,我们教研处的童主任亲自指导,我们课题组的老师在研究、在探索、在实践、在收获,在扎实地开展着课题研究各项活动。

在 2007 年 11 月圆满结题,向全省语文教育同行们交出了一份份丰实的答卷,那就是一堂堂课堂录 像、一篇篇论文、一份份案例、一本本校园读本,一叠叠阅读记录,一摞摞师生读书心得……今天,我向大家交流一下我的体会。

(一)认识综合阅读课题:综合阅读是立足于语文学科,整合学生阅读能力、综合能力、实践能力、自我评价能力的综合性学习课程。

从内容上看,综合阅读是一个立足于语文学科,实现内容多样化以及跨学科综合,达成学科间横向沟通的学习领域;

从方式上看,综合阅读是一种新型的阅读方式,它关照并尊重学生的个性、兴趣与经验,强调在生活、活动、实践中学习,它是一个自主的、合作的、探究的阅读过程。

(二)综合阅读的研究主要体现在两点:

一是建立"阅读群"("定点阅读""定向阅读"两种办法构建阅读群,目的是突破传统的单篇阅读、课堂阅读模式,扩大阅读空间,形成阅读的"群"意识。)

综合阅读除了阅读语言文字的"阅读群"(它是师生共同参与,定向选择的多样化的阅读对象)之外,还可以阅读人文景观、自然风光、风俗民情、社会风貌、音像作品等材料,让学生在视觉、听觉、触觉等方面获得立体感受。

二是建立"阅读行为链"(有四个环节:阅读—链接—交流—评价;"阅读""链接"是吸纳,"交流""评价"是释放,这是一个真正意义上的完整的阅读过程。)

我们认为:综合阅读要突出显现学习内容的综合和学习方式的综合。

学习内容的综合即"注重选择开阔学生眼界的阅读内容,使学生在广泛的阅读中形成阅读的大视野,促进学生关注自然、社会,培养学生对社会和自然的责任感。"(《湖北省"综合阅读"课题实验方案》)。

学习方式的综合即是一个自主的、合作的、探究的学习过程和一个由吸收到表达再到反思的完整的学习行为链。

本课题,试图通过综合阅读的课题研究,开发综合阅读课程,寻找到一套适合黄冈中学语文教学的方法,具体探讨出综合阅读课的教学模式来改革课堂教学,真正实现教研工作为教学服务。

在研究中,有个重点是课题组工作的核心

重点一,注重综合阅读课程建设,其特点有:

1.着力培养学生的阅读习惯和阅读能力。

2. 努力培育学生健康的审美情趣、科学的阅读精神。综合阅读的重点应放在对阅读文本的整体感知、个性理解、美学欣赏和思想共鸣等方面,应该淡化对文本内容的具体分析和细节处理,突出文本内涵对学生的影响和感染。

3.搭建文化教育的教学平台。透过文本了解文化、审视文化、发扬文化。加强教材建设,强化专题意识,突出"人文"精神。

4. 建立科学的评价机制和体系。我们主要推荐两种评价方式:动态评价(即建立阅读档案激励学生阅读)和教育性评价,这种阅读评价是根据阅读内涵是为了阅读(不只是为了测量)而精心设计出来的,用以向学生揭示什么是有价值的主动阅读。

重点二,研究综合阅读的课堂教学模式。

通过探究实践,已经形成以下几种综合阅读实践课的教学模式。

1. **"融合式综合阅读"模式:**在三年的实验中,为了提高实验和语文教学实效,课题组始终把综合阅读与综合性学习融合在一起研究。综合阅读与综合性学习既有许多共性,又各有个性。它们的共性主要表现在:(1)学习目标是一致的。都着眼于学生语文素养的综合提升,都是融通综合的课程设置,都致力于综合能力的形成。(2)学习的方式是相通的。都是收集整合信息,内化吸收,为我所用。(3)学习主体是相同的。都是注重"学生的学"。(4)都是作为课程目标开课的。

综合阅读的个性表现为:(1) 更贴近语文学习实际,语文味更浓。更易操作。(2)更加注重文本价值。综合阅读始终以文本为中心。(3)积累更加丰满、充分,积累的层次清晰。

2. **大型的综合阅读课堂教学模式:**

综合阅读流程：扣住选题——收集资料——访问专家(实地考察或听专题报告)——整理材料——分析归纳——选择典型材料——结构论文——写作提纲——撰写论文——展示成果。

这种形式是既强调阅读积累，开阔的视野，又强调探究质疑，还强调交流表达。这体现了综合阅读的综合性和实践性。

总之，我们首先规范综合阅读研究实践流程，即定向——阅读——链接——交流表达——评价反思。力求把它做实、做小、做活，做成常规。其次，依据实验反馈，不断创新课型，变式有：定向——阅读——链接——交流表达——整合记录——评价反思；导读激趣——点击链接——阅读探究——交流质疑——评价总结；点击话题——多项链接——接力阅读——报告交流——评价延伸等。

随着课题研究的深入，教学文本的开发成为一项重要的内容，课题组依照实践经验和各种资源，开发出一系列的教学资源。

1. 综合阅读成为一种独立的课程。编成了《综合阅读》教材，还有校内开发的校本读物《综合阅读读本》。全校从初一到高二，每班每周开设一节综合阅读课，带领学生到图书馆读书；每个年级不定期的开展《综合阅读》课堂教学，把综合阅读纳入到常规教学当中，真正让综合阅读落实到实处，提高学生的综合语文素养。

2. 充分挖掘文本资源。

(1)文本是综合阅读最主要的资源形式，用足用好是最高境界。我们开发文本资源的途径有：学校图书馆、阅览室、班级图书角，人手一份《语文报》，每个小组订阅一份期刊。

(2)创建教学文本。编印《黄冈中学语文读本》，学生作文集，这些都是黄冈中学的文本资源。(3)挖掘其他学科资源。学生升入八年级，接触了物理，课题组有针对性的开展"走进物理"的专题阅读。

3. 有效的开辟地方资源，网络资源等来补充教材资源。《走进赤壁 感受东坡文化》就是整合地方资源的成功案例。

通过一系列的研究和实践，课题组在工作中实现了很多目标，形成了综合的大语文阅读，具体表现为：

(一)扩大了综合阅读的阅读对象。即把综合阅读由"定点阅读""定向阅读"两种构建阅读群的方法，扩大到可以阅读人文景观、自然风光、风俗民情、社会风貌、音像作品等材料,让学生在视觉、听觉、触觉等方面获得立体感受,扩大阅读空间,形成阅读的"群"意识。

(二)做到两个融合。

1.综合阅读与综合性学习的融合,形成新型的综合阅读,成为学生有效的综合阅读方式。

2.综合阅读与写作的结合——小作文开辟大境界。坚持"小作文,大训练"的活动,把学生小作文当作平时练兵的阵地,提高作文水平。

(三)开设了综合阅读课程,并进行课堂教学实验,让综合阅读真正成为提高学生综合能力的有效途径。

在努力实践和创新中,课题组的老师在工作上取得了科研和教学的双丰收。

综合阅读课题研究让我们学校充溢书香之气,学生乐于读书,专题阅读、读写一体在全校语文教育教学普遍推行,促进了我校教学质量的提高。2007年荣获省"课题实验先进单位"称号。

通过课题研究,让我校语文取得优异的成绩:

1.2006年12月我校学生在黄冈市教科院组织的语数英三科联赛中语文单科成绩首次位居黄冈市第一名。

2.2007年中考中语文成绩各项指标首次位居黄州城区第一名。

通过课题的研究,拓展了学生的知识面,增加了信息量,提高了教学质量,培养了一批优秀的人才。

2007届课题研究实验班的初三(5)班的学生在07年的中考中考取黄冈中学高中部人数(共19人)位居全市第一;本班的袁驰同学在2010届高考中勇夺黄冈市高考文科状元,被北京大学录取;还有张弛同学在2010届理科实验班成绩荣获国家一等奖,被保送北京大学。

通过推广课题成果,全方位提高了教学质量。

《综合阅读》课题的成果和教学方法从2007年开始在我校广泛推广,由语文综合阅读培养学生的综合能力,提高学生的整体学习能力的优化,促使学生的学习质量的提高。所以,2010届中考我校语文成绩位居黄冈城区第一名,创黄冈中学历史新高。(展示照片:中考优胜集体)

启黄中学何云中同学以658分夺得黄州城区中考状元。有9名学生进入黄州城区前10名。有18名学生进入黄州城区前20名。有40名学生进入黄州城区前50名。黄高在黄州城区录取的200名学生中启黄中学就占了127名学生。至此,启黄中学在黄州城区勇夺中考"七连冠"。

语文单科在 2009 的全市语数英三联赛中获一等奖和二等奖的总人数是黄冈市第一,在 2010 年中考中语文成绩位居黄州城区第一。

当然,中考并不是语文一科来起主要作用,但是综合阅读所带来的学生的综合能力和综合素质的提高,对学生的各学科学习所起到的作用在中考成绩中也能凸现出来,中考成绩也能说明问题。

课题研究促进了教师教科研能力提高。教师们都有了新的思想,新的概念,掌握了必要的科研方法。教师长足发展,有的获得 "湖北省优秀教师" 称号,有的获得省、市、县"教研教改先进个人"称号,有的在省市优质课比赛中挥洒自如,有的在专业刊物上发表文章;有的教师科研能力提高了,他们的成果在国家级、省级或市级获奖,或在报刊上发表,可谓成果颇丰。如《教师教学论文及综合阅读探讨心得体会结集》《课题实验研究报告》《语文综合阅读研究教案集》《语文综合阅读案例分析与研究材料集》《教师获奖证书复印件》《研究课实录光碟》《综合阅读读本》等(贴照片)。

尽管取得了许多成果,课题组在越来越深入的研究中,仍有许多未完全解决的问题和未完全实现的目标。

几年的实验研究,我们还存在许多困惑和问题,如"综合阅读"应该怎么"读"?怎样的阅读体现"综合"阅读?怎样建构"文本群"?"链接"怎么链接最恰当?综合阅读的课程地位能否稳固;负担过于沉重的教师,评价尤其是量化评价和可测量化评价始终是一个难以跨越的障碍,如何实现突破等等。一连串的问题,刺激着我们思考尝试,促使我们对综合阅读进行更深入的研究。

(在 2011 年 4 月,本人承担的省级课题《初中语文综合阅读教学研究》被评为全省"基础教育课题"研究优秀项目一等奖,作为课题组负责人本人被评为优秀项目主持人,同时黄冈中学被评为全省基础教育研究和指导工作先进单位。此文是本人在湖北省教研室组织的全省基础教育教研课题交流展示会上的交流展示发言稿。)

东坡赤壁文化融进语文教学

《走进赤壁感受东坡文化》这节课就是实践教育改革纲要,进行的地方教学资源的开发的校本研究。这节课既把苏东坡赤壁文化融进语文教学中,又与语文、历史、地理、军事、美术、音乐、书法、电视、电教、英语、网络资源进行整合,多角度地帮助学生读懂赤壁,读懂苏轼,读懂东坡文化,领悟东坡精神,以达到培养学生的综合阅读能力和人文素养的目的。我们是如何把东坡赤壁文化融进语文综合阅读课的呢?

一、确立目标

结合学生实际,确定本节课的探究目标如下:

1. 让学生立足于语文学科,通过《走进赤壁感受东坡文化》(即社会实践)的学习探究过程来整合自己的阅读能力、综合能力、实践能力、自我评价能力。

2. 感受苏东坡在黄州所表现出的精神品质,所创造出的精神财富,为人类社会的发展作出的巨大贡献,激励学生积极向上,从而培养高尚的人文思想。

3. 在调查探究过程中,让学生观察赤壁,并收集大量的东坡材料,回校在班上讲述自己观察探究所得,讨论各自的观察探究是否有意义,观察探究方式是否正确。学生还可通过调查探究、网络等途径获取相关资料,运用对比测量等手段获得调查结果。

二. 说实施

东坡赤壁文化融进语文综合阅读课的过程一般经历三个阶段:准备阶段、探究(体验)阶段、表达交流阶段。

1.准备阶段

(1)教师运用相关图片和资料进行必要的宣传,引导学生关注黄冈赤壁、关注苏东坡,感悟东坡精神。

(2)组织学生听黄冈赤壁办的一级导游讲解员介绍东坡赤壁相关知识。

(3)组织学生听黄冈赤壁办的赤壁之战"黄州说"的研究专家王琳祥科长的专题报告。为学生综合阅读探究做些背景式的铺垫工作,激活学生既有的知识储备,诱发学生的研究动机,引领学生逐步进入学习情景。学生也要作好准备,一种意识性的准备,如保持渴望探究的心情,与人合作的愿望等。

(4)组织学生到东坡赤壁实地考察一次。

(5)让学生根据自己的兴趣,根据学生活动的便利以及学生确定的主题,把全班分成以下六个综合阅读的探究活动组:东坡赤壁探秘组、赤壁之战黄州说、苏东坡故事表演组、苏东坡诗词书画艺术欣赏组、东坡精神探究组、东坡赤壁展望组(英语情景剧);再以小组为单位开展研究活动。

(6)老师组织"怎样收集资料"和"怎样写论文"的专题辅导,为学生的探究工作打好基础。

(7)准备让学生到图书馆、到赤壁办、在相关网站上查找资料。

2.探究(体验)阶段

如果说,准备阶段是帮助学生决定干什么的话,那么,探究阶段就是思考"怎么干"的问题,也就是解决研究方法的问题。

(1)探究活动小组成立之后,老师指导学生按以下程序开展探究:定子选题——制定目标——自组小组——计划谋略——自主探究——合作研讨——成果交流——评价反思(展示观摩课的教案)在探究学习的起步阶段,我们教师要充分发挥积极的指导、引导作用,帮助学生设计方案,制订计划,包括目标是什么,用哪些方法,有哪些工作程序等。研究计划和活动计划的制定需要老师与同学们、同学与同学之间的合作和讨论。

(2)具体实施,即具体地开展语文活动或就已经确定的主题按下面的程序来开展研究:扣住选题——收集资料——访问专家(实地考察或听专题报告)——整理材料——分析归纳论点——选择典型材料——结构论文——写作提纲——撰写论文。

(3)在具体实施中,指导学生作好工作记录,随时记下自己的感受;指导学生根据当时的实际情况调整工作进程和方向。

(4)进行总结,包括结果的处理,成果的自我评估,论文的撰写等。总结过程中要学会处理资料,注意筛选信息,要考虑以恰当的方式表达活动效果或研究的成果。

总的概括起来,指导学生运用了以下研究方法:实地考察或观察法、历史研究法、专题调查研究法、收集材料法、内容分析法、学习反应信息分析法、比较研究法、理论研究法、归纳概括法以及其他方法。探究活动促进了学生自主、合作、探究能力的提高。

3.表达交流阶段

表达交流阶段是《走进赤壁感受东坡文化》中学习一个不可分割的环节。同学们之间进行交流的，也许是活动成功的喜悦，也许是可见可感的研究成果，也有可能是失败的体验和对整个学习过程的反思，无论交流什么，都是一种分享，一种"碰撞"。

（1）《走进赤壁感受东坡文化》表达交流阶段采取的是探究成果交流课的形式。分六个板块：

板块一：知识积累，苏东坡与黄州赤壁

在第一板块里，首先播放由学生摄制的电视短片《苏东坡与黄州赤壁》，同时展示学生用电脑制作的"赤壁探秘"和"赤壁之谜"数码作品展板，展示了学生积累的大量有关东坡赤壁与苏东坡的相关知识。

板块二：自主探究，赤壁之战"黄州说"

首先运用《三国演义》中"火烧赤壁"的一段电视画面，同时用三国演义主题曲作配音，再现历史激烈的战争场面，激发了学生的思维想象能力，同时引出探讨话题"周郎破曹之地之我见"，学生用丰富的史料，旁征博引，充分有力的论证了自己的观点。

板块三：真实再现，苏东坡的故事

该小组学生用"名家人生"的方式表演苏东坡在黄州的几个故事，了解苏轼年轻时期刻苦好学的精神，激励学生拼搏向上。多媒体屏幕上呈现与故事相应的情景图片，图象鲜明生动，使学生表演的故事真实感人，激起了学生的互动交流的热情。

板块四：艺术分享，苏东坡诗词书画赏析

小组的学生和老师一起朗诵诗词《念奴娇·赤壁怀古》，然后由学生代表进行诗词赏析。同时还有同学弹奏优美的音乐进行伴奏，还有同学在描绘美丽的图画，挥毫书写潇洒的书法。与此同时，投影展示制作的《赤壁怀古》动画，多媒体的运用，不仅有助于激发学生学习兴趣，发挥学生想象能力，促进学生对苏东坡诗词书画的学习理解，还能有效地培养学生的审美情操。

板块五：实话实说，苏东坡精神探究

此板块用实话实说的互动方式交流苏东坡爱国忧民的东坡精神，学生们交流过程中深刻感受到苏东坡伟大的人格力量。

板块六：真情展望，东坡赤壁走向世界

小组同学用英语情景剧的方式对东坡赤壁发展前景进行展望，希望东坡文化能够走向世界，表达了学生对东坡文化的热爱。这里很好地把英语会话运用在语文课堂教学中，促进了学生双语学习能力的提高。

（2）总的设计思路

这节课是以点带面的成果交流课：即以赤壁为点引出赤壁之战黄州说——苏东坡的故事——苏东坡的诗词艺术——苏东坡的精神——展望东坡赤壁等内容；另外，这节交流课作为一个点，展示的是《走进赤壁感受东坡文化》的整个探究过程，展示的是学生的参与过程和获得的成果。展示的成果表明，在探究过程中，学生们不仅积累了大量的有关赤壁的历史知识和苏东坡的诗词文赋等文学知识，还培养了综合阅读能力，尤其是"自主、合作、探究"的学习方式和能力得到了培养。

这节交流课还是阅读者广泛收集资料、多角度展开阅读，从多角度来感受东坡文化的内涵，深刻体会"海纳百川、坚韧图强、敢为人先、造福人民"的东坡精神，《走进赤壁感受东坡文化》这节课，让师生接受了生动的东坡文化教育，营造了浓郁的文化氛围，丰富了学校的人文底蕴，提升了学校的办学内涵。《走进赤壁感受东坡文化》这节课在湖北省教师说课大赛中荣获特等奖。

本人在黄冈中学时所主持的交流课《走进赤壁感受东坡文化》曾获湖北省说课大赛特等奖。2011 年 7 月 22 日至 23 日，由中国苏轼研究学会、眉山三苏祠博物馆、华夏苏东坡文化传播中心联合主办的"东坡学校与东坡文化传播交流活动"在四川眉山市举行。陶秀琪的这堂课题研究课《走进赤壁感受东坡文化》被大会组委会收藏，并翻印发给每一个与会代表。中国文化报、光明日报、中国教育报也以"东坡文化走进校园""传统文化，塑造文化校园""如何让传统文化浸润学生心灵"为题对本人的交流课进行了专题报道，三篇文章从不同层面肯定了交流课，肯定了东坡文化对中国文化的继承和发展起到的推动作用。现今本人作为黄冈市东坡小学校长，将加倍努力，引领老师在教学中去传承和发扬东坡文化。

（2011 年 7 月，此文是在中国苏轼研究学会、眉山三苏祠博物馆、华夏苏东坡文化传播中心联合主办的"东坡学校与东坡文化传播交流活动"中做的主题演讲辞。2012 年 12 月本文刊登在全国中文核心期刊《语文建设》上。时任东坡小学的校长，书记。）

一堂新设计，体现新课标

——《走进赤壁，感受东坡文化》学科整合的课型研究

如何全面提高语文教学的成效，拓展教学课堂，积极探索新课标的落实形式，转变语文教学的被动提式和机械方法，整合多学科形成大语文的局面，全面提高学生的能力和素养。笔者从自身教学探索实践中得出一些心得与各位同仁交流，本文以《走进赤壁，感受东坡文化》为例阐述自己的见解。

一、综合阅读课题的确定

赤壁是黄冈的名胜古迹，又因为苏轼谪居黄州期间不仅创作了诗词文赋数百篇，还留下了大量的书画作品，其中大多数为稀世之作。因此清康熙末年，黄州知府郭朝祚因景仰北宋著名文学家苏轼的道德文章，把赤壁改名为"东坡赤壁"。东坡赤壁历史悠久，文化含量高，苏东坡在黄州所表现出的精神品质激励着一代一代的人乐观向上，创造精神财富，为人类社会的发展作出了巨大贡献。2001 年，教育部颁布了《基础教育课程改革纲要（试行）》，《纲要》提出了我国基础教育课程改革的目标，强调要"改变课程过于注重知识传授的倾向，强调形成积极主动的学习态度，使获得基础知识与基本技能的过程同时成为学会学习和形成正确价值观的过程"；强调"改变课程结构过于强调学科本位、科目过多和缺乏整合的现状……设置综合课程，以适应不同地区和学生发展的要求，体现课程结构的均衡性、综合性和选择性"；强调"改变课程实施过于强调接受性学习、死记硬背、机械训练的现状，倡导学生主动参与、乐于探究、勤于动手，培养学生搜集和处理信息的能力、获取新知识的能力、分析和解决问题的能力以及交流与合作的能力"。

《义务教育语文课程标准》指出："应拓宽语文学习和运用领域，注重跨学科的学习和现代科技手段的运用，使学生在不同内容和方法的相互交叉、渗透和整合中开阔视野，提高学习效率，初步获得现代社会所需要的语文实践能力"；语文课程"应该是开放而富有创新活动的，应尽可能满足不同地区、不同学校、不同学生的需求，并能根据社会的需要不断自我调节、更新发展"的新课程要求，本课题的确定一方面是适应新课标的要求，另一方面是适应新的课程资源开发即开发地方有效的教学资源。

本课题是能帮助实现语文课程改革对阅读提出了新的要求："阅读是搜集处理信息、认识世界、发展思维、获得审美体验的重要途径，要纠正过去专注经典、以本为本的阅读倾向，注重选择开阔学生视野的阅读内容，使学生在广泛的阅读中形成阅读的大视野，促进学生关注国自然、社会，培养学生对社会和自然的责任感"。来完成综合阅读的学习目标。

课题还帮助实现综合性学习所提出的语文学科的基本目标，即全面提高学生的语文综合素养。课程标准中明确指出："语文综合性学习有利于学生在感兴趣的自主活动中全面提高语文素养，是培养学生主动探究、团结合作、勇于创新精神的重要途径，应予大力倡导。"基于这一理念的指导，我们想通过本课题的探讨来"把实现语文知识的综合运用、听说读写能力的整体发展、语文与其他学科的有机沟通、课堂学习与实践活动的紧密结合作为综合性学习的整体目标的。"

二、综合阅读探究活动课探究目标

1. 探究目标

（1）让学生在探究过程中去实现学习内容多样化以及跨学科综合，达成学科间横向沟通的学习领域；

（2）让学生立足于语文学科，通过第三课堂（即社会实践）的学习探究过程来整合自己的阅读能力、综合能力、实践能力、自我评价能力。

（3）让学生充分发挥自己的个性、兴趣与经验优势，积极投入到生活、活动、实践中去学习，以达到培养学生自主的、合作的、探究的阅读能力的目的。

（4）是为了倡导学生主动学习、乐于探究、勤与动手，使学生在不同内容和方法的交叉、渗透和整合中开阔视野，培养学生个性化的阅读能力，获取新知识的能力，分析和解决问题的能力，合作和交往的能力，以及批判和创新的精神。

（5）具体探讨综合阅读探究活动课的教学模式。

2. 多元化智力发展目标

运用言语表达自己观察所得，把观察到的赤壁文化现象、苏东坡文化艺术和自己的想法用言语表达出来，并在此基础上形成书面材料和小论文或感想。

在调查探究过程中，让学生观察赤壁，并收集大量的东坡材料，回校在班上讲述自己观察探究所得，讨论各自的观察探究是否有意义，观察探究方式是否正确。学生还可通过调查探究、网络等途径获取相关资料。运用对比测量等手段获得调查结果。

三. 探究活动课的准备

1. 教师运用相关图片和资料,引导学生关注黄冈赤壁、关注苏东坡,感悟东坡精神。

2. 考察东坡赤壁,举办一次专题讲座,为学生提供综合阅读探究的条件。

3. 让学生根据自己的兴趣,分成以下小组进行综合阅读的探究活动:

(1)东坡赤壁探秘组

组长:王栈

组员:程操、倪宽、汪博文、王勋、丰超、张桓、夏浩程、熊安琪、谭琦、刘倩、叶星池

(2)赤壁之战黄州说

组长:胡泽梁

组员:贺超、袁驰、张驰、洪葳、聂仁梓、吕航、黄川、左钧羽、尚培珏、张诗卉、

(3)苏东坡故事表演组

组长:洪葳

组员:聂仁梓、胡涵、黄妍雁、王野、肖珂、王璟、卢希强、程畅、金丰、董文婷、段倩芸、秦敏、

(4)苏东坡诗词书画艺术欣赏

组长:组长:吴奕萱 刘颖灵

组员:刘梦龙、周立纯、刘芸、王蔓玲、胡宁宁、阮雷、周易、陈志祥、何萧、蔡勋、张珂、夏靖翔、周祠炎、陈作、倪琦、倪张高盼、袁帅

(5)东坡精神探究组

组长:詹歆雨 刘芸 石舒婷

组员:张驰、刘益凡、王烜、童欣、徐浩翔、杨蓓、江诚、李文博、吴天心、丰祎、

(6)东坡赤壁展望组(英语情景剧)

组长:田舒柳

组员:张思琦、胡泽梁、傅炜翔、聂仁梓、胡涵、刘芸、周立纯、朱华荣、易昕、吴奕萱、施鸿榆、胡宁宁

4. 让学生到图书馆、到赤壁办、在相关网站上查找资料。

5. 组织学生到赤壁实地考察,组织学生听一次专题报告,组织学生进行相关探究活动的开展。

6. 有条件的学生准备录像机、照相机等相关用品。

四.探究活动课实施过程

1.探究活动的起始课(教案设计暂缓)

2.组织学生听黄冈赤壁办的一级导游讲解员舒玲对东坡赤壁的相关知识进行介绍。

3.组织学生听黄冈赤壁办的赤壁之战"黄州说"的研究专家王科长的专题报告。

4.组织学生到东坡赤壁实地考察一次。

5.听完报告,确定主题,根据学生活动的便利以及学生研究的内容,按照前面把全班分成的六个组,再以小组为单位开展研究活动。

组长具体分工,制定活动计划,组织收集资料,分析处理资料,小组讨论通过观察探究,分析资料后,你发现了哪些问题?小组交流,整理资料,发现问题,每人写出一篇论文,每组办一份手剪报进行交流。

6.各小组交流收集资料、成果的情况表。

组长姓名	地点	活动时间	探究的内容（资料、成果登记）
王栈	黄州赤壁	2月26日至3月14日	探究东坡赤壁与苏东坡的相关知识。资料与成果:(1)制作的《苏东坡与黄州赤壁》的电视短片4分钟25秒;(2)电脑制作的小作品"赤壁探秘""赤壁之谜"(3)东坡赤壁景点欣赏。(4)上缴小论文
胡泽梁	黄州赤壁	2月26日至3月14日	赤壁之战黄州说。资料与成果:(1)"赤壁之战"的电视镜头;(2)"赤壁之战行军路线图"(3)历史文献的有关资料;(4)黄冈地质地貌的相关资料;(5)历史典籍中的有关资料。(6)上缴小论文
洪藏	黄州赤壁	2月26日至3月14日	苏东坡故事表演。资料与成果:(1)收集苏轼在黄州的故事若干篇(2)用名家人生的方式表演这些故事。(3)设计问题与其他同学互动(4)上缴小论文
吴奕萱 刘颖灵	黄州赤壁	2月26日至3月14日	苏东坡诗词书画艺术欣赏。资料与成果:(1)收集大量的诗词书画作品并作了剪贴报9份;(2)朗诵诗词各一首;(3)赏析《念奴娇·赤壁怀古》(4)学生即兴书画;(5)上缴小论文
詹歆 雨刘 芸石 舒婷	黄州赤壁	2月26日至3月14日	东坡精神探究。资料与成果:(1)收集有关探究东坡精神的文章;(2)用实话实说的方式来揭示东坡精神。(3)上缴小论文
田舒柳	黄州赤壁	2月26日至3月14日	东坡赤壁的真情展望。资料与成果:(1)收集东坡赤壁近几年的发展情况,对东坡赤壁进行未来展望,写出了英语情景剧;(2)由小组同学来表演英语情景剧;(3)上缴小论文

五.探究活动课成果展示

1.成果交流课(看附件一)。

2.编辑"走进赤壁 感受东坡文化"的综合阅读探究读本并分发给学生。

3.编辑学生探究"走进赤壁 感受东坡文化"的论文集并分发给学生。

六.教学反思

通过开展综合阅读的探究活动课的教学工作,我逐渐领悟到"课程的变革,从某种意义上说,不仅仅是变革教学内容和方法,而且也是变革人"这句话的含义。反思整个教学过程,有以下感受:

二、综合阅读的探究活动活动前,教师应做好指导的充分准备

组织综合阅读的探究活动前,首先,老师要进行预先策划,步骤是:确定话题——制定目标——自组小组——计划谋略——自主探究——合作研讨——成果交流——评价反思

其次,预测探究活动中可能出现的问题,先对具体问题进行指导,为学生的探讨解除障碍。

最后,教师要写出综合阅读的探究活动的教学预设,为探究活动的开展作准备。值得注意的是教学预设要与学生的活动结合起来,最后,才能生成一份有价值的教学设计。

三、综合阅读的探究活动中,教师应细心关注每组的活动动态

在综合阅读的探究活动中,学生会有很大的潜力发挥出来,似乎无需教师过多的插手。然而,我发现,在综合阅读的探究活动中,教师需要更敏锐的洞察力和应变能力。因为教师要善于发现:哪些组的活动正在有序的开展,那些组又有了新的问题,他们是否解决了等等问题。要做到这些很不容易,教师只能细心关注学生的整个探究过程。关注其发展的动态,及时帮助学生解决难题,确保探究过程的通畅。

四、综观综合阅读的探究活动,寻找不足,为下一次综合阅读的探究活动作准备

(1)综合阅读的探究活动结束了,每个学生要写学习反思,从整个综合阅读的探究活动过程出发,归纳自己成功的地方,寻找出自己的不足,并制定出修改方案。

(2)收集的材料很丰富,但要学会从现象来分析原因,注意材料的整合能

力的培养。

(3)在评价活动中,要学会把握评价标准,使评价语言更真实,更中肯,更完美。

(4)在班级管理制度中要把对小组活动的监督与表彰结合起来,每一次活动都要鼓励先进,表彰优秀。把综合阅读的探究学习纳入到正常管理之中。为下一次综合阅读的探究活动做制度上的准备。

成果交流课教学设计:

走进赤壁　　　　感受东坡文化

综合阅读探究活动课的研究课成果交流课教学设计

成果交流课的目标:

一、知识与能力

1. 开阔学生的文化视野,积累有关赤壁的历史知识和苏东坡的诗词赋的文学知识。

2. 是为了倡导学生主动学习、乐于探究、勤于动手,展示学生在不同内容和方法的相交叉、渗透和整合中开阔视野,培养学生个性化的阅读能力,获取新知识的能力,分析和解决问题的能力,合作和交往的能力,以及批判和创新的精神。

3. 让学生充分发挥自己的个性、兴趣与经验优势,积极展现自己到生活、活动、实践中去学习的成果,以达到培养学生自主的、合作的、探究的阅读能力和语文综合素养。

4.培养学生搜集资料、处理信息的能力、口语交际能力及团队协作能力。

二、过程与方法

通过形式多样的,学生喜爱的活动,推进学生的自主、合作、探究过程。

三、情感态度和价值观

学习苏轼在黄州所表现出的人文精神,培养学生热爱生活,热爱文学,热爱黄州,激发学生强烈的爱国情感,树立正确的人生观和价值观,为振兴中华而努力读书。

成果交流课的准备:

①学生收集的相关资料。

②收集有关赤壁的音像资料如:影片《赤壁之战》等

③以小组为单位收集的有关赤壁和苏东坡的资料以及所做的手抄报等。

④制作多媒体课件。

⑤奖品。

成果交流课的时间:50分钟

成果交流课的过程:

陶老师上场:上课!

导语:同学们,综合阅读是一个全新的阅读方式,我们今年上了综合阅读的探究活动课,历时半个月的时间。在这次的探究活动中,老师只是一个组织者、引导者、导演,同学们自主探究出了许多成果。今天的成果交流课改变方式,就由同学们自己组织交流,谁愿意来当主持人呢?请举手。请举持人上场。

(主持人甲吴奕萱、主持人乙胡泽梁上场)

主持人甲吴奕萱:同学们好!"走进赤壁 感受东坡文化"探究成果交流课现在开始!我们的交流分六个板块:(出示课件)板块一:知识积累:苏东坡与黄州赤壁 板块二:自主探究:赤壁之战"黄州说" 板块三:真实再现:苏东坡的故事 板块四:艺术分享:苏东坡诗词书画赏析 板块五:实话实说:苏东坡精神探究 板块六:真情展望:东坡赤壁走向世界

主持人乙胡泽梁:俗话说:种豆得豆,种瓜得瓜。我们初一(5)班的同学在这次探究活动中积极探讨,勇于创新,有不少的收获,探究出很多成果。首先,请一组的同学来交流。

板块一:知识积累:苏东坡与黄州赤壁

一组组长王栈导入:我们小组叫"东坡赤壁探秘组"。我们把探究东坡赤壁的相关知识请制课件的马老师制作了一个短片向同学们汇报。(同学甲播放短片《东坡赤壁》

主持人甲吴奕萱:一组除了短片外,还制作了电脑作品(指示展板)。看到一组的同学制作的短片让我们想起了苏东坡的词:"人道是三国周郎赤壁"。那么,黄州赤壁是不是周郎赤壁呢?下面请第二组的同学来交流。

板块二:自主探究:赤壁之战"黄州说"

二组组长胡泽梁导入:由赤壁想到《赤壁之战》,请同学们先观看《赤壁之战》。(播放短片《赤壁之战》)(多媒体课件)

影片有两个镜头:开始时,周郎说:"飞棹前进、向赤壁进发"。此片的片尾周郎说:"靠近北岸,活捉曹贼"。这两句准确的告诉我们曹操是没有过江的,那么,周郎破曹之地是在什么地方呢?下面请我组代表袁驰来谈谈《周郎破曹之地之我见》。

主持人甲吴奕萱:这个小组同学的探究既具有知识性,又具有历史价值,很有深度,很有说服力。这是一个很有创新精神的问题。尽管黄州赤壁是不是周郎赤壁还没有最后定论,但是黄冈赤壁依然闻名于世,是什么原因呢?是因为苏轼谪居黄州,下面请三组的同学来表演苏东坡在黄州的故事。

板块三:真实再现:苏东坡的故事(名家人生)

三组组长洪葳导入:我们是第三组的代表,我们在探究过程中收集苏东坡的故事。下面我们以《名家人生》栏目的形式向大家交流我组的成果。

提出质疑:

主持人乙胡泽梁:四组是苏东坡诗词书画赏析,在这次交流会中,首先,四组给大家带来诗词朗诵《念奴娇·赤壁怀古》,然后,四组会派代表进行诗词赏析和成果展示.大家可能想不到吧!我们的小组中还有许多"艺术家",下面,他们会有灵巧的双手为观众们弹奏优美的音乐,描绘出美丽的画面,挥毫书写潇洒的书法.来交流学习苏东坡诗词的成果。另外,我们还邀请了陶老师共同参加我组的活动。

板块四:艺术分享:苏东坡诗词书画赏析

下面,请听诗歌朗诵《念奴娇·赤壁怀古》。

1.朗诵赤壁怀古(师生互动 全部参加)

2.吴奕萱赏析一首诗

主持人乙胡泽梁:四组除此之外,还有大量的苏轼作品,看展板。(指示展板)还有书画作品(请展示)。谢谢四组的精彩交流。(鼓掌)五组"东坡精神探究组"他们了解到了苏轼在黄州所表现的东坡精神,感受到了苏轼伟大的人格力量。下面,就请同学们听他们组的代表来讲述东坡精神。

板块五:实话实说:苏东坡精神探究

一、"虽废弃,未忘为国家虑也"的爱国精神

二、"悲歌为黎元,人饱我愁无"的爱民精神

(互动:个人谈认识)

主持人甲吴奕萱:六组是东坡文化走向世界探究组。他们讨论的是东坡文化是怎样走向世界的,为此,他们将它编成了英语情景剧和同学们一起交流。

板块六:真情展望:东坡赤壁走向世界

英语情景剧交流

主持人乙胡泽梁上场: 我们的英语情景剧交流得怎么样呢?我来采访一下杨帆老师。

杨帆老师: 讲评英语方面的内容外,还要说:我很高兴,同学们只学了半年的英语,就能把第二语言英语用到语文学习中,能够实现学科知识的相互渗透,达到提高阅读综合能力的目的。

主持人甲吴奕萱: 同学们,我们除了上面的多姿多彩的成果交流外,我们这次综合阅读探究活动课自编了两本集子:一是"走进赤壁 感受东坡文化"的综合阅读探究读本;一是同学们探究"走进赤壁 感受东坡文化"的论文集。(展示)这次综合阅读探究活动课从多方面锻炼了我们,丰富了我们的知识,全方位的培养了我们的语文素养。

下面请课题组的陶老师对上述交流的活动进行讲评。

陶老师评价: 我非常高兴,我们的同学今天交流得非常好!表现出以下特点:

(1)本节课所表现出来的资料的丰富,很有一些内容是同学们自己亲自动手来完成的,可见同学们的动手操作能力得到了锻炼和提高。

(2)这节课还表现了同学们花很多时间走入社会调查,考查,拜访专家的,查阅资料等综合阅读的探究过程,这不仅培养同学们的交际能力,还培养同学们的探究能力,尤其凸现了"自主、合作、探究"的新的学习能力的培养。

(3)该课中的话题"周郎何地破曹之我见"和"英语情景剧"的创作,是有创新价值的,展现了探究能力、同学们的个性特长和思维想像能力;让我们看到了同学们创新精神得到了发展。这里还凸现了同学们智力的开发。像"周郎何地破曹之我见"这样的问题如果同学们有兴趣,今后还可以继续研究。

(4)该课中的话题"东坡精神探究",增强了同学们的爱国爱民的情感,增强了同学们热爱苏轼、热爱语文的情感,对帮助同学们树立正确的人生观和价值观有促进作用。

(5)本课整体上围绕话题凸现"综合性":融语文、英语、电教、电视、音响、书法、美术、音乐为一体,从多角度地帮助同学们来读懂赤壁,读懂苏轼,读懂东坡文化,领悟东坡精神。以达到培养同学们的综合阅读能力和语文素养。

(6)本课题不仅在学习内容上实现了内容多样化,达成学科间横向沟通学习领域,而且适合同学们的实际,开发了地方课程资源,实现了课程结构上的综合性和选择性。

这节课上得非常成功！下课！

（该教案荣获 2005 年湖北省教研室组织的"综合阅读"教案评比一等奖第一名。时任省级课题《语文综合阅读》课题组长。2006 年被收入到由史绍典主编的《新课程金牌教案》一书中，全国发行。）

说整合　展成果　促课改

——走进赤壁 感受东坡文化省说课大赛特等奖说课稿

尊敬的各位领导、各位专家、各位同行：

你们好！

我来自湖北黄冈中学。我今天说课的内容是《走进赤壁 感受东坡文化》，下面我将从学科整合、探究目标、实施过程、教学效果、教师指导等方面对本课的创意进行说明。

一、学科整合

《语文课程标准》明确指出："应拓宽语文学习和运用领域，注重跨学科的学习和现代科技手段的运用，使学生在不同内容和方法的相互交叉、渗透和整合中开阔视野，提高学习效率"。这就告诉我们：要构建新的开放性的语文课堂，就要注重学习内容的整合，学习方式的整合，学习过程的整合。《走进赤壁 感受东坡文化》这节课就是在这样的理论指导下构成的一个社会化的具有广阔空间的语文学习实验课。这节课的整合体现在以下几方面：

1、课题研究与综合性学习课程的内容整合。

《新语文课程标准》提出的综合性学习以语文课程的整合为基点，强调语文课程与其他课程的联系，强调语文学习与生活的结合。为了搞好综合性学习的教学，2004 年 10 月 5 日我校承担了湖北省教学研究室批准的课题"综合阅读"的研究工作，我在综合性学习的教学中大胆引进了"综合阅读"课题。

所谓"综合阅读"是一个全新的研究课题。综合阅读是立足于语文学科，整合学生阅读能力、综合能力、实践能力、自我评价能力的综合性学习课程。

"综合阅读"与"综合性学习"的关系问题以及如何引进课题等问题，我写了一篇论文《综合阅读与综合性学习》已刊登在全国性刊物《语文报》2005 年 4 月的版面上，这里不多说了。将课题"综合阅读"与"综合性学习"相关的内容进行整合，于是创意出《走进赤壁 感受东坡文化》这节课。

2、地方教学资源的整合。

赤壁是我们黄冈的名胜古迹，"赤壁之战黄州说"已经成为历史学家争论的热点。又因为苏东坡谪居黄州期间留下了大量的诗词文赋书画作品,尤其是苏东坡在黄州所表现出的精神品质,更赋予东坡文化以特别内涵,成为一代又一代黄冈人享用不尽的文化和精神财富。《走进赤壁 感受东坡文化》这节课,学生走进赤壁,多方面感受东坡文化,可以说是一次在学生认知层面设计的文化之旅,是对传统课堂学习的极大拓展与丰富。课堂学习单靠教材内容是不够的,整合地方学习资源并融入学生的学习过程中,这是提高课堂学习效益的必由之路。

3、多学科之间的整合。

《走进赤壁 感受东坡文化》这节课既与人教版初中语文九年级上册第六单元"千古名人"进行了整合,又与文学、历史、地理、军事、美术、音乐、书法、电视、电教、网络资源、英语等学科领域进行整合。多学科整合的目的,是力求引导学生多角度地读懂赤壁,读懂苏东坡,领悟东坡精神,并力求多方面来培养学生的能力。

二、探究目标

(一)知识与能力

1. 开阔学生的文化视野,积累有关赤壁的历史知识和苏东坡的诗词文赋的文学知识。

2. 培养学生个性化的阅读能力,获取新知识的能力,分析和解决问题的能力,以达到培养学生自主的、合作的、探究的阅读能力和语文综合素养。

3. 培养学生搜集资料和处理信息的能力、口语交际能力、写作能力及团队协作精神。

(二)过程与方法

1. 通过形式多样的学生喜爱的活动,推进学生的自主、合作、探究过程。

2. 通过学生自己组织交流成果,培养学生口语交际、综合表达、语言运用等能力。

(三)情感态度和价值观

体验和感受黄州赤壁文化的人文内涵;培养学生热爱生活、崇尚文化、热爱黄州的情感;进一步激发学生的历史感和爱国情感,树立正确的人生观和价值观。

三. 实施过程

《走进赤壁 感受东坡文化》实施过程经历了三个阶段:准备阶段、探究阶段、表达交流阶段。

（一）准备阶段

1.组织学生听黄冈赤壁办的一级导游对东坡赤壁的相关知识进行介绍。

2.组织学生听黄冈赤壁办的赤壁之战"黄州说"的研究专家的专题报告。

3.组织学生到东坡赤壁实地考察多次。

4.老师组织"怎样收集资料"和"怎样写论文"的专题辅导，为学生的探究工作打好基础。

5.全班分成的六个综合阅读的探究活动组所收集的有关资料和做的手抄报。

6.制作多媒体科教件。

7.设置奖品，激励学生互动交流。

（二）探究阶段

1.**探究流程**：扣住选题——收集资料——访问专家（实地考察或听专题报告）——整理材料——分析归纳——选择典型材料——结构论文——写作提纲——撰写论文。

2.归纳总结，包括结果的处理，论文的撰写等等。为了方便总结，也可以设计以下表格：

各小组交流收集资料、成果的情况表。

组长姓名	地点	活动时间	探究的内容（资料、成果登记）
王栈	黄州赤壁	2月26日至3月14日	探究东坡赤壁与苏东坡的相关知识。 资料与成果：(1)制作的《苏东坡与黄冈赤壁》的电视短片4分钟25秒；(2)电脑制作的小作品"赤壁探秘""赤壁之谜"(3)东坡赤壁景点欣赏；(4)上缴小论文。
胡泽梁	黄州赤壁	2月26日至3月14日	赤壁之战黄州说。 资料与成果：(1)"赤壁之战"的电视镜头；(2)"赤壁之战行军路线图"；(3)历史文献的有关资料；(4)黄冈地质地貌的相关资料；(5)历史典籍中的有关资料。(6)上缴小论文。
洪葳	黄州赤壁	2月26日至3月14日	苏东坡故事表演。 资料与成果：(1)收集苏东坡在黄州的故事若干篇；(2)用名家人生的方式表演这些故事。(3)设计问题与其他同学互动。(4)上缴小论文。
吴奕萱刘颖灵	黄州赤壁	2月26日至3月14日	苏东坡诗词书画艺术欣赏。 资料与成果：(1)收集大量的诗词书画作品并作成了剪贴报9份；(2)朗诵诗词各一首；(3)赏析《念奴娇·赤壁怀古》；(4)学生即兴书画；(5)上缴小论文。
詹歆雨刘芸石舒婷	黄州赤壁	2月26日至3月14日	东坡精神探究。 资料与成果：(1)收集有关探究东坡精神的文章；(2)用实话实说的方式来揭示东坡精神。(3)上缴小论文。
田舒柳	黄州赤壁	2月26日至3月14日	东坡赤壁的真情展望。 资料与成果：(1)收集东坡赤壁近几年的发展情况，对东坡赤壁进行未来展望，写出了英语情景剧；(2)由小组同学来表演英语情景剧；(3)上缴小论文。

这样一来，各小组的研究情况一目了然，便于总结归纳。

（三）表达交流阶段

《走进赤壁 感受东坡文化》的表达交流阶段采取的是探究成果交流课的形式。我们的交流分六个板块：

板块一：知识积累：苏东坡与黄州赤壁

在第一板块里，首先播放由学生摄制的电视短片《苏东坡与黄州赤壁》，同时展示学生用电脑制作的"赤壁探秘"和"赤壁之谜"数码作品展板，展示了学生积累的大量的有关东坡赤壁与苏东坡的相关知识。

板块二：自主探究：赤壁之战"黄州说"

首先运用《三国演义》中"火烧赤壁"的一段电视画面，同时用三国演义主题曲作配音，再现历史激烈的战争场面，激发了学生的思维想象能力，同时引出探讨话题"周郎破曹之地之我见"，学生用丰富的史料，旁征博引，充分有力的论证了自己的观点。

板块三：真实再现：苏东坡的故事

该小组学生用"名家人生"的方式表演苏东坡在黄州的几个故事，了解苏轼年轻时期刻苦好学的精神，激励学生拼搏向上。多媒体屏幕上呈现与故事相应的情景图片，图象鲜明生动，使学生表演的故事真实感人，激起了学生的互动交流的热情。

板块四：艺术分享：苏东坡诗词书画赏析

小组的学生和老师一起朗诵诗词《念奴娇·赤壁怀古》，然后由学生代表进行诗词赏析。同时还有同学用灵巧的双手弹奏优美的音乐进行伴奏，还有同学在描绘出美丽的图画，挥毫书写潇洒的书法。与此同时投影展示制作的《赤壁怀古》动画，多媒体的运用，不仅有助于激发学生学习兴趣，发展学生想象能力，促进学生对苏东坡诗词书画的学习理解，还能有效地培养学生的审美情操。

板块五：实话实说：苏东坡精神探究

此板块用实话实说的互动方式交流苏东坡爱国忧民的东坡精神，学生们交流过程中深刻感受到苏东坡伟大的人格力量。

板块六：真情展望：东坡赤壁走向世界

小组同学用英语情景剧的方式对东坡赤壁发展前景进行展望，希望东坡文化能够走向世界，表达了学生对东坡文化的热爱。这里很好地把英语会话运用在语文课堂教学中，促进了学生双语学习能力的提高。

总的设计思路

这节课总的设计思路是以点带面的成果交流课：即以赤壁为点引出赤壁之战黄州说——苏东坡的故事——苏东坡的诗词艺术——苏东坡的精神——展望东坡赤壁等内容；另外，这节交流课作为一个点，展示的是《走进赤壁 感受东坡文化》的整个探究过程，展示的是学生的参与过程和获得的成果。展示的成果表明，在探究过程中，学生们不仅积累了大量的有关赤壁的历史知识和苏东坡的诗词文赋等文学知识，还培养了综合阅读能力，尤其是"自主、合作、探究"的学习方式和能力得到了培养。

这六个板块安排是符合学生认知水平的。

四、教学效果

这节课是 2005 年 4 月黄冈市教科院组织全市的课题第一阶段总结现场会黄冈中学现场的课题研究课的观摩课，这节课荣获一等奖。《走进赤壁 感受东坡文化》教学设计荣获湖北省教研室颁发的优秀案例评选一等奖第一名。这节课在语文课改方面做了一点尝试，在黄冈市起到了推动课题研究的作用，得到了有关专家的好评。

五、教师指导

（一）专业指导。一是对牵涉到的与语文专业或与探究选题相关的专业知识做必要的指导。二是对所需要的相关研究方法做必要的指导。这是解决学生的探究是否落实的关键。只有这样，老师才能真正成为学生学习的促进者、组织者、指导者。

（二）组织指导。指导小组负责人按照研究程序认真组织小组成员有条理、有步骤地完成研究任务。指导各小组学生组织好研究内容，选择好研究方法，管理好相关资料，有效的完成探究任务。对那些缺乏自信、缺少自觉的学生来讲，教师的指导监督就成为一种必要，目的是让每一个学生都参与到探究活动中来。

各位领导、各位专家、各位同行：经过了今天学科整合课例的探讨研究，省电教馆的领导为我们一线老师作了一件好事，让我们明确了研究目标，确立了研究方向。今后，我们要进一步加强理论学习，深入学科整合课的研究，为实现"建设开放而具有活力的语文课程"的目标而奋斗！谢谢！

（此文是在 2005 年湖北省教师说课大赛中荣获特等奖的说课稿。时任省级课题《语文综合阅读》课题组长。）

教诗用"五读"体现综合阅读

——《杜甫诗三首》诗歌教学法研讨示范课

教学目标：

（一）知识与能力：领会诗歌的丰富内涵和精美语言，积累一些文言词语和诗歌的修辞方式。提高对诗歌艺术的审美能力。大致了解诗人杜甫的生平，理解他诗歌的风格变化。

（二）过程与方法：用"五读教学法"教读诗歌，品味感悟，采用自主、合作、探究的学习方式。并结合综合阅读的方式学习诗歌。

要领提示：

1. 教学中用"五读教学法"即：朗读、译读、赏读、背读、唱读。"五读教学法"是一个由浅入深的过程。但一次次的"读"不应停留在同一个层次上，应该是每一次"读"都要有新的感受和领悟，通过不同形式的"读"把对诗歌的感受和领悟"读"出来。特别赏读融入了综合阅读的方法，有效的扩大了学生的知识面，提高了课堂教学效果。

2. 有些表现重大事件，与诗人经历、处境密切相关的诗歌，要对其产生的背景有所了解，以利于更好地理解诗歌的思想感情和诗歌的风格变化。

3. 挑一些精妙的或广为流传的名句，揣摩品味，做初步的鉴赏分析。

（三）情感态度与价值观：充分理解杜甫诗歌的思想内容，感受作者人格的伟大。

教学设想：

（一）学生自主学习。教学中进行无提问式设计，学生自己收集资料，自己品味美点，定会有自己独特的感受。而教师是学习的合作者。

（二）强调朗读。古代诗文都强调朗读，但诗的朗读更应高于文的朗读，要读出情感，读出意境，读出节奏，甚至可以安排学生像古人那样吟诵、吟唱。

（三）要做好课前预习，有关背景材料准备充分。

课型设计：综合阅读微型课

第一课时

课堂导入(1分钟)

在泱泱中华光辉灿烂的文化晴空中,杜甫是一颗耀眼的明星,光芒四射,你不得不发出赞叹;

在泱泱中华根深叶茂的文化沃土中,杜甫是一株高大的绿树,高耸入云,你不得不需要仰视;

在古往今来异彩纷呈的文化史节中,杜甫是一部精深的诗集,感人至深,你不得不虔诚拜读!

带一份崇敬,怀一丝心酸,品读杜甫,去感受山一般巍峨,去领悟川一般自然,去体会一种"到处潜悲辛"的落寞与沉重。先请同学们一起走近杜甫。

资源共享,走近杜甫(4分钟)

课堂交流关于作者生平思想的有关材料。教师组织学生进行分小组讨论、交流,将所搜集到的材料归纳整理,然后课堂发言,并补充完整:(多媒体显示经历图,文字讲解)

杜甫的经历:

以三十五岁为界:

(一)三十五岁前——青年时期:(712－745)

壮游生活,二十岁漫游吴越;二十五岁,齐赵之游;三十三岁,结识李白,同游宋中,北上齐鲁。

此时杜甫一腔豪气,满怀雄心,写下了《望岳》这首充满豪情壮志的诗歌。这是现存最早的杜诗。

(二)四十五岁到四十八岁 陷安史乱中——动乱时期

杜甫四十六岁,安史之乱,他被卷入了社会的最底层,山河的破碎,灾难的深重震撼着诗人的心灵,在这段时间,他感受到了人民的痛苦,写下了不朽诗篇,《春望》(被安史之乱叛军所俘,带回长安)《石壕吏》"三吏""三别"《闻官军收河南河北》(安史之乱平息),这是他现代主义诗歌发展期。

(三)四十九岁到五十九岁漂泊西南——成都时期

四十九岁,杜甫是为了避乱谋食来到成都的。但他并不曾忘记流亡失所、无处安身的人们,写了《茅屋为秋风所破歌》《蜀相》《春夜喜雨》《江畔独步寻花》《绝句》(两个黄鹂鸣翠柳)。

(四)老年时期:以高度概括的诗歌语言所揭示的事实,却别有一种震撼人心的力量。如:《登高》《登岳阳楼》《江南逢李龟年》都是他晚年的作品。

公元 770 年逝于舟中,终年五十九岁。

过渡:这就是这位伟大诗人简略而艰辛的一生:四方飘泊穷愁潦倒,忠爱朝廷,忧患苍生。今天我们一起来拜读杜甫不同时期的两篇作品《望岳》《春望》。学习方法如下:

一诗五读,把握物象,理解诗意,体会杜甫精神。(37 分钟)

a)朗读

要求:读准字音,注意语速,语感,注意读出诗人的感情。(5 分)

步骤:1.结合注解自己读;

2.指名学生读;

3.示范读;

4.齐读。

(二)译读(10 分)

要求:结合课文下面的注解,用自己的话说说诗句的意思。甲组译《望岳》、乙组译《春望》。

方法:1.结合注解,抓住关键词的理解,自己的话把诗句的意思说给同学听。

2.用这样的句式:

诗句:＿＿＿＿＿＿＿＿＿＿的意思是:＿＿＿＿＿＿＿＿＿＿

_____

例:诗句:"岱宗夫如何? 齐鲁青未了"的意思是:五岳之首的泰山景象如何? 这些青山耸立在齐鲁间。

3.不懂的字词请你提出来。

4.小组派代表交流成果。

5.出示翻译预设:

《望岳》:甲组学生读原诗,乙组学生译诗:(多媒体显示)

五岳之首的泰山景象如何? 这些青山耸立在齐鲁间。

大自然的神奇秀美聚集在此,山北山南如黄昏清晨不一般。

云层翻滚荡涤着我的心胸,注目飞鸟入林直到看不到。

我定要登上最高峰,举目纵观傲视群山。

《春望》:乙组学生读原诗,甲组学生译诗。

山河依旧而国都已经破残,春天的京城荒树野草蔓延。

感念时事看见花草就想落泪,痛惜离别听到鸟鸣倍觉心寒。

战火接连从去年三月烧到今年三月,一封家书抵换万两黄金。

白头发已经越挠越稀,简直是梳不成髻插不住簪。

6.请同学读诗句,大家读译句。

(三)赏读(15分钟)

赏读的方法:我们一起做书签。

一种做法是评点式书签:内容:在两首诗中选出诗句是＿＿＿＿＿＿＿＿;
句中运用了的修辞或其他表现手法是＿＿＿＿＿＿＿＿＿＿

表达作者的感情:＿＿＿＿＿＿＿＿＿＿＿＿。

请同学们调动积累,找到一个角度进行与此句意义相关的名句或佳句链接(链接的范围要广些:古代的、现代的都行)。

赏读的步骤:

1、把学生分成六个小组,每个小组自主品味赏读一联,每个小组自主讨论。

2、在讨论的时候,同学们要抓住诗句中的关键词或修辞手法或作者的感情表达等方面来赏读、也可以只说其中的一点。

3、学生边交流,老师边出示赏析,边讲解。

示例:教师示范赏析:"烽火连三月,家书抵万金"写出了烽火连月不息,望家书经久不至时的迫切心情。极力写出了家书的难得和珍贵的程度。此联运用对仗表达了诗人强烈思念家乡和思念亲人的真挚感情。因而成为千古流传的名句。

链接:请同学们调动积累,说说还有哪些古诗词中也有思乡名句?

预设:举头望明月,低头思故乡。——李白《静夜思》

春风又绿江南岸,明月何时照我还。——王安石《泊船瓜州》

另一种做法是做成想象式书签,把你对诗歌中的诗的意境画出来,可以是一幅画,也可以是诗句配画。不会画的同学,请你把脑海里的画面用语言把它描述出来。

教师示范赏析:"会当凌绝顶,一览众山小"(插一幅画)(多媒体显示)

4.赏析预设

①岱宗夫如何?齐鲁青未了。写远望之景。首句设问,总括泰山全貌,而突出泰山的雄伟高大的山势。"齐鲁青未了"以距离之远烘托泰山之高。此联借齐鲁两地来烘托泰山那拔地而起,参天耸立的形象。

链接:请同学们调动积累,说说还有那些文章或诗词中也有用设问句的?

　　钱塘江畔是谁家?　江上女儿全胜花。——王昌龄《浣纱女》

　　断头今日意如何?　创业艰难百战多。——陈毅《梅岭三章》

②"阴阳割昏晓"中"割"字炼得极好,从山的北面来看,那照临下土的阳光就像被一把硕大无朋的刀切断了一样,突出了泰山遮天蔽日的形象,写出了泰山山峰的高峻奇险。

　　链接:请同学们调动积累,说说还有哪些文章或古诗词中也有炼字的佳句?

　　(贾岛因"鸟宿池边树,僧敲月下门"句用"推"字还是用"敲"字琢磨不定,不觉撞入京兆尹韩愈的队伍,从而留下"推敲"佳话;"两句三年得,一吟双泪流"是贾岛对锤炼语言的一份感动……,"求得一字稳,耐褥五更寒"是欧阳修对锤炼语言的执着。)

　　预设:"春风又绿江南岸,明月何时照我还"。——王安石《泊船瓜州》

　　"绿杨烟外晓寒轻,红杏枝头春意闹"。——宋祁《玉楼春·春景》

③"荡胸生曾云,决眦入归鸟"写细望之景。意思是说:云层翻滚荡涤着我的心胸,注目飞鸟入林直到看不到。

　　这里的一"荡"一"生"化静为动,给静穆的泰山增添几分生气。"归鸟投林"可知时已薄暮,诗人仍在望,表现了诗人对大好河山的眷恋和热爱。

　　链接:请同学们调动积累,说说还有哪些文章或诗词中也有写鸟的诗句?

　　千山鸟飞绝,万径人踪灭　——柳宗元《江雪》

　　感时花溅泪,恨别鸟惊心。——杜甫《春望》

④"会当凌绝顶,一览众山小。"这是化用孔子的名言:"登泰山而小天下"。写出了他心底的愿望;但用在这里却有深刻含义:它不只是诗人要攀登泰山极顶的誓言,也是诗人要攀登人生顶峰的誓言。抒发了诗人向往登上绝顶的壮志。表现了一种敢于进取、积极向上的人生态度,极富哲理性。

　　链接:请同学们调动积累,说说还有哪些古诗词中也有登高的名句?

　　预设:欲穷千里目,更上一层楼。——王之涣《登鹳雀楼》

　　不畏浮云遮望眼,只缘身在最高层。——王安石《登飞来峰》

⑤"国破山河在,城春草木深。"望山河残破荒凉,望长安草木丛生。这一联虽是写景,却也痛切地传达了诗人忧国伤时的感情。此联用"山河在"和"春"反衬战乱中的长安的荒凉破败

　　链接:请同学们调动积累,说说还有哪些古诗词中也有诗句用反衬?

预设:感时花溅泪,恨别鸟惊心——杜甫《春望》

晓镜但愁云鬓改,夜吟应觉月光寒。(此联则转换了笔峰,是以对方想亲人的心理活动,从对面落笔,虚拟对方相思情况,从而表达自己的极度思念之意。)——李商隐《无题》

⑥"感时花溅泪,恨别鸟惊心。"望花鸟反增哀思。这一联一般有两种解释。

一种解释认为这是拟人写法,以花草拟人,意思是由于战乱,都城破败,仿佛鸟、花也像人一样因感叹时事而落泪,鸟也因世间的离别而惊心。表达诗人内心的悲愤和忧伤。

还有一种通行的解释是:诗人因感时恨别,见了花而落泪,见了鸟也惊心。"用乐景"抒"哀情",将悲情寓于美景之中,使悲愈悲,甚为绝妙,仍被千古传诵。

链接:请同学们调动积累,说说还有那些古诗词中也有诗句用移情?

预设:废池乔木,犹厌言兵。(废池乔木,犹厌言兵.作者运用移情手法写出了扬州战乱的惨状。)—— 宋·姜夔《扬州慢》

"深山人不知,明月来相照——(王维《竹里馆》)

⑦"白头搔更短,混欲不胜簪。"写搔头望天叹息收尾。这里写出了诗人忧愁万虑,憔悴不堪的情状,更添一层悲凉。

链接:请同学们调动积累,说说还有哪些古诗词中也有诗句写到愁字?

剪不断,理还乱,是离愁。——李煜《相见欢》

白发三千丈,缘愁似个长。——李白《秋浦歌》

(四)背读(3分钟)

背读《望岳》

(五)唱读(6分钟)

唱读能够帮助我们理解诗的意境和感情,还可以帮助我们记忆。下面我们就先听唱《春望》,然后再学唱。

我们要把握诗人在《春望》中表达了诗人深沉含蓄的感情:忧国伤时、念家悲己。

课堂小结:(2分钟)

归纳这两首诗的特点:

从诗的题目来看:

题为《望岳》,全诗没有一个"望"字,但句句写向岳而望。即:远望、近望、细望、极望。距离是自远而近,时间是从朝至暮,并由望岳悬想将来的登岳。

题为《春望》,全诗没有一个"望"字,句句传"望"字之神。望山河残破荒凉,望长安草木丛生,望花鸟反增哀思,望烽火连月不息,望家书经久不至,最后以搔首望天收尾。读全诗,抒情主人公伤时悯乱、忧国思家的神情及其望中所见,历历如在眼前,从而迸发巨大的艺术感染力。

从诗的主题来看:

《望岳》:诗人热情地赞美了泰山高大雄伟的气势和神气秀丽的景色,也透露出作者早年的远大抱负。

《春望》:集中的表达了忧国伤时,念家悲己的感情,感人至深。

从诗的风格来看:

《望岳》形象高大,境界壮阔,显示出气势磅礴、雄放健拔的风格。

《春望》感情凝重,景象凄清,风格沉郁,具有悲怆美。

探究选题设计,课外研讨(2分钟)(多媒体出示)

(1)《望岳》中每一联都有望的意思,但望的角度不同请 作具体分析。

(2)请收集有关对仗(对偶)的资料或古诗词中的对偶佳联。

(3)请同学们运用今天学诗歌的方法来自学《石壕吏》。

研究方法:

①搜集关于《望岳》《春望》《石壕吏》的资料,包括不同版本的注释、选讲、赏析、评论、背景资料等。

②搜集关于作者的资料,包括生平、年谱、思想、背景资料等。

③仔细研读这首诗,获得自己的感悟。

④参阅各方面的资料,说出自己的观点。

推荐书目:

《唐诗鉴赏词典》,上海辞书出版社,1983年12月第一版;

陈伯海主编《唐诗汇评》,浙江教育出版社,1995年5月第一版;

孙育华主编《唐诗鉴赏词典》,北京燕山出版社,1996年10月第一版。

贺新辉主编《全唐诗鉴赏词典》,中国妇女出版社,1997年6月第一版。

陶道恕主编《杜甫诗歌鉴赏集》,巴蜀书社,1993年10月第一次第一版

(综合阅读的研究课《杜甫诗三首》荣获黄冈市教学示范课一等奖。时任省级课题《语文综合阅读》课题组长。)

巧设"四环"轻松复习

——《走进诗歌天地，感悟人生真谛》中考诗歌复习研讨示范课

教学目标：

一、知识与能力

所要达到的知识和能力目标是：《语文新课标》对古诗词曲的阅读要求是："诵读古代诗词，有意识地积累、感悟和运用中，提高自己的欣赏品位和审美情趣。"对现代诗歌的阅读要求："能初步理解、鉴赏文学作品，受到高尚的情操与趣味的熏陶，发展个性，丰富自己的精神世界。"

二.过程与方法

把知识系统的复习融入到有趣的抢答的活动中，融讲、练、动为一体，形式多样的复习。

三.情感态度和价值观

通过学习诗歌能充分理解诗歌的思想内容，感受作者人格的伟大。提高自己的欣赏品位和审美情趣，既而发展个性。

教学设想：

一.教学重点：中考诗歌的考查形式研讨。

二.教学难点：中考诗歌的应对策略、现代诗歌与古诗词阅读方法的探究。

课型设计：复习课

课时设计：一课时

教学过程：(45分钟)

导语：诗，应该像太阳神阿波罗，给人间带来光明与生命。诗，应该像强力之神啊赫托拉，给人们带来力量与无畏。中国是诗的故乡，在古代，我们有高唱着："人生自古谁无死？留取丹心照汗青。"的文天祥。在现代，我们有高唱着："理想是灯，照亮夜行的路；理想是路，引你走到黎明"的流沙河。在世界诗的天空上，我们有高唱着："假如生活欺骗了你，不要忧郁，也不要愤慨！……相信吧，快乐的日子就会到来"的普希金……这些诗人用心灵的感悟给我们带来力量和无畏、激励一代代人克难奋进。今天我们一起走进诗歌天地,借诗歌复习课,去感受诗人的人格魅力,探究中考诗词赏析的方法和应对策略。我们今天上的诗歌包括古诗词曲、现代诗词.

过渡:学诗歌重在积累,各首诗词名句不仅句式美,而且包涵哲理,平时要加强诗词名句的积累。那么诗词名句知多少呢?我们来进行第一板块:抢答。

(一)板块一 抢答名句: (题目和答案分步多媒体显示)

(1)曲径通幽处,禅房花木深 。(《题破山寺后禅院》)

(2)谁家玉笛暗飞声,散入春风满洛城。(《春夜洛城闻笛》)

(3)鸡声茅店月,人迹板桥霜。(《商山早行》)

(4)曹操在《观沧海》中以"日""月"出入大海,显示作者的宏大抱负的诗句是:日月之行,若出其中;星汉灿烂,若出其里。

(5)《江城子 · 密州出猎》中用了《史记 冯唐传》中的典故的相关诗句是:持节云中,何日遣冯唐。

(6)毛泽东《沁园春·雪》中表现诗人坚定的自信和伟大的抱负的诗句是:数风流人物,还看今朝。

(7)莱蒙托夫在《祖国》中把对祖国的感情比喻成爱情的诗句是:我爱祖国,但用的是奇异的爱情! 连我的理智也不能把它制胜。

⑧在物质生活日益丰富的今天,我们更应亲近传统文化。让我们走近陶渊明,去体验"采菊东篱下,悠然见南山"(《饮酒》)的淡泊与和谐;让我们走近李商隐,去感受:"春蚕到死丝方尽,蜡炬成灰泪始干"(《无题》)的执着和奉献;让我们走近王安石,去学习:"不畏浮云遮望眼,自缘身在最高层"(《登飞来峰》)的坚毅与无畏。

⑨建设"大而强,富而美"的新黄冈,是我们共同的目标和追求。你认为怎样才算最美丽的黄冈,最"宜居"的家园?请用古诗文表达出来你的真实想法。(课内外都行)

　　"_____,_____。"

(10)绿树村边合,青山郭外斜。(《过故人庄》孟浩然)

(11)土地平旷,屋舍俨然,有良田美池桑竹之属。阡陌交通,鸡犬相闻。其中往来种作,男女衣着,悉如外人。黄发垂髫,并怡然自乐。《桃花源记》陶渊明

过渡:好,同学们的诗词名句掌握得不错。现在我们来了解一下中考古诗词曲和现代诗词的考点。请看大屏幕上的中考题,我们一起来找考点:

(二)板块二

质疑考点

1.饮酒　陶渊明　（06年南京中考题）（题目与答案分步出多媒体出示）

结庐在人境,而无车马喧。

问君何能尔,心远地自偏。

采菊东篱下,悠然见南山。

山气日夕佳,飞鸟相与还。

此中有真意,欲辨已忘言。

(1)诗人在与大自然的亲近中获得了_____的心境。

(2)前人评论这首诗时曾说:"采菊东篱下,悠然见南山"中"见"字用得非常精妙,换成"望"字就没有这种效果。请你说说为什么?并对这两句话作点赏析。

_____

_____

提问一:诗歌出的两道题考查点(考查的内容)分别是什么?

明确:(1)尽管只是填上一个词语,但同样考查的是对全诗的整体理解能力,只有准确把握诗歌内容,体会诗人的思想感情后,才能填写词语。　**考点**:整体阅读,把握情感主题。

(2)题是考查诗句赏析以及关键字词的理解。　**考点**:炼字炼句　揣摩语言魅力。(多媒体出示)

提问二:请你把这两道题解答出来。

明确:(1)答案:恬静。(悠然、闲适、恬淡、愉悦)

(2)答案:因为"见"字生动的描绘了作者在东篱下采菊时的悠闲,不是有意去"望","见"是无意中的偶见,南山的美景正好与采菊时悠然自得的心境相映衬,合成物我两忘的"无我之境"。这是陶诗的神来之笔。表现了诗人一种超凡脱俗的天真自然的意趣,而且生动的塑造诗人飘逸潇洒的自我形象。(这道题要结合全诗内容及作者生平经历去分析。)

过渡:看下面一首诗:

2.　　　　　　黄鹤楼　崔颢

昔人已乘黄鹤去,此地空余黄鹤楼。

黄鹤一去不复返,白云千载空悠悠。

晴川历历汉阳树,芳草萋萋鹦鹉洲。

日暮乡关何处是?烟波江上使人愁。

(07 年《黄冈中考精典》试题)

(1)"白云千载空悠悠"与"此地空余黄鹤楼"中的"空"意义有何不同?这两处写空有何作用?

答:＿＿＿＿＿＿＿＿＿＿＿＿＿＿＿＿＿＿＿＿＿＿＿＿＿＿＿

＿＿＿＿＿＿＿＿＿＿＿＿＿＿＿＿＿＿＿＿＿＿＿＿＿＿＿＿＿＿＿

提问一:诗歌出的这道题考查点是什么?

明确:既考查诗歌的关键字词的理解,又考查了写作技巧。 **考点**:品评技巧,明确写法运用

提问二:请同学们把这道题做出来。

答案:"此地空余黄鹤楼"中的"空"是写空荡荡的黄鹤楼。"白云千载空悠悠"中的"空"是写飘渺的白云。作用:空旷的黄鹤楼与飘渺的白云相互映衬,更突出"空"的意境,作者借写景物实写对人生的感悟——岁月流逝,世事沧桑。

(2)用几句话将"晴川历历汉阳树,芳草萋萋鹦鹉洲"展示的画面描绘出来。

答:＿＿＿＿＿＿＿＿＿＿＿＿＿＿＿＿＿＿＿＿＿＿＿＿＿＿＿

＿＿＿＿＿＿＿＿＿＿＿＿＿＿＿＿＿＿＿＿＿＿＿＿＿＿＿＿＿＿。

提问三:诗歌出的这道题考查点是什么?

明确:这道题是描绘出诗句所表现的生活图景。要善于展开联想与想像的翅膀,从抽象的文字符号到栩栩如生、有声有色的画面的形成,从而体会作者思想感情并顺利进入诗歌意境。

所以,此题要能抓住画面,抓住人物活动的情景来回答。 **考点**:抓住意象,体会诗歌意境

提问四:请同学们把这道题做出来。

明确:登上黄鹤楼极目远眺,在明媚的阳光照耀下,汉阳江岸的树木郁郁葱葱,历历在望,那茂密的花草铺满了江心的鹦鹉洲。

小结:综合上面的分析,结合《中考精典》,我们把古典诗歌和现代诗歌的考点归纳如下:

(三)注重朗读,把握节奏断句 (多媒体出示)

(四)整体阅读,把握情感主题

(五)炼字炼句,揣摩语言魅力

(六)抓住意象,体会诗歌意境

5.品评技巧,明确写法运用

过渡:我们今天从中考题中明确了诗词考查的考点,给我们的诗歌复习指明了方向。那么,中考以什么形式来落实这些考点呢?今天也帮同学们分析一下,便于今后的复习。下面进入板块四探讨中考诗歌的考查题型,面对这种题型,我们如何应对。请看大屏幕。

(三)板块三

题型与对策

3.《送杜少府之任蜀州》 王勃 (04年周至县二中月考卷) (多媒体出示)

　　城阙辅三秦,风烟望五津。

　　与君离别意,同是宦游人。

　　海内存知己,天涯若比邻。

　　无为在歧路,儿女共沾巾。

(1)诵读节奏有误的一项是(　　　)

　　A.城阙/辅三秦,风烟/望五津。

　　B.与君/离/别意,同是/宦/游人。

　　C.海内/存/知己,天涯/若/比邻。

　　D.无为/在/歧路,儿女/共/沾巾。

(2)赏析有误的一项是(　　　)

　　A.这是一首五言律诗,作者是被称作"初唐四杰"之一的王勃。

　　B.第一句点了送别的地点,第二句则把读者的视线引向了杜少府即将赴任之地。

　　C.颔联是说,诗人要跟朋友分手,去外地作官。

　　D.尾联紧承颈联而来,诗人劝慰杜少府,不要在临别之时像儿女一般哭鼻子、抹眼泪。

　　提问一:请同学们分析:这三道题分别用什么形式?考查了哪些知识点?(学生先回答后讲解。)

　　明确:第一题:把握朗读节奏。题型:选择题(即客观题)(诗歌多媒体出示)

第二题:赏析判断题。 题型:选择题(即客观题)(诗歌多媒体出示)

　　提问二:面对这种题型,我们应该如何应对?(诗歌多媒体出示)

明确：客观题：第一题，朗读考点首先要注意朗读的归律：古诗划分节奏的一般规律是：首先将句子分成前后两大部分，五言句分成 "△△|△△△" 形式，七言句分成 "△△△△|△△△" 形式，然后再根据结构、内容等具体情况，将后一部分三字划分成 "△|△△"、"△△|△" 或 "△△△" 停顿形式，有时七言句的前部分划分成 "△△|△△" 形式。现代诗划分节奏的一般规律是：可以按音节划分节奏，也可以按意义单位划分，再细分时，就要注意不要把一个词划开了，读起来就不完整。第二，根据规律，来判断音节划错的项。

如第一题中：B项中的"离别""宦游"各是一个词，不能分开。

明确：客观题：第二题选择题，包括判断、赏析等题型。（诗歌多媒体出示）这种类型的题应从以下方面入手：

首先，找出错误点：看是否曲解原意，张冠李戴。或看是否随意引申、任意拔高或贬低。或看是否以假乱真，鱼目混珠。或看是否无中生有，横生枝节备选项的表述结论。或以偏概全，故意反说，将某句诗的特点说成是全诗的特点。第二题C句错在对内容的曲解，理解不正确。正确的意思是：三四句是写送别之情：因为我们都是在外做官的人，所以离别的心情是一样的。实际上是勉励杜少府不要苦闷要志在四方。）

其次，再做出判断并选择正确答案。

过渡，再看下面一组诗：

（06年黄冈市初中升学试试卷）

4. 过零丁洋　文天祥

辛苦遭逢起一经，干戈寥落四周星。山河破碎风飘絮，身世浮沉雨打萍。惶恐滩头说惶恐，零丁洋里叹零丁。人生自古谁无死，留取丹心照汗青。

(1)诗中以"风飘絮""雨打萍"的形象比喻，抒写了_____的悲哀；借_____和_____两个地名，暗示了形势的险恶和作者境况的危苦。（2分）

(2). 结合我国历代名人志士对待生死的价值观，举例谈谈你对"人生自古谁无死，留取丹心照汗青"的理解。（2分）

答：_____

----

(1). 国破家亡　惶恐滩　零丁洋

(2). 人难免一死，为拯救祖国而死，一片丹心垂于史册，映照千古，诗句表明了诗人舍生取义的决心，充分体现了他的民族气节。如：闻一多拍案而起，横眉怒对国民党的手枪,宁可倒下去,不愿屈服,表现了我们民族的英雄气概。

过渡:看下面一首诗:

5.06年《黄冈中考精典》)(诗歌多媒体出示)

我爱这土地　艾青

假如我是一只鸟,

我也应该用嘶哑的喉咙歌唱:

这被暴风雨所打击着的土地,

这永远汹涌着我们的悲愤的河流

这无止息地吹刮着的激怒的风,

和那来自林间的无比温柔的黎明……

——然后我死了,

连羽毛也腐烂在土地里面。

为什么我的眼里常含泪水?

因为我对这土地爱得深沉……

提问一:谁来告诉我:这首诗写了什么内容?抒发作者什么感情?(学生先回答后讲解)

明确:这首诗借鸟的喉咙,歌唱作者深爱着的大地,来表达诗人内心对祖国诚挚的爱,接着诗人排列了一组意象来表示自己歌唱的内容,诗人内心强烈激情的渗入使意象充满了生动丰富的内涵:"土地"是被暴风雨打击着的,"河流"是悲愤的,"风"是激怒的,"黎明"是温柔的。运用象征手法抒发自己的忧国之情和爱国之心。

提问二:同学们先看这组诗歌的每一首诗歌中的考题形式是什么?(诗歌多媒体出示)

归纳:这里有填空题、简答题、结合实际赏析诗句的考查形式,既考查了诗歌的内容,又考查了诗歌的写法,还有对语言修辞的运用也做了考查。这类题,都称做"主观题"。这种类型的题是考查重点。

面对主观题,我们怎样应对?主要从以下几方面入手:

(1)从诗歌所写的具体内容入手,从作品、作家的相关背景资料入手,准确把握各类诗歌的思想内容(如送别诗、怀古诗、爱国诗、哲理诗、咏物诗等),应依据各自的类属,提取概括各自所表现的思想情感)。然后,语言流畅规范的作

答。(诗歌多媒体出示)

如《我爱这土地》,是艾青在国难当头,祖国饱经沧桑,又一次遭受日寇铁蹄的践踏时写的。

这首诗借鸟的喉咙,歌唱作者深爱着的大地,来表达诗人内心对祖国诚挚的爱,接着诗人排列了一组意象来表示自己歌唱的内容,这些意象充满了生动丰富的内涵:"土地"是被暴风雨打击着的,"河流"是悲愤的,"风"是激怒的,"黎明"是温柔的。运用象征手法抒发自己的忧国之情和爱国之心。

(2)从修辞手法(比喻、拟人、夸张)和表达方式(白描、议论)着手,分析其含义,探究其作用。然后,语言流畅规范的作答(诗歌多媒体出示)。

如文天祥《过零丁洋》中的第一题:首先要能清楚"风飘絮""雨打萍"的形象比喻的含义,再探究作用。"风飘絮"形容国势如柳絮飘散,无可挽回。以"雨打萍"比喻自己的身世坎坷如雨中浮萍漂泊无依,时起时浮。抒写了国破家亡的悲哀,借惶恐滩和零丁洋两个地名,暗示了形势的险恶和作者境况的危苦。

过渡,再看下面一组诗:

(05年黄冈中考试卷)

6.春 望   杜甫

国破山河在,城春草木深。/ 感时花溅泪,恨别鸟惊心。

烽火连三月,家书抵万金。/ 白头搔更短,浑欲不胜簪。

请展开想像,描述"白头搔更短,浑欲不胜簪"所展现的画面,并揭示诗句的含义。

提问:同学们先看这首诗歌中的考题形式是什么?

明确:创新题型一:运用想象和联想,描摹诗句的画面。(诗歌多媒体出示)

面对这种题型我们如何应对?应对的方法是:

第一,要善于展开联想与想像去抓住意象,并反复揣摩意象。所谓意象,就是作者内在的思想感情内涵与外在的客观物象的统一。意境是指作者的主观思想感情与客观事物相结合而形成的一种艺术境界。如这里抓住关键意象"白头""更短"在头脑中再现诗人描绘的人物形象画面,再抓住动词"搔""不胜簪"来体会诗句的含义。

第二，充分调动学生自己的生活经验来联想画面。我们要用联想去感受诗人那生动、形象、惟妙惟肖的语言所表现出来的一幅幅具体、生动、形象的画面。然后再根据分析的内容组织语言，进行规范的表达。

因此，这道题的答案是：面对沦陷的山河，一位满头白发的老人因焦虑忧愁不停地挠头叹息。老人昔日那长长的头发如今纷纷断落，已经短得无法梳髻插簪。诗句所描写的这一细节，含蓄而深刻地表现了诗人忧国思家的情怀。

过渡：看下面一首诗：

《黄冈中学作业本（八上）》

7. 渡荆门送别　李白

渡远荆门外，来从楚国游。　山随平野尽，江入大荒流。

月下飞天镜，云生结海楼。　仍怜故乡水，万里送行舟

下面的几句诗写出了山村美丽的风光，你见过这样的山村美景吗？请你为这个美丽的山村写一句广告词。

(1)绿树村边合，青山郭外斜。(2)一水护田将绿绕，两山排闼送青来。

(3)山重水复疑无路，柳暗花明又一村。

提问：同学们先看这首诗歌中的考题形式是什么？

归纳：创新题型二：延伸综合型题目。它是放在题目最后的，已经高出原诗的内容，是根据诗歌内容描绘荆门一带壮阔、奇伟的景色，作链接点设置的题目。（诗歌多媒体出示）

面对这种题型我们如何应对？应对的方法是：

1. 理解题目中所给信息的含义。这题干中"下面的几句诗写出了山村美丽的风光"为关键信息，再结合下面的诗句一起思考。

2. 把美好的山村作为旅游点推荐出去，写一段广告词。首先要知道广告词的特点：(1)语言简洁，句式整齐，音韵和谐。(2)抓住特点，内涵丰富，让人产生联想。广告词主要运用以下六种手法：对偶、对比、双关、顶真、仿写或引用。

3. 作出答案：现实中的佳境，真正的桃花源。或观光山村风光，领略民族风情。或山清水秀是我家，田里稻米河里虾。或广告做得好，不如山村景色好。（仿用"广告做得好，不如新飞冰箱好"）或青山排闼故乡情，柳暗花明在此村。

过渡:看下面一首诗:

8.【甲】　　　　　沁园春·雪(节选)　毛泽东

江山如此多娇,引无数英雄竞折腰。惜秦皇汉武,略输文采;唐宗宋祖,稍逊风骚。一代天骄,成吉思汗,只识弯弓射大雕。俱往矣,数风流人物,还看今朝。

【乙】　　　　　　　过零丁洋　　文天祥

辛苦遭逢起一经,干戈寥落四周星。山河破碎风飘絮,身世浮沉雨打萍。
惶恐滩头说惶恐,零丁洋里叹零丁。人生自古谁无死?留取丹心照汗青。
填空。

两首诗都表达了_____的主题.但两首诗抒发的感情又有所不同。
甲诗侧重_____,乙诗侧重_____。

答案:爱国　豪迈、自信　忧虑、悲壮。

提问:同学们先看这首诗歌中的考题形式是什么?

归纳:创新题型三:现代诗与古诗词的比较阅读题型;其特点是通过这种形式考查诗歌的相关内容。这道题同属爱国诗,比较两者在感情方面的不同点。《沁园春·雪》抒发的感情是豪迈、自信;《过零丁洋》抒发的感情是忧虑、悲壮。(诗歌多媒体出示)

面对这种题型我们如何应对?应对的方法是:(多媒体出示)(2分钟)

首先,可以读懂内容入手:明字意即对每一首古诗(词),要明了每个字的含义,达到字字落实的地步。挖意境即要通过语言的媒介,把握物象,进入到作品的意境中去,真正领会作品的意境美,明典故,就是对诗词中所用典故要弄明白。运用典故较多,而且运用得颇为巧妙,内容表达很含蓄,明白了诗词所用典故,就不难理解其思想内容。明技巧。(前面已经讲过)。

然后同中求异或异中求同。同时,从作品创作的时间和地域也可以进行纵向或横向的比较。纵向比较即古今比较,渊源比较,比较的对象主要是不同时期的事物。

最后,再根据要求规范答题。

过渡:以上我们探讨了诗歌的考试形式和应对策略,仅供参考。下面就请同学们尝试着出几道题,锻炼我们的能力。进入互动环节:据点出题。请看大屏幕。

(四)板块四 据点出题　　　　（诗歌多媒体出示）

自主探究"据点出题"的步骤是：

(1)把学生分成三个小组,每个小组自主品味赏读一首,每个小组自主讨论出三道题并做出答案。

(2)在讨论的时候,同学们要抓住考点:或"阅读感知,把握情感主题"或"抓住意象,体会意境"或抓住"炼字炼句,揣摩语言"或抓住"品评技巧,明确写法"等方法来赏读、抓住一首诗的三个不同的考点来命题。形式不限定。

(3)学生边交流,老师边点拨,边讲解。

(4)还可以质疑提问,同学可以互答。

自主探究"据点出题"环节

9.　醉花阴　李清照（诗歌多媒体出示 答案最后出）

薄雾浓云愁永昼,瑞脑消金兽。

佳节又重阳,玉枕纱厨,半夜凉初透。

东篱把酒黄昏后,有暗香盈袖。

莫道不消魂,帘卷西风,人比黄花瘦。

1.试分析"玉枕纱厨,半夜凉初透"一句的"透"字的妙处。

_____

_____

明确：一个"透"字,不仅写出了秋夜寒气透人肌肤,也写出了词人心灵所感的无比凄凉,突出了词人在重阳节孤眠独寝,夜半相思之情。

2.赏析"莫道不消魂,帘卷西风,人比黄花瘦。"

_____

_____

明确：这三句话创造了一种凄清寂廖的深秋怀人的境界。这里用菊花之黄瘦来比愁人之容,将菊花的清高雅致的精神与词人清瘦的形象和风度和谐一致,成功的塑造了女主人公的清瘦、秀丽、凄婉动人的形象。描绘了一幅西风瘦菊,佳人对花自怜的图画。情景交融

3.这首诗写了什么内容?抒发作者什么感情?（学生先回答后讲解）

_____

_____

明确："思夫""伤春""离情"，还有"思乡"是李清照的闺情词的主要内容。这首词是作者早期和丈夫赵明诚分别之后所写，夫妻长年分隔两地，它通过悲秋伤别来抒写词人重阳节独守空闺思念离人的苦状。所以，李清照的这篇作品是描写自己思念丈夫的情绪，

10.商山早行　温庭筠　　　　（诗歌多媒体出示　答案最后出）
晨起动征铎，客行悲故乡。
鸡声茅店月，人迹板桥霜。
槲叶落山路，枳花明驿墙。
因思杜陵梦，凫雁满回塘。
品味全诗，展开想象和联想，描绘颔联所展现出的画面。也可以根据诗意画一幅图画。

答案：春日有一个有霜的清晨，一轮残月悬挂于西天上方，清凉的月辉下，路边的茅店似在梦中，这时传来一阵嘹亮的鸡鸣，打破了寂静。（向店外一看）铺满银霜的店前木板小桥，却早已流下行人的踪迹。

小结：诗歌在中考中是重要考点，今天，我们就诗歌的考点，题型与策略，自主命题的技巧方面都做了探讨，让我们熟悉了诗歌的考题，掌握了诗歌的阅读和解题的技巧，提高了自主命题的能力。这节课对诗歌的复习起到一定的作用。同学们还需要加强平时的复习，运用这些方法，就一定能把诗歌考好。

结束语：同学们：中考犹如一座高山，只要我们拥有黄金钥匙即"好的复习方法"，只要我们拥有金子般的心即"甘愿为实现理想而奋斗心灵"，只要我们拥有铁一般的腰脚即"勇于拼搏进取的力量和精神"，就一定能够达到"会当凌绝顶，一览众山小"的境界。我相信同学们："长风破浪会有时，直挂云帆济沧海。"

谢谢！

案例点评

这堂复习课，容量大，综合性强，方法科学，有着精湛教艺的陶老师凭此获得黄冈市教学示范课一等奖。

整个教学设计预设了四个环节：抢答名句——质疑考点——题型与对策——据点出题。这四个环节，由浅入深，让学生由诗词名句的积累到诗词考点

的设置再到多样题型的了解和对策的探讨，继而让学生进行诗歌阅读自主命题。学生在自主、合作、探究的过程中，明确了考点要求，了解了题型特点，探讨了应对策略。这样的设计，既有利于诗歌知识的梳理，又有益于诗歌鉴赏能力的提高，还培养了学生的科学探索精神，丰富了学生的人文知识，提高了学生的综合素养。整堂课，目标的设置科学合理、对解题方法和学习方法的指导很到位，教师的引领作用得到充分体现。

复习是枯燥的，抢答环节，把知识系统的复习融入到有趣的抢答活动中，融讲、练、动为一体，把机械的背诵识记变得生动有趣，富有挑战性。尤其是"据点出题"环节，很有创意。要命出高质量的试题，必须对考点、题型、文本等等有清晰深入的了解，这是对学生综合能力的考验。这个环节，有独立思考合作交流，有提出问题探求答案，采用了自主、合作、探究的学习方式，充分体现了教师对学生主体地位的尊重。

点评人：湖北省黄冈中学副校长，教务处主任，语文教研组组长，语文特级教师：张凡

（2007年3月诗歌复习研讨课《走进诗歌天地感悟人生真谛》获黄冈市教学示范课一等奖。该教案又荣获湖北省教育学会2011年"课堂教学特色案例"评比一等奖。2011年任省级课题《语文综合阅读》课题组长。）

学用"五步"法　帮我学作文

——人教版五年级下册《难忘童年》的作文指导课堂实录

教学理念：

依据《语文课程标准》指出的"写作教学应贴近学生实际,让学生易于动笔,乐于表达,引导学生关注现实,热爱生活,表达真情实感。"以体现学生的主体地位、教师的主导作用为基本出发点,创设情境,引导学生学习观察积累材料,学会表达真情实感,让学生享受作文教学的愉悦,激发学生习作的兴趣和动机,让学生拥有放松的心态,乐于表达。

教材分析：

五年级下册第二单元的主题是《难忘童年》,本单元的五篇课文真实地再现了多彩的童年生活,让学生感受到了童年生活的多姿多彩。为了使学生的情感由课堂升华到实际生活,培养学生留心观察生活、积累材料,用心感悟生活,用手中的笔抒发自己的真实感受的能力,通过这节课让同学们学会选材、学会作文的一般技巧并加以深化。

学情分析：

五年级(一)班的学生共有50人,基本养成了分组合作学习的习惯,探究的主动性、积极性较高。大部分学生已经掌握了基本的写作方法,但还没有养成很好的观察生活和积累语言的能力和习惯;还有一些学生的习作常常言之无物、言之无情、言之无序。

教法设计：

紧扣新教材的编排意图,全面体现素质教育的思想和新课程标准的精神,结合五年级学生认知水平和知识结构特点,运用"五步教学法"、情境导入法、点拨教学法,结合反馈教学和活动教学、表扬激励法等多种方法进行教学。

作文五步教学法:积累材料——迁移课文(阅读优秀作品)写法——说写训练——仿写训练——创作训练。

学法指导：

1.了解积累材料的方法和选择材料的方法

2.作文五步学习法：积累材料——迁移课文（阅读优秀作品）写法——说写训练——仿写训练——创作训练。

3.倡导自主、合作、探究的学习方式

教学目标：1.树立广义的作文学习方法的意识，逐步养成作文"五步"学习习惯，促进学生作文水平的提高。

2.突出"难忘"，尊重学生独特的感受，体现个性化，内容要真实。

培养学生善于观察生活，积累材料和选择材料的能力。

教学重点：

1.帮助学生树立广义作文"五步法"的概念。

2.培养学生善于观察生活，积累材料和选择材料的能力

3.说写训练、仿写训练、写作指导。

教学难点：

1.帮助学生树立广义作文"五步法"的概念。

2.培养学生善于观察生活，积累材料和选择材料的能力

3.说写训练、仿写训练、写作指导。

教学准备：

1.制作多媒体课件。

2.学生搜集童年趣事或难忘的事。

教学过程：

一、发"东坡之星"证，激趣作文

（一）听读佳作，做"东坡之星"

师：今天我要给大家通报一个好消息，上次的习作《我的学校多么美》同学们完成的不错，夏琳泉的习作还在鄂东晚报上发表了，下面让我们用热烈的掌声欢迎夏琳泉同学朗读她的作文。

生朗读作文：东坡小学是个文明、美丽的小学，她似雨露，滋润了我们，她似母亲，哺育了我们，她似阳光，照耀着我们，她似一座宝库，丰富了我们的知识。在她的怀抱里，我们快乐地成长着……

风景美

每当我背着书包，跨入校门，迎接我的是蔚蓝的天空，灿烂的阳光，美丽的

鲜花和沁人的芳香。建设了五年的教学楼像新的一样,乳白色的墙,蓝色的玻璃给学校增添了色彩。教学楼右边,是展示栏,里面有我校书法作品展示,活动照片集锦,都是我校的骄傲。左边的花坛里,花儿们在春天的微风中张开了笑颜,他们个个争奇斗艳,桃花卧在繁华绿叶中,贪婪地晒着太阳,风儿用她那细嫩灵巧的手,为花儿们做按摩,小草看似是个做陪衬的,可他们却努力地生长着,为花坛绣上了绿色的生机。

每个班级里,一面五星红旗挂在黑板上方,上方写着"勤学善思,团结进取"这八个大字,我们东坡小学的学生记在心间。教室里,我们的东坡诗词书法作品,苍劲有力,我们的手抄报、绘画作品,美妙绝伦。五十二张桌椅整齐地摆放着,我们在这宽敞明亮的教室里认真地学习……

同学美

我们班是团结向上,乐于助人的班集体。

有一天中午,我们班刘禹欣同学和老师一起上楼梯,突然发现前面有一堆玻璃碎片,原来是其他同学不小心打碎了杯子留下的,刘禹欣看见了,她连忙弯下腰,用手去捡,可玻璃又尖又滑,很容易扎伤手,老师说,等会儿用扫把扫吧!于是刘禹欣小跑到教室,拿起扫把把玻璃扫得干干净净,楼梯又恢复了昔日的整洁。吴老师在班上夸奖了刘禹欣,她是我们的好榜样,但,最难能可贵的是她那颗金子般的心。

老师美

老师似园丁,用汗水哺育着我们,老师似雨露,滋润着我们稚嫩的心田,老师似太阳,用阳光温暖着我们,老师每时每刻都在给予我们爱。就拿陶老师来说吧,她第一次上课时教了我们许多学习方法,比如:做旁拟,用红线画出重点部分等等。陶老师上课一丝不苟,讲课时,她先让我们朗读,然后把课文进行分段讲解,最后,精讲课文,体会课文,理解课文,听了她的课,我做作业时都不用看书了,课文的内容就像刀子一样刻在我的脑海里,她毫无保留地将知识传授给我们。在她的课上,也有许多生动有趣的小插曲。记得那天上午,陶老师正在讲设问句,曹子涵东张西望,陶老师看见了说:"是谁在那里东张西望?是谁在那里左顾右盼?原来是曹子涵呀!"这一句话逗得我们大家哈哈哈大笑,她也跟着笑,笑得那么美,那么可爱!她是多么爱我们呀!

我爱我的老师,我爱我的同学们,我更爱我的学校,他们都是那么得美。

师:夏琳泉同学学习大文学家苏东坡,我们要祝愿她将来成为小文学家,今天就授予她"东坡之星"的称号。请教科院周院长颁奖(掌声),请班上其他同学向夏琳泉同学学习,用心学语文,用心写作文,把作文写出水平来。

师:从上篇作文来看,我们班很多同学作文有进步,记叙文的相关知识在作文中运用得比较好。从夏琳泉同学的作文来看,她的作文最大的优点就是,善于观察,留心积累身边的真实的,感人的小事,把这些感人的小事运用到作文里。所以,我们要培养这种能力。

这节课我们进行是作文指导。题目是《难忘童年》。

二、忆文细语,引入课题

师:作文学习离不开对文章的理解,从文章当中迁移写作方法。我们在第二组的课文都是作家们对童年生活的积累,感受到的童年的情趣。《童年·冬阳·骆驼队》中学骆驼咀嚼的那种傻趣、《祖父的园子》里的自由之趣、《童年的发现》中的探索之趣、更是《童年的水墨画》中童年的快乐……《童年的水墨画》是作者在掌握大量的写作材料的基础上,对其中可以表现了孩子们童年生活的快乐的材料作出了取舍,选择了具有表现力的材料,围绕主题写了三个画面(多媒体出示):

画面一:《街头》专注的小孩在喧闹的街头读《水浒传》。这里作者选取了环境的喧闹和人物的安静形成鲜明的对比,突出小孩读书的专注。这样的细节鲁迅先生也作过。他为了训练自己的注意力,就到车站去读书。

画面二:《溪边》现代儿童垂钓图。这里,作者选取了静景:垂柳照镜,山溪像玉带,人影染色,钓竿立蜻蜓等写出小孩在静静的等待鱼儿上钩,周围静极了,以至于蜻蜓立在渔竿上头。动景:溪水里扑腾,人影碎,草地上蹦着鱼儿和笑声。写出了鱼儿上钩了,溪水动了,鱼儿跳跃,人欢笑的情趣。

画面三:《江上》江上孩子游泳图。一群孩子游泳时的嬉戏和一个孩子的特写相对照,只见一阵水花,两对虎牙,给人留下鲜明的形象。

师:从这里我们可以看出作家写作都是留意生活中的小事,今天就让我们一起聊聊童年,去感受童年的那令人难以忘怀的点点滴滴,学会积累童年生活中有趣的瞬间。

下面进行第三个环节:创设情境,回忆童年

(板书:难忘的童年)

三、创设情境,回忆童年

(一)唱童年

师:同学们:下面就让我们一同步入丰富多彩的童年,把我们最快乐的童年生活或唱或说给大家听。第一个活动是"唱童年",我们来进行抢答游戏,我放歌曲,看谁能回答歌曲名。回答对的,奖励一颗糖。

(分别播放《虫儿飞》《童年》《歌声与微笑》《让我们荡起双桨》《定风波》,学生抢答)

师:《定风波》这首歌大家都很熟悉,你们能唱一唱吗?

(全班合唱,要求边唱边拍手)

(二)写童诗

师:唱童年的歌是对童年生活的一种展示,写童诗也是对童年生活的一种展示,下面我们就来进行第二个环节"写童诗"。有的同学肯定会说,诗歌多难写啊,今天我就要教大家一个很简单的方法,就是模仿例句描述你心中的童年。

请看例句(多媒体出示):童年像一首诗,耐人寻味。

师:齐读一遍,谁能分析一下这句话的特点?

生:这句话运用了比喻的修辞手法,把童年比作一首诗。

师:童年的特点是什么?

生齐:耐人寻味。

师:同学们模仿例句描述你心中的童年吗?下面请同学们分成小组,每组用三到四个比喻句来描述自己心中的童年。

(学生在小组内自由写句子,教师巡回指导)

师:下面请同学们展示一下自己心中的童年。

生:童年像一首歌,使人回味无穷;童年像一个开心果,让人快乐无比;童年像一把钥匙,打开了我们的未来。

(掌声)

生:童年像一支歌,常常唱起;童年像一朵玫瑰,沁人心脾。

生:童年是一首亲切的歌,我用稚嫩的双手把日子谱成一个个音符;童年是一幅灿烂的画,我用清澈的眼神把岁月绘成纯净的蓝河。

生:童年像一首快乐的小诗,让人憧憬;童年像一首欢乐的歌,让人快乐。

师:看来大家对童年的感受很深,下面展示两组(多媒体出示)

生齐读:

童年像一首歌,优美动听。

童年像一朵花,妖艳美丽。

童年像一杯酒,浓烈醇香。

童年像一幅画,色彩缤纷。   ……

指名读:

童年是一片无边无际的大海,

他所发生的一切就像大海里浪潮,快乐的旋律像浪潮般起伏;

童年是一只小船,

它装满了所有的故事,在汪洋中自由的远航;

童年是一片美丽的花园,

他所经历的每件事就像花园里绽放的花朵,五彩斑斓;

童年是一本相册,

它记录了每个精彩的瞬间,留下了美好的回忆;

童年是一本书,

他所经历的一切都被记录下来,汇成一个个动人的故事;

童年是一只风筝,

它带着童年的梦想,在蓝天中飞翔;

师:同学们,刚才我们用比喻句就把对童年的感悟表达出来了,这就是创作。人的生活是丰富多彩的,我们丰富多彩的生活里有很多让我们记忆深刻的童年往事。下面我们进行下一个环节:"说说童年的事"进入"实话实说"板块:

(三)说童事

师:同学们可以思考回答下面的问题:在你小的时候,玩过哪些有趣的游戏?有什么印象深刻的往事?请用"我最喜欢……因为……"和"我难忘……因为……"的句式发表你的见解。首先在小组里说一说。(多媒体出示)

例1:我最喜欢"捉迷藏",因为好玩……

例2:我最喜欢"打水漂",因为刺激,又要讲究技巧……

例3:我最喜欢"老鹰捉小鸡",因为它是一个团结协作的游戏……

例4:我难忘那次生病,因为是我不听妈妈的话去淋雨……

例5:我难忘那次野炊,因为我们学会了煮饭和炒菜……

生:我最喜欢打水仗,因为好玩。

生：我最喜欢玩溜冰，因为它可以锻炼我的平衡能力。

生：我最喜欢放烟花，因为那种刺激令我喜欢。

生：我最喜欢打水漂，因为它是一种锻炼手法的游戏，也要讲究一些技巧。（师做打水漂的动作）

生：我最喜欢变魔术，因为它可以给我许多启发。

生：我最喜欢捉迷藏，因为它可以给我留下许多难忘的回忆。

生：我最喜欢做游戏，因为它可以锻炼我们团结合作的能力。

生：我最喜欢爬树，因为它可以锻炼手脚的灵活力。

生：我最喜欢和朋友一起去偷别人的菜，因为那样既刺激又能锻炼我们的探险能力。

师：大家觉得他说的这件事怎么样，大家来评价一下。

生：不好，因为偷别人东西迟早会挨打的。

师：偷东西为什么要挨打呢？我觉得应该说一个比较正确的理解。

生：小孩子的天性就是淘气天真的，偷点东西只是小时候，只要大了不偷就行了。

师：那个偷鸡蛋的故事大家记不记得呀？

生：记得！

师：有个人小时候偷了一个鸡蛋，妈妈说好乖；他又去偷两个，妈妈说真能干；后来就上了那里？断头台。他要枪毙的时候叫妈妈过来："妈妈我要吃你的奶。"然后一口就把妈妈的奶咬下来了。这是为什么呢？他是在怪妈妈从小没有教育好他没有阻止他去偷鸡蛋。所以我觉得孩子的天性是很淘气，但是一定要有准则，不能做违背准则的事情。偷东西的行为从小就不能有，有这种行为，你的品质就有问题。并不是说好玩的事你就去玩，是要遵守准则的听到没有？

下面来说一下"我难忘……因为……"的句式吧！

生：我最难忘的是一次去大祁山的旅行，因为我在那发生了一件很有趣的事。记得六岁那年，妈妈带我去大祁山旅行，我那一天晚上王伯伯对我说："夏琳泉，我们去捉刺猬吧！"我心想这深山哪有什么刺猬啊，于是半信半疑跟着王伯伯去了。刚出宾馆大门，在一堆刺丛里好像有一只小刺球在动，我仔细一看，原来真的是一只刺猬，满身银灰色的毛，满身银灰色的刺带一点棕色。王伯伯向服务员姐姐要了一个撮箕一把扫帚放在刺丛里，那只刺猬自己爬进了撮箕里,王伯伯连忙用一个纸壳把刺猬包起来,放在了一个箱子里。刺猬自从进了箱子里不吃不喝,第二天我看到刺猬已经奄奄一息了,我把它放到了一片大叶子底下。我想刺猬也应该也有自己的家,也有爸爸妈妈,它们也应该跟我们一样有一个快乐美好的童年。

师:刚才在这个大家选择说自己的事情的时候,有的同学是有选择的,有的同学没有思考把自己有的一些经历说了出来。这要求我们在积累材料的时候,要选择性的积累,要选择对自己成长有利的事情。

四、精心构思,讴歌童年

师:刚才我们一起回顾了童年的歌曲、游戏,重温了童年的往事,歌声依旧回荡,笑脸依旧绽放!是啊,童年是多姿多彩的,是无拘无束的,那么我们如何把难忘的童年写好呢?

参考题目:难忘的童年——写一至三件童年的故事。 (多媒体出现)

写作要求:写童年生活中那些值得你留恋的、最难忘的故事。400字左右。

写作指导:写出写作提纲。

(一)确定本文的中心思想

(二)文章结构的安排

第一段:开头。(开门见山,引出童年)

第二段:第一件往事。(叙事为主,叙后抒情)

第三段:过渡。(承上启下)

第四段:第二件往事。(叙事为主,简单评议)

第五段:过渡。(承上启下)

第六段:第三件往事。(叙事为主,叙议结合)

第七段:结尾。(照应开头,点明主旨)

(三)围绕中心选择真实感人的材料来表现主题。

同学们在课前已经收集了很多资料,还做了很有价值的手抄报。手抄报上的资料就可以作为选择作文材料的资料,请同学们先定出文章的中心,然后,根据中心来选择材料。这件事做得好,平时写作文就要有收集资料的环节,建立自己的资料库。

(四)注意文章之间的过渡与衔接。

(五)注意语言正确、生动的表达。

(六)书写要工整,美观。

五、课堂总结：

师：作文是语文学习的难点，又是同学们语文素养的表现。只要有正确的学习方法，什么难题我们都能解决。今天我们一起了解了"五步作文学习法"，我们还要在实际写作文的过程中自己运用，要多练，长期练下去，我们每一个同学的作文水平一定能够提高。

同学们记住，作文五步学习法：积累材料——迁移课文（阅读优秀作品）写法——说写训练——模仿写作训练——创作训练。

下次作文课将教同学们积累材料的其他方法。

这节课既让我们回忆了童年的美好时光，同时让我们感受到了作文课的快乐，学到了作文五步学习法，我希望我们每个人都要向苏东坡学习，成为将来的大文豪！

【专家点评】中国教育学会小学语文教学研究会副理事长，湖北省教研室小学语文教研员，特级教师段宗平同志从专业的发展的角度对作文"五步"教学法做鉴定说："语文学习有两个方面的本领要学习：一方面是接受的本领，另一方面是表达的本领，口语中的说听是给别人听、书面语中的读写是给别人读，陶秀琪老师热爱语文，更爱学生，从小学生的年龄特点出发，根据作文学习的规律先接受，再表达；先积累，再输出，到创造。构建了作文'五步'教学法，帮助学生从广义上树立作文学习法的意识，利用难忘童年的作文指导课引导学生认识作文'五步'法和如何运用作文'五步'法。这是陶秀琪老师高超的教学艺术的表现，这堂课容量很大，但她的教学思想对学生的引导得到了落实，如果每一个语文教师都象陶老师这样善于思考，精于创造，我们的语文教学就会有创造性发展，她的这种做法值得提倡，她的精神值得学习"。

附：作文五步学习法的具体环节阐释：

环节一：积累材料。这里所说的是积累材料方法之一：教小学生定向积累，所谓定向积累，是学生从已学的课文中，选定每位作家，针对每个作家，从不同角度积累关于此作家的精美语段三至五段，然后加以背诵和仿写的方法。这样一来，"课文阅读"和"定向积累"共同形成了一个"阅读群"，为学生构建起一个多维的阅读空间，更为学生的口语交际和写作构建"材料库"，使学生"言之有物""写之有料"。当然积累材料的方法很多，以后逐步给学生介绍。

环节二：迁移课文（阅读优秀作品）写法。所谓迁移：在心理学上，迁移是一种学习对另一种学习的影响。或已经获得的知识经验对完成其他活动的影响。根据迁移理论，学生学完教材上的某篇课文或阅读完某篇优秀作品，就概括出某篇课文或阅读完某篇优秀作品的最突出的写作特点，把这些已经获得的知识经验运用到写作中来，从而实现学生个体的作文认知结构在新条件下的重新建构。从而达到作文水平的提高。

环节三：说写训练。说写训练是基于动口、动手实践性较强的合作与交流的学习行为。说写训练依托教材，在课堂上有计划的进行。现行的语文教材都是教学范例，是学生增长知识，陶冶情操的依据，又是训练听读说写的依据，编辑同志除了挑选文质兼美的课文外，还精心设计了提示语和习题，其目的就是要充分发挥教材在训练能力的作用。陶秀琪老师不仅做到了这一点，还把说写训练拓展到，抓住课文的某一角度，结合学生的实际生活，来进行说写训练。如本节课设计的"唱童年""写童诗""说童事"等环节就非常好的做到了这一点，这样的说写训练生动有趣，不仅激发了学生学作文的兴趣，增长了知识，更重要的是，在提高学生口语表达能力的同时，自觉地提高了学生的书面表达，最终促进学生语文综合素养的提高。

环节四：仿写训练。这里的仿写训练就是让学生模仿所学教材中的优美句子或优美文段或文章中好的写作方法去进行习作。叶老也曾说："语文教材无非是个例子，凭这个例子要使学生能够举一反三，练成阅读和作文的熟练技能。"本节课扣住教材的课题《难忘童年》，精心设计的"写童诗"很巧妙地通过指导学生仿写比喻句表达自己对童年的感悟，再通过句型"我最喜欢……因为……"和"我难忘……因为……"的句式的仿写发表学生对童年的见解。这样一来，小学生就在实践中逐步掌握作文的写作规律。仿写教材中的名篇佳作的方法，经多次训练，慢慢就变成自己的方法，并且有不断地改进和创新。

环节五：创作训练。这是语文综合素质的表现，更是语文学习的落脚点。陶秀琪老师为了能让学生掌握布局谋篇的能力，在这节课中她细心地指导学生写作文提纲，指导学生对整篇文章的布局要综合考虑，这个环节很有必要，也很有价值，对小学生的作文水平的提高起着非常重要的作用。

同题思"异"是培养学生"求异"思维的有效途径

——话题作文"感悟生命"的指导

　　初一学生的作文能力如何提高？作文的思维如何打开？又怎样来培养学生的"求异"思维呢？这些一直是我们思考的问题。不过，在进行话题作文训练时，要引导学生从多角度和多种方向进行多方面的思维，从多方面寻找解决的答案，这是一条打开学生作文思路，拓宽学生思维空间和培养学生"求异"思维的有效途径之一。例如：话题作文"生命"的引导就是这样的。本次的学生作文无论是内容、选材的角度，还是表达方式等方面，都显示出了各自的特点，下面所选的三篇文章《生命长河永无止境》、《感情生命》、《珍爱生命》便是代表。从文中不难看出，学生的想象丰富、思维空间开阔、知识面宽广、表达方式多样。当然，文中也许存在不少的问题，今后的作文训练再注意纠正。

　　文无定法，教也无定法，学也无定法，这里只是给读者提供一种思路而已！

生命长河永无止境

胡小海

　　生命的长河给予人以无限的思索，在那逝去的光景中，我领略出生命的魅力——彩色生命。

　　红色？红色！在顷刻间，我认为红色才是人生的最美之色。回想吧！小兵张嘎！记得吗？你是否将其留于心扉。潘冬子，闪闪的红星放光彩，闪闪的红星传万代。对！还有王成，为了革命的胜利，他呼叫总部"向我开炮"，为了革命的胜利，他与敌人同归于尽。他们用赤诚火红的心灵，忠贞不渝地深爱着祖国，甚至不惜为之献出了整个生命。

　　马雅可夫斯基在《生命论》中曾言："我的生命是由血筑造的，我的生命是红覆盖的，我会用自己的生命去浸染血红色。"他执著，他坚信，无止境的生命长河即是红色。对，红色！

　　绿色？绿色！一瞬间，我看到那窗外的青松，绿色的田野，生命长河应当是绿色的：娇嫩的小草、参天的大树，缀满枝头的未熟的果实，无一不是绿色交织而成。

对呀！赖宁哥哥就是绿色的，他热爱祖国的一山一水，他关注着大自然，他同样用绿色谱写他的生命之歌；蜚声中外的药王李时珍，在花花草草，林林木木中，品百草试千药，在绿色中，寻觅出了治疾医人的许多药，为后世留下了宝贵的医学经验，著写了驰名中外的《本草纲目》。这即是绿色的生命，绿色是勃勃生机，绿色是幸福的前音，绿色是生命长河熠熠生辉的闪光点……绿色！对，就是绿色！

黄色？黄色！霎时间，我听到DNA的敬告："你是中国人，不要忘记自己的本色——黄。"本色，数千年的文明养育了黄河边的亿万华夏儿女，它用水浇灌了田地，也浇铸了中国人不屈不挠的秉性。

对，生命即是黄色的。政治黑暗灾荒连年的东汉政权的起义军——黄巾军，也用"黄"代表他们的革命精神；中国的革命，起于秋收起义的金黄时节；辛勤耕作的农民也时刻翘首期待着，他们心中那灿烂的金黄色的收成！

红色、绿色、黄色，这心灵的三原色，同是生命长河之色。尽管人生可以磨砺你意志的棱角，却永远抹煞不了无止境的生命绿野，擦抹不了你顶立蓝天豪情壮志。

生命可以什么颜色也没有吗？

尼古拉·奥斯特洛夫斯基的生命是无色的，他的马马虎虎早上青年时代就被尘封啦！然而，这并不能抑制住那跳跃着激情的心，他在一切坎坷中，都是勇往直前，"苦心人，天不负"，在临终之际，他终于著写了世界经典文学著作《钢铁是怎样炼成的》，轰动全球，一举成名，他的生命并没有因无色而被抹煞，生命的无色是一种力量，是一种不可阻挡的力量。

我迷惑！

我清醒！

生命的长河永无止境，它也是五彩缤纷的生命的长河啊！奋斗不息的红色，恬淡自然的绿色，沉稳豁达的黄色，勇毅自信，一如继往的无色，它们都将把您渲染、渲染得美好、幸福。

生命的放飞在于无声无创造的探索中，生命长河一如继往，永无止境的生命长河在新世纪的大道上，继续阔步。

评：如何理解生命？怎样描绘生命？作者采用了为生命着色的办法，有创意！他用四种颜色写出了虽各有特色却又积极向上、可歌可泣的生命。作者对生命独到的感悟与表达让读者看到了一颗充满豪情壮志与青春活力的心灵。

全文立意有深度，语言有张力，结构匀称，条理清晰，是一篇不可多得的佳作。

感悟生命

涂 立

"通知，通知，全体动物们赶快到老虎大王家去，有重要事情要讨论，大家赶快去……"小猴开着小汽车在街上嚷嚷着，他这一嚷还真灵。全体动物都往老虎大王家跑。一会儿，大家都到了，这时老虎大王也雄赳赳气昂昂地走出来对大家说："同伴们，今天我召大家来是为了讨论一个问题，希望大家能积极配合"。话音刚落，一向急性子的狗警官忙说："是什么问题，快说吧，我们一定配合。""是生命"，老虎大王不慌不忙地说："现在大家可以举手发言，说说自己对生命的看法。"这里，一向头脑简单的熊大哥带了个头儿，说："生命，生命不就是活着，活着也才有生命嘛！"听了这话，有的动物说："对呀，生命就是活着，没别的含义！"也有的说："除此之外，好像还有别的含义。"……总而言之，是五花八门，各有各的道理，一向勤奋好学，敢说敢做的猫妹妹不慌不忙地站起来说："我虽然只是个学生，但我也有我的理解。我认为人生在世，必有坎坷，像陶渊明，范仲淹，苏东坡等之所感受到了生命的旨趣，活出了人生的境界，步入了'不以物喜，不以己悲'的境界。"听完了这话，场下便立刻响起了一阵掌声，这时我们那对待工作一丝不苟的兔老师也发表了自己的观点："对呀，我很赞同猫妹妹的意见，人的一生免不了会有许多无奈，其实人人都应该庆幸自己拥有一次生命。""对，兔老师说得很好"，博学多才的猫头鹰博士终于开口了："拥有生命，就担起了为生命之美奋斗的使命，坚定了战胜困苦的意志和决心。岩石之间，脆弱的绿藤还觅取向上的依托，何况是有血有肉的我们呢！全身心地去感悟，全身心地去投入，生命的意义，生命的真谛在于积极地去寻觅，去抗争。""哗……"场下又一次爆发出雷鸣般的掌声。

就这样，大家各抒己见，议论纷纷……

最后，我们那威凛凛的老虎大王说："大家都说得非常好，现在，希望大家都珍惜生命，感悟生命的每一次美，记住生命中的每一次快乐，不必为洒过热泪而感到懊悔，也不必为做过错事而感到惭愧，要让生命的乐章，永远悦耳动听。最后，请大家切记不要虚度生命中的每一瞬间，因为，生命只属于我们一次。"讲完后，场下竟鸦雀无声，咦！这是怎么一回事，整整过了一分钟大家才醒过来，原来，大家都被老虎大五的讲话陶醉了，整整陶醉了一分钟……

从此，这个森林里，人人都珍惜生命，他们都在努力，让生命的乐章永远悦耳，永远动听。

评：这是一篇童话故事。作者让动物们来讨论生命的意义，从中表达出自己对生命的理解，这是构思也很新颖。由"生命就是活着"谈到"人生在世，必有坎坷"，又谈到"珍惜生命，不虚度生命"，虽为童话故事，却写出了难得的深度。

结尾处虎大王的一番话充满了哲理，得反复诵读。

珍爱生命

宋涛

奥斯特洛夫斯基曾在《钢铁是怎样炼成的》一书中说过："人，最宝贵的是生命。生命对于每个人只有一次。这仅有一次生命应当怎样度过呢？每当回忆往事的时候，能够不为虚度年华而悔恨，不因碌碌无为而羞愧，在临死的时候，他能够说'我的整个生命和全部精力，都已经献给了世界最壮丽的事业——为人类解放而进行的斗争。'"尽管奥斯特洛夫斯基的一只腿已经残废，并且他双目失明，但他身残志坚，克服了常人难以想象的困难，他作了闻名世界的著作——《钢铁是怎样炼成的》。究竟是什么推动他这样做的呢？这是因为他懂得生命的意义和价值。

生命对于每个人来说，都只有一次，一但失去，就再也不会有第二次了，所以生命对于每一个人来说都是珍贵的。我国也有一位身残志坚的人物，她叫张海迪。张海迪自五岁起因病而高位截瘫，只能终生坐在轮椅上。虽然受到如此大的打击，但她毫不气馁，没有被艰难吓倒，与病魔作着不屈不挠的斗争。张海迪在病床上仍然坚持自学。据说她有一次因手术后双手不能拿书，就让人把镜子放在床边把书页翻开，从镜中看书学习。通过自学，她已经掌握了大学的全部课程和英、汉、日、法等国家的语言。后来，她开始写作，创作了《轮椅上的梦》等著作，教育青少年爱惜光阴刻苦钻研为祖国作贡献。

奥斯特洛失斯基和张海迪虽在被病魔困扰，但他们懂得生命的意义和价值。懂得怎样热爱生命，利用生命。

现在有的人不懂得生命的价值，随意将它舍弃、浪费。就拿法轮功练习者来说吧。他们听信李洪志的谣言,相信"升天""圆满""成佛"等迷信荒谬的说法,随意地舍弃、浪费生命。有的人丢掉自己的生命不算还要拉上自己的儿女也去干傻事。他们的死轻于鸿毛。而像抗日战争、抗美援朝中的舍身炸暗堡的董存瑞、烈火烧身的邱少云,用自己身体堵住敌人枪口的黄继光,宁死不屈的刘胡兰……这些人牺牲自己是为了祖国和人民的利益而献出自己宝贵的生命,是值得称颂的。这些英雄永远活在我们心中!

我们应更加珍惜生命,利用自己有限的生命去投入到无限的为人民服务中去!

评:作者远用议论文这一体裁来表达自己对生命的看法。以奥氏的那句名言起笔,用奥氏与张海迪热爱生命两例分析生命的价值,用对比的手法,批判了不珍惜生命的现象。最后得出"要珍惜生命、利用生命为人民服务"这一论点。可谓论得有理有据。语言表达也很严谨,一个初一学生能写出这样盛开的议论文,很不简单。

(此组学生作文刊登在《优秀作文选刊》全国发行。)

挑战与应答：老师行为与中学生不良行为的矫正

——湖北省教育科学"九·五"规划课题的子课题结题报告

一、问题的提出

目前，国外对学生不良行为矫正的研究有了不少成果。国内，国家教委将"儿童青少年心理卫生和心理咨询研究"列为全国教育科学"八五"规划重点课题，再加上《预防未成年人犯罪法》颁布实施已两年多了，几年来，教育工作者对中学生不良品行的成因、危害、诊断及人矫正也进行了详细的、系统的研究。但是，从国内处目前的研究现状来看，研究教师行为对中学生不良行为的矫正的促进作用，正是对中学生不良行为矫正研究的充实和补充，也正是目前学校德育所迫切需要的，也是教师自身完善的迫切需要。所谓教师行为是一个综合概念，它泛指教师在教育全过程中的各种活动。它还包括两个密不可分的部分：一是教师在教育教学过程中内在的心理活动或认识，即内隐行为，如教师对学生行为的思考以及对自身教学水平的反思；二是外显的具体活动及其结果，如教师对学生行为的评价以及对新教学方法的运用。教师行为中的内隐部分与外显部分作为一个有机的整体，在中学生不良行为的矫正过程中发挥积极作用。因此，本研究有很强的现实意义和创新性。

从教育行为学理论发展的角度来看：教育行为是人类最基本、最重要的社会行为，对人类文明和自身的发展有决定意义。当前，随着终身教育思想的确立开放性远距离教育的发展，学习行为已涉及到人生的青、中、老年期，还有信息技术对教育的影响，这一切都对教育行为研究提出了新课题，迫切需要我们尽快建立一门对教师、学生、学校管理人员的教育行为进行系统研究的教育行为学，以丰富行为科学应用领域。因此，本研究正是教育行为学理论发展的需要。

另外，二十一世纪是高科技世纪，是日趋成熟的信息社会。未来社会对人的素质要求越来越高。实施素质教育已逐渐成为人们的共识。素质教育的任务是培养高素质的学生，但要完成这一任务，首先必须有高素质的老师。因此，本研究是素质教育的需要。

从学生发展的角度来看，根据我国现行教育制度，中学生包括年龄从十二、三岁到十八、九岁的初中和高中学生,尤其是初中阶段是学生世界观、人生观形成的重要时期,也是心理素质发展极为重要的阶段。中学生尤其是初中生身心发展极为迅速,可塑性大,同时又表现出极大的不平衡。许多中学生正是这一阶段未能正确处理好自己的身心发展与社会、家庭和学校教育之间的关系,从而引发了不同程度,不同性质的心理问题,埋下了品德不良的祸根。每一个教师能否洞悉中学阶段中学生品德不良的根源,抓住时机,给予有针对性的引导、矫正和教育,将直接影响学生今后的发展。因此,本研究是在以学生终身发展为本的理念指导下进行的,具有重要的实践意义的。

启黄初中是一所民办初中,学生自费自愿报名上学,学校一般不统一考试招生,所以,该校学生的生源状况复杂。笔者近几年来,研究了40名个案,根据调查的资料表明,该校初中生至少有5%-6%的中学生存在着不同程度的品德不良。

为此,中学生尤其是初中生的不良行为的矫正问题要引起重视,早发现,早矫正,使其适应学习和社会生活。中学生不良行为的矫正是各位教师要面对的问题。因此本研究是学校创新发展的需要,是具有现实意义的。

二、实验的步骤

1.1999年9月1日-2000年元月30日,为学习《心理素质教育》、《品行障碍矫正》、《教育行为学》等心理学和教育学理论阶段,制定"教师行为与中学生不良行为矫正"的个案研究实施方案,调查、测验、分析、整理有关资料阶段。

2.2000年3月1日-2001年7月30日,研究学生品行不良的情况,制定教师行为措施,实施教师行为对学生不良行为矫正的促进作用的实验研究,主要以下案研究为主。

3.2001年8月-2001年12月31日,实验总结阶段,理念概括,写出实验报告。

三、具体研究内容

(一)中学生不良行为矫正过程中的教师行为的个案简析

典型个案1:某男生,何××,初一年级学生,聪明好动,在小学阶段就养成了小偷小摸的习惯,到了初中还不到两个月,就从车库中偷了一辆自行车,并把自行车转藏在同班的一名男生家里。事情发生后,班主任老师立即对该生进行心理分析:

(1)这位学生的偷窃行为与哪些心理因素有关呢?

一是学生的偷窃行为与他的错误认识有关。品德不良的中学生，在认识特征上的主要缺陷是自我中心突出，十分自私自利。

二是这位学生的偷窃行为与不良情绪、情感联系在一起。行窃的中学生，往往缺乏正义感，他们得意地把自己的享乐建立在他人的痛苦之上，或者是根本就想不到他人受到的损害，情绪、情感的低级庸俗，不稳定和冲动性与他们的错误性认识是一致的。

三是这位学生的偷窃动机，较普遍的一种是物质动机，想骑自行车就偷自行车，想弄零花钱就偷钱等，这往往是道德观念的堕落，促使了自我控制能力的缺乏，于是就走上了偷窃的道路！另外，好奇心则是偷窃学生产生偷窃行为的又一种动机，这就使得偷窃的学生的偷窃行为带上游戏的色彩。

四是这位学生的偷窃行为具有感染性，易在模仿、暗示的作用下发生偷窃行为。心理学的研究表明，模仿是人类行为的一个重要特点。心理学理论把暗示看作是在非对抗态度的条件下，用含蓄、间接的方法对人的心理和行为产生影响，表现为使人接受一定的意见，按一定的方式去行动。所以往往在首偷窃行为而又制止不力的环境和气氛中，会产生连锁反应，有时会一个感染一个，所以千万要防止出现这种危险倾向。因此，典型案例1中的事情若不制止，就会产生不良的影响。

(2)班主任采取下列教育策略：

①价值教育就是通过价值辨别的方法，使有偷窃行为的中学生改变认识上的错误，能深刻认识偷窃行为的危害性。班主任老师帮助学生分析偷窃行为是损人利己、极端自私的价值观的表现。让学生读一些有价值的作品如《青少年的品德修养》和看一些有教育意义的电影《孔繁森》、《抉择》使他真正明白偷窃行为的价值观到底是正确的还是错误的？是美的还丑的？是积极的还是消极的？班主任老师这样做的目的在于促使他们学会正确的评价，学会以正确的价值观来指导行为的选择，懂得错误的行为选择将要付出的代价。应该看到，价值教育是矫正错误的价值观的一种有效方法，釜底抽薪，从转变错误的认识着手，这是一种根本性的矫正措施。

②法制教育：班主任老师利用法制教育的两种途径来教育有偷窃行为的中学生：一是针对学生偷窃行为从法制的角度进行分析，提高有偷窃行为的学生们的法律意识。二是让有偷窃行为的学生参加法制讲座，通过法制教育加强他们的守法意识，同时使其明白法律的威慑力，让他们用法律来约束自己，

这是教育矫正的又一良方。

③奖惩并用：心理学指出，对某种行为直接予以奖励或惩罚是行为矫正的一种方式。当有偷窃行为的学生在一定时期内不发生偷窃行为时，就应予以精神上和物质上的奖励，这就是正面强化法，鼓励他继续保持不发生偷窃行为状态。另一种情况是，当他在一定时期内又发生了偷窃行为，则应予以精神上的谴责、物质和活动方面的限制，目的在于抑制偷窃行为发生。班主任老师采取奖惩并用的方法来矫正中学生的偷窃行为，治疗有效果。

④树立榜样：所谓树立榜样，就是通过榜样的作用来矫正青少年偷窃行为，这同样是一种重要的方法。榜样具有形象性和感染性的特点。班主任老师首先以身示范，用自己的人格力量来感染有偷窃行为的学生，再用自己的模范行为去影响有偷窃行为的学生，以达到矫正中学生不良行为的目的。前苏联教育家加里宁说："学生处处模仿老师，老师的世界观。品行和生活，对每一个事物的态度，都这样或那样的影响着全体学生……，如果教师很有威信，那么，教师的影响就会在某些学生身上永远留下痕迹。"其次是把其他优秀学生的拾金不昧、拒绝财物的诱惑等实例，用来对有偷窃行为的中学生进行教育。甚至可以让他们去直接与学习榜样(优秀学生)接触和交谈，在比较中感到偷窃行为的卑劣、丑恶，同时为自己的过错而感到羞惭。痛恨偷窃行为是改正错误的开始，向往示范榜样的高大形象则是追求进步的起点。第三，给有偷窃行为的学生设置教育情境，如把有偷窃行为的学生放入班风学风优秀的班集体去体验生活。使他们受到同龄人的各种优秀品质的影响，促进偷窃行为的矫正。

这位班主任面对品行不良的学生所实施的教师行为是积极的，他在矫正中学生不良品行时，既有对学生的心理分析，又实施了教育矫正的策略，还针对性地开展了矫正中学生不良品行的相关活动。在班主任老师的教育下，这位学生走上了健康发展的道路。

典型个案2：某男生初二年级的学生，学习成绩一般。初一时，不良品行严重，常常攻击弱小的同学。该班班主任老师：首先，建立个人档案。其内容有：学生个人和家庭基本情况，该生已有的不良品行的表现，入中学以来攻击性行为的频率、攻击对方程度的记录及简要分析，家访记录及分析，各科教师的反映及分析，班主任老师针对性情况分析教育措施等记录。其次，进行心理分析，中学生攻击行为是心理科学经常研究的一个问题。概括起来，可以从下列几个方面来看待这位学生产生攻击行为的原因。

第一，这位学生的认知结构中缺乏道德观念和法制观念，造成他的认识有片面性，他认为使用暴力对自己有利。

第二，受家长的攻击性行为影响。这位孩子的父亲教育方式不当，常常用暴力手段来处罚犯错误的孩子，这样，就促使孩子性格粗鲁、情绪压抑，并且产生报复的心理，而这种心理又无法在父母身上发泄，于是就产生了对弱小同学的攻击行为。

第三，这位学生还受影视片中的暴力内容的影响。他自己说："电影和电视镜头中的格斗场面，常常让我兴奋，于是，我就模仿。"

最后，班主任老师制订矫正策略：

第一，抓好起始教育和系列主题班会的教育。

起始教育对中学生来说至关重要。老师在学生入校之初施教，对有攻击性行为的学生严格要求，从严管理。勤观察，勤谈话，勤矫正，培养学生良好的学习、生活习惯和好的品质。并且利用好每周三的班会时间，针对学生的攻击性行为的问题开展形式多样的主题班会，如《学习中学生行为规范，做合格中学生》《学会学习，学会生存》《研究学生品行，共商教育策略》等。这些形式多样的班会，融思想性、知识性、趣味性为一体，有效地帮助中学生克服不良品行。

第二，情感教育。

对学生的攻击性行为的矫正过程，是师生双方活动以及情感交流的过程，教师一旦对学生产生热爱感和期待感，就会潜移默化地给学生良好的情感鼓励。引导学生积极向上，加深学生对教师的依赖。这样，就会达到消除学生的疑惧心理和对立情感的目的。

第三，创设心理发泄情境。

由于学生的攻击性动机带有明显的情绪色彩，有攻击性行为的学生时常被愤怒、敌意、不满和嫉妒等消极情绪引发攻击性行为，而这种攻击性行为的发泄是无规律的，所以，班主任老师就建立"心理发泄室"，"发泄室"里挂着一个15公斤重的沙包。让这些有攻击性行为的学生想发泄时，就到"心理发泄室"里去发泄。班主任老师还创设了两种矫正情境：一是"爬楼梯"情境，让有攻击性行为的学生想发泄时，就与其他学生一起，从一楼爬楼梯到顶层，又从顶层跑至一楼；二是"搬砖头"情境，请有攻击性行为的学生家长带上自己的孩子到建筑工地去搬运砖头。在这些情境中，有攻击性行为的学生的消极情绪能够得到消除，学生攻击性行为也能够逐渐得到矫正。

　　班主任老师是在科学分析的基础上，创造性地开展对学生不良品行的矫正工作，取得了一定的教育效果。

　　典型个案3：事情发生在2000年12月的一天，一个眉目清秀的女学生A，早读时间把一封信交给同桌，起身往外走。同桌连忙打开信，只见信上写道："好友，再见。我要永远离开你了。"同桌看完信，马上跑出教室，拉住女生A，找人叫来了班主任老师。老师对此马上进行调查研究。经过了解，才知道：A的父母亲离婚时，A是属父亲抚养，父亲近期到深圳去做事了，家里只有她孤身一人，造成她精神紧张，感到自己是多余的人，生不如死，最终导致了想自杀的念头。

　　老师根据这种情况，就用以下策略来矫正学生A的错误心理：

　　第一，立即打电话通知A的父亲从深圳到学校来商议对策，强烈要求家长关心孩子的身心健康，注意与孩子的感情交流。

　　第二，为了给女生A一个温暖的家的环境，老师把A接到自己家里住，用母爱去关心她、去体贴她。

　　第三，做好班上同学的工作，让班上的同学来关心她，为她改善学校的生活环境。

　　第四，老师注意观察女生A的情绪变化，及时发现情况，及时疏导教育。

　　第五，老师给她信任，让她在班上担任政治课的课代表，并鼓励她在加强各科学习的同时，尤其要加强政治学习，保持清醒的头脑，提高认识水平。

　　在老师的教育治疗下，经过各方面的配合和关心，这位女学生不但情绪逐渐稳定，学习成绩有了一定提高，而且能积极关心班级集体，迫切要求进步。不久后，她被评为"三好学生"。

　　这位班主任老师不但充满着对学生的爱，而且十分懂得青少年心理特征和规律。在老师成功的帮助下，一位企图自杀的女学生重燃生活的希望。光亮透进了她的心灵，女孩开始确立了生活目标。她又重新在生活的道路上前进。从中我们不难看到规范的教师行为对中学生心理健康所起到的积极作用。

　　典型个案4：张某，初三女生，染上了玩游戏机的毛病。经常上课无精打采，作业潦草，有时干脆不做。该班班主任老师发现后，立即采取矫正措施：

　　一是通知家长，临近中考，要严加看管；二是班上的同学加强盯梢；三是在学校里不准出门。这样过了半个月，这个女生就干脆离家出走了。

　　这位班主任老师教育行为是不正确的。实质上，这位班主任没有尊重学生的人格，采取的教育行为是学生所接受不了的，因此，这种教育行为对于矫正中学生不良行为来说是消极的。

(二)从典型个案中引出的思考

思考一：学生不良行为的归因分析：

1.学生品行不良的归因分析：

前苏联教育心理研究所所长达维多夫的研究结论指出，II——12岁是儿童产生急剧心理变化的年龄，这个年龄称为"危险年龄"，儿童心理发展存在着许多困难与不平衡。在某校40名个案研究中发现，中学生中常见的不良品行分布状况是，诸如逃学3人，所占比例7.5%；吸烟10人，所占比例25%；打架斗殴12人，所占比例30%；偷窃5人，所占比例12.5%；玩游戏机8人，所占比例20%；说谎2人，所占比例5%。请看下表：

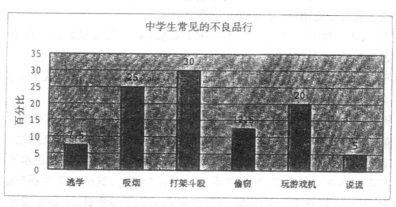

这些中学生不良品行的产生固然与社会环境、家庭教育的负面影响密切相关，但学校教育难辞其咎。每一个教育工作者都必须洞悉中学生品行不良的根源，从而提高育人的针对性与有效性。美国心理学家艾瑞克逊的心理社会发展理论针对青年期个体心理问题的精辟分析，可以为我们掌握中学生心理发展规律并引导其品行良性发展提供理论依托和帮助。

(1)角色混乱是中学生品行不良的内在根源

角色混乱现象是中学生方向的迷失。学生个体的所作所为与自己应有的角色不相符。

在埃里克森的"心理社会期"理论中，将人生全程分为八个时期或八个阶段。每一阶段都由一对冲突或两班对立构成，形成一种危机。人的健康发展就是要积极地解决这一系列的危机。这八个阶段是婴儿期 0～1.5 岁、童年期 1.5～4 岁、学前期 4～6 岁、学龄前 6～12 岁、青春期 12～18 岁、成年早期 18～30 岁、壮年期 30～65 岁、老年期大于 65 岁。其中青春期的心理危机是自我统合与角色混乱的矛盾对立。对人生八个阶段的分期解释，埃里克森有两个独到的见解：第一，任一时期的身心发展，其顺利与否，均与前一(或前各)时期的发展有关，前一(或前各)时期发展顺利者，将发挥良好的基础作用，有助于后期的发展。

第二，将人生的每一时期，均视为一个"危机与转机"的关键。即指人生的每一时期，各有其特定的问题或困难。在困难未解决之前，心理危机将持续存在；困难解决，危机化解，危机变为转机，就会顺利发展。因此，在他看来，危机是因发展而产生的正常现象，故而又称"发展危机"。有些人之所以行为异常，是由于发展危机不能适时化解。相继累积，结果阻碍甚至丧失了个人的适应能力所致。

埃里克森特别重视的是青年期个体的心理发展。他认为，虽然在人生八个阶段中，每段的生活都可能形成个人心理危机，在人生全程中，每段都可视为一个关键，但青春期则是关键中的关键，这是因为现代青年的青春期较之本世纪之初的 13-18 岁，年龄上下限均有改变，应为 11-21 岁之间。今天的青年人，身体早熟而心理晚熟，身心发展失衡，随着个人主观认知能力的提升，教育内容与要求的改变，父母期望的提高，学习竞争压力的增加，个体的心理困惑越来越多。而此时青年的认知与判断能力尚待进一步发展与提高，因而心理危机严重。

根据青年期青年的身心特点，埃里克森提出了"自我统合"的命题，所谓自我统合是一种个人自我一致的心理感受，即个人在对自身的身体条件、过去经历的成败、家庭背景与期望、个人兴趣与爱好、未来发展目标与方向等的全面思考的基础上，得出的自我的关于现实与未来的协调一致的感受。自我统合乃是青年人自我了解与自我追寻的必经历程。然而，对于缺乏生活经验、判断能力不足的青年人来说，自我统合绝非易事。因而在青年期内，不同的人会有不同的结合状态.都会经历统合危机。其统合危机不能被化解，个体就会出现角色混乱现象，即个人的方向迷失，所作所为与自己应有的角色不相符合。最后演变的结果，可能变为退缩，可能因此堕落，也可能在适应困境时学到某些不当的东西，染上不良习气，导致品行不良。

不难看出,青年期个体自我统合危机的化解,虽离不开个体的自我心理调适,客观地评价自我并合理规划自我发展目标。但做好自我统合,更离不开社会、家庭与学校教育的积极影响和正确引导。处于青年期的中学生,非常需要社会和家庭为他们化解统合危机创造良好的外部氛围和条件,渴望得到学校老师在个人定位、自我评价、寻找理想与现实平衡等方面的指引,老师的帮助对于他们尤为重要。不幸的是,正是由于社会、家庭环境的负面影响以及学校教育的某些误区,强化了他们的统合危机,加剧了部分中学生的角色混乱,并最终酿下了不良行为的恶果。

(2)加剧中学生角色混乱的外在诱因

处于青年期自我统合危机中的中学生,非常容易受外部因素的影响,加剧其角色混乱的外在诱因主要有以下三个方面:

①畸形的家庭环境与不当的教育方法:父母是孩子人生发展的"启蒙老师",是孩子的抚养者和监护人,理应为孩子成长创造良好的家庭氛围,并做好孩子早期家庭教育和学校教育的后盾。但少数家长因自身受教育程度低,素质低下,行为不良,举止不雅,作风不正,给孩子直接树立了坏榜样。同时,由于父母未能很好地处理家庭关系,造成家庭内部关系紧张或家庭离散,使孩子稚嫩心灵无法体验家庭的温暖,无法得到父母的关怀和调教。加之部分家长对子女教育方法失当,要么平时不闻不问,出问题则训斥打骂,棍棒相加;要么抱"望子成龙,望女成凤"的心态,对孩子的学习求全责备,对孩子生活大包大揽……这一切都加剧了孩子的心理失衡,无法形成自身对人生、对自我正确性而客观的认识,为不良品行的滋生提供了滋生温床。

②消极的社会影响。中学生因社会阅历和判断能力的欠缺,社会上存在的诸多消极因素对他们形成正确的人生观、世界观的不利影响是显而易见的,不仅市场经济衍生的逐利思想、金钱至上观念和享乐心态会冲击中学生的正常心理调适,加重心理困惑,且社会生活环境和文化氛围的不健康腐蚀和毒害妨害着青少年学生的健康成长。散布色情、盗窃、抢劫、凶杀、恐怖的录像、书刊时有出现,带有色情、赌博色彩的舞厅、电子游戏厅、台球室等屡禁不止,这些都极易诱发中学生的"盲从"心理,留下不良行为的隐患。

③教师不规范行为的影响

第一,教师的消极行为。教师的消极行为主要由非健康或者亚健康的精神状态引发而来。有的教师对生活缺乏热情;对党与国家缺少信心;思想认识激进、偏激甚至消极；个人理想及社会理想模糊；理想色彩及完美色彩浓重。反映在教育教学中，对学校的制度、活动缺乏正确的认识，执行上打折扣，或者应付、拖拉之嫌。具体表现为懒散、被动、效率低等。客观上，对学生不良品行的矫正，起着潜移默化的消极影响，不利于学生不良品行的矫正。

第二，教师的不道德行为。首先表现在对学生思想的侵犯方面，即教师在教育教学中的"自由主义"和"新自由主义"行为，使讲台成为阐述个人世界观、人生观、价值观的舞台，课堂成为个人思想出售的市场。个别教师利用学生的不成熟心理，传播异化理论甚至歪理邪说，以满足学生好奇、猎奇心理。这种教师行为，对学生的冲击和压力大，与学生的不良品行的矫正是对立的，学生会无所适从。其次表现在对学生的精神上的压迫方面。部分教师出于维护集体荣誉，完善个人形象等"良好"的动机，强迫学生按照他的思维去做。如利用学生的心理与学生进行非正常、甚至不正当交往及情感交流；强迫学生做不愿意做的事，甚至做不道德和违法的事情。这种不道德的行为又怎么能去矫正学生的不良品行呢？

第三，教师的侵权行为。多数教师的侵权行为实际上是违法的。由于社会、家庭以及教师本人对教育法、教师法等认识不足，教育法、教师法及未成年人保护法等尚需进一步完善等原因，教师的违法行为在一定范围内存在。具体体现在如下方面：有的教师侵犯学生的受教育权，如随意占用学生上课时间，要求或者变相要求有问题或成绩差的学生退学，因迟到或未完成作业，甚至家长未在作业本上签字而不许学生听课等。

有的教师侵犯学生的人格尊严。有的教师因学生有缺点、或犯了错，乃至成绩未考好，就蓄意的侮辱、责骂学生等。有的教师发生直接责打学生，代行体罚或自罚，罚打扫卫生、罚做体育动作、罚冻、罚值日、罚超星做作业等，侵犯学生的健康权的行为。有的教师随意地侵犯学生的人身自由权：无故拖堂，限制学生正常的活动，非法搜查等。有的教师侵犯学生的隐私权：如隐匿、毁弃或私自拆看学生信件、随意公开学生家庭隐私及成绩排行等；有的教师侵犯学生的财产权：搅坏学生财物，乱罚款，乱收费或变相收费，变相向学生索礼索物等。

教师的不规范行为严重危害了学生的身心健康，残害了教育的本质精神。教师的违法行为也是造成学生流失，是软性流失的重要原因之一。因此，教师的不规范行为是异化的学校教育，不仅起不到矫正学生的不良品行的作用，反而会加剧学生的不良品行的形成和发展。那么，在学生的行为矫正过程中就会产生负效应。如典型个案4。

思考二，教师的规范行为在矫正学生不良品行过程中的促进作用。

1.教师的教育期待在矫正学生不良品行过程中的内驱作用。

教师对学生的期待，是指教师对学生行为结果的某种预期性认识。教师对学生的期待包含两方面的内容：一是对学习潜力的推测；二是对品德发展的推测。在教育实践中，教师对学生抱何种性质的期持，会有意无意地以相应的态度和方式对学生施加影响，在学生身上产生不同的教育效果。教师对学生抱有积极的期待，则在一段时间后学生确如老师所期望的那样进步了；教师对学生抱不良的消极期待，则学生的学业成绩和品行会逐渐变差。这在心理学上被称为"期待效应"。这也就是美国心理学家罗森塔尔和雅可柏生在经过大量实验研究之后提出的"皮格马利翁效应"。为什么会出现这种期待效应呢？这是因为，倘若教师对学生始终抱着一种积极的期待，这种期待的情感是不易掩饰的，往往情动于表面溢于外，人们又总是把期待和爱倾注在最有希望的目标上。因此，教师总是很容易发现这些学生的优点和长处，经常给予一些及时的赞扬。而学生们可以从教师的眼神、微笑、和蔼的语气和鼓励的目光中得到暗示，感受到教师的期待，便会得到激励，增强了上进心和自尊心。于是他们便会以积极的心态投入学习，自觉地规范自己的行为作为回报。学生的这些反应被老师意识到，老师则愈加关心这些学生。这样，在师生相互影响的过程中，教师寄以期待的学生便不断进步，产生了教师期待的正效应。相反，教师认为希望不大的学生便日渐退步，并产生了教师期待的负效应。可见，教师的积极期待是一种重要的教育力量。如下图所示：

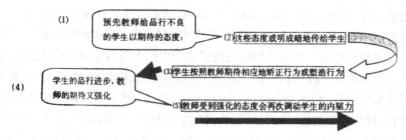

从图中可看出：教育期望产生于师生互动过程中。，教师根据自己对学生的品行、学习行为、人格特征等和人际交往中的表现的了解，形成对某个学生的期望.然后，这些期望会在教师的教育、教学行为中表现出来；学生接受了教

师行为中所暗含的期望,在这种期望的影响下认识自我、评价自我,并根据期望的方向表现出相应行为。在这互动过程中,教师不断地按自己的期望去影响学生,而学生会逐步向着教师期望的方向发展。因此,教师在矫正学生的不良行为的过程中,不知不觉地表现出自己的期望,来调动学生的内驱力。

2.教师实施挫折教育,增强学生不良品行矫正的信心和决心

任何一个人的成长道路上都会遇到各种各样的困难和挫折,挫折感是一种普遍存在的心理现象。处于青年期的中学生,无论在生活还是在学习、情感等方面都会遇到许多挫折与打击。能否正确对待和处理这些挫折是中学生成熟与否的重要标志,也是他们能否顺利化解自我统合危机的关键之一。教师可以通过实施挫折教育,培养学生的挫折意识和正确处理挫折的能力,从而使学生能坦然面对来自现实的各种挫折。所谓挫折教育,就内容而言,包括三个方面:一是挫折存在性教育,教育学生懂得挫折存在的客观性,在心理上做好准备;二是自我认识教育。教育学生正确认识自己,对自己的能力、社会角色以及自己同周围事物的关系等,要有正确的认识,减少自己由于认识上的偏差而带来的挫折;三是驾驭挫折方法的教育,教育学生要自己独立解决问题,克服依赖性,增强独立性,使学生的抗挫能力提高。关键还是在学生主体本身,教师或家长包办不了,也代替不了。挫折教育虽然也需要家庭、社会的多方配合,但教师的作用不容低估,因为有心的教师随时都可以根据教学实际,创设挫折环境,实施挫折教育。例如有计划地设置一些适度高于学生心理承受能力的"难题"和"障碍",有意识地磨炼和提高学生承受和征服挫折的能力,鼓励学生设法排除"障碍",如"爬楼梯""搬砖头""长跑拉练"等。又如考试失败对学生而言是一种挫折,但可以帮助学生找出失败原因,改进学习方法。对于行为不良的学生,他们会通过挫折教育找到改正缺点的勇气和信心。

3.教师是培养学生自我教育能力的"设计师"

自我教育是受教育者为了形成良好的思想品德或使自己得到进一步发展和提高而自觉进行的思想转化和行为控制的活动。它在人的良好思想品德和行为形成和发展过程中起着重要作用。在各级各类教育活动,培养学生的自我教育能力、引导学生开展自我教育,是育人尤其是进行道德教育的重要途径。自我教育目标的真正实现离不开教师的精心设计和指导。对于品行不良的学生而言,他们的品行转化更需教师在课堂教学、实践活动课的安排与规划上独具匠心。如语文课的教学中,一个优秀的教师善于充分挖掘和利用教材中的

情感因素。通过生动精辟的阐发，使学生的情感产生波动。当他们对其中的道德榜样产生好感并认同时，道德原则和要求便触发了学生的情绪和情感。他们会从内心渴望模仿道德榜样，进行自我激励，达到自我教育的目的。同时，优秀的教师还善于设置一系列存在两难选择的道德情景，引导学生从各自的立场出发，发表自己的看法，并组织学生展开辩论，启发学生独立思考。在这个过程中，教师的适时点拨将使学生在道德认知、道德判断能力提高的同时，情感得以升华。这本身即是一种自我教育过程。

4. 教师遵循品行转化规律，循序渐进进行教育

品行不良的学生朝着良好的方向转化一般都要经历醒悟、转变、反复和巩固的过程。所谓醒悟，就是有过错的学生意识到继续发展下去的危险性，在思想上开始有了改正错误的愿望，这时教师要掌握好这种心理并及时给予鼓励并为其指明方向。所谓转变，就是品行不良的学生在行动上有了改正错误的表现。教师要抓住从醒悟到转变这个关键时机，进行深入细致的思想教育，对他们的微小进步也要不断给予肯定、表扬和鼓励，强化他们不断进步的决心和信心。所谓反复是对学生转变后重犯错误而言，品行不良的学生在转化的过程中不可能直线上升。积极因素战胜消极因素在心理上有一个矛盾转化的过程，出现反复是一种正常的现象，此时，教师绝不能对学生失去信心，应一如既往地支持他、鼓励他，细致分析反复的原因，并对症下药，做好引导工作。当学生行为不再出现反复和动摇，就进入了巩固阶段。经过持久的巩固才能进入稳定期，此时，学生的不良品行就基本上得到了矫正。因此，教师掌握教育科学理论，懂得教育规律是矫正中学生不良品行要达到良好的教育效果所必须。

5. 教师是使学校教育、家庭教育和社会教育紧密配合的直接实施者

前文已经指出，品行不良的中学生之所以未能及时化解自我统合危机并造成角色混乱，社会环境和家庭教育的负面影响是不容忽视的。只有把学校教育、家庭教育和社会教育紧密结合起来，在学校教育发挥育人"主阵地"作用的同时。家庭教育和社会教育协同作战，才能收到最佳育人效果。要做到这一点。离不开广大教师积极热情的参与。学校教师能够根据学生实际情况，做好与学生家长的沟通，及时掌握学生心理状态，做好心理咨询和指导，化解学生的心理困惑；从实际出发，通过办好"家长学校"的形式，增强家庭教育与学校教育合作的有效性。另外，针对社会环境的消极影响，教师还能够通过组织学生参加社区义务活动和公益劳动，参观爱国主义教育基地，了解真实的社会生活,在献爱心活动中感受爱的温暖。在缅怀伟大的先烈中获得情感的陶冶。当然,教师也可以根据实际需要,加强与公检法系统的合作,使学生们增强法律意识,增加法律知识,树立守法观念。这也可以在一定程度上纠正部分同学心中存在的错误观念,使他们在警醒的同时,确立正确的人生目标,在发展道路上做出正确的选择。

思考三:矫正学生的不良品行对当代教师的行为要求

要矫正学生的不良品行,离不开教师对教育教学工作的全身心投入,这需要广大教师在通晓教育教学基本理论、技能的同时,熟悉学生的心理发展脉络,把握影响其心理变化的因素,做好有针对性的启发与引导。我们认为,要切实有效地做好学生的品行转化,当代中学教师除了具备必需的教育学、心理学方面的知识技能外,还必须做到以下几点:

1.具备良好的职业道德,真正热爱学生

教师的职业道德是教师在从事教育工作中应遵守的道德规范,我校的教师职业道德规范是:依法执教、爱岗敬业、热爱学生、严谨治学、团结协作、尊重家长、廉洁从教、为人师表。这是社会对教师工作的道德要求。它包括作为一个人民教师应具备的生活目标、道德理想、道德标准和道德情操。它包括热爱教育事业,富有献身精神;热爱学生,诲人不倦;严于律己,为人师表……要矫正学生的不良品行,教师尤其要真正热爱学生,特别是要理智地去爱那些品行不良的学生。唯有如此,才可能做好引导和矫正工作。课堂提问、批改作业、工作安排等都一视同仁,总是尽自己最大的努力使所有学生避免有害健康和不安全的情况。不会故意造谣和中伤学生,特别是不会拿刺耳的话语来挖苦、讽刺"差生",即使在万不得已的情况下也不会公开学生个人的隐私。总有办法维持良好的课堂秩序,能有效控制并纠正课堂出现的混乱状态。愿意听取学生及其家长或监护人对于教师教学、管理、行使职权等的意见。在学生有意或无意地冲撞、伤害自己时,能理智地对待,冷静地分析,正确性地解决,不会轻易地发大火,乱骂人。前苏联教育家苏霍姆林斯基曾对广大教师发出真诚的呼吁:"相信孩子,用心去爱孩子。"上海市长徐匡迪指出,爱学生就要了解学生,爱学生就要公平对待学生,爱学生就要尊重学生的人格和创造精神。因此,教师要相信每一个学生,相信每一个学生都可以教育好,都能成为好人。教师任何时候都不要急于做出最后的、绝对的结论,任何时候都不要对学生失去信心。与此同时,教师尊重每一个学生,自觉地维护他们的尊严。必须使学生感受到老师对他们发自内心的关心和爱护,这是一切育人工作成功的起点,也是中学生不良行为矫正所必须要的。

2.树立现代教育观念,规范教育教学行为

教育理念是用来指导教师的教育教学行为的。美国纽约道尔顿学校的校长理查德·布卢姆索说,教师表现方式的不同,主要是反映在教育理念或观念上的差异。教师在矫正学生不良品行时,应该在先进的、科学的教育理念的指导下进行。

首先,应树立以学生的终身发展为本的理念。华东师范大学第二附属中学校长何晓文说,以学生发展为本,就是在教育活动中,必须以学生的身心发展特点和成长规律为出发点,采取有效的方式或手段,把沉睡在每个学生身上的潜能唤醒起来,激活起来;不但要重视学生科学知识的教导,而且更要加强学生综合素质的培养,使其具有丰富的精神世界和高尚的道德情操;要重在激发学生对某个学科或某个领域的学习、研究兴趣,而不是单纯地向学生传授现成的书本知识。

英国的席勒提出了"以人为本"的心理基础,他在《人本主义研究》中提出"后果的价值是人本主义的检验标准",这种"标准"以人与人之间的合作与帮助所取得的成就为准绳来衡量价值。同时,"只有在行动以及帮助行动的种种需要的感情和知觉的平面上,才能导致我们过一种共同的生活,并且能够在所有的重要目的上互相合作"(《人本主义的研究》英.席勒)。席勒在这里强调了"互相合作"的"感情""知觉"的前提,这不正是我们对学生不良品行矫正中"以人为本"的心理基础吗?试想,一个不与自己的矫正对象沟通情感,通力合作的老师,不管他的知识资源多么丰足,不管他多么渴求自己的学生人人成才,势孤力单地从单方面去努力,恐怕结果的价值会远远低于他的期望值。因此,当代的教师,必须树立"以学生的终身发展为本"的观念,用先进的,科学的教育教学理念来指导教育教学实践,规范我们的教师行为。从中学汪立丰校长在七届一次教代会上的工作报告《以人为本,科研兴校,扩大规模,创新发展;为实现学校新世纪的宏伟目标而团结奋斗》中说:"我们必须深入贯彻以人为本的思想,一切为学生着想,为学生的终身发展着想;……"因此,在对学生的不良品行矫正时,要把视角放在学生终身发展的培养上,除了教会他们求知,教会他们学习之外,还应教会他们生存,教会他们正确面对挫折,教会他们进行心理调节,使我们的学生能够健康地成长。

其次,树立学生主体的观念。北京大学附属中学校长赵钰琳特别强调,尊重学生的主体性,教师在思想意识上必须强化一种认识:我们要选择、创造适合学生的教育,而不是去选择适合你的教育的学生。

湖北省高中《课堂教学改革论点集萃》中说:"全面发展是个性发展的基础,个性发展是全面发展的核心。全面发展寓于个性发展,没有个性发展就没有全面发展。全面发展基础上的个性发展才是社会需要的"。

因此,我们老师要研究学生,尤其是要关注那些品行不良的学生,针对学生的不同情况,创造出适合这些学生的教育方法,实施恰当的矫正教育行为。

第三,树立师生平等、民主的观念。教育民主化观念是教师人格特征的重要内容。因此,我们要做到:"严肃中渗着笑语,但不完全是玩笑;对人温柔可亲,但不甜得腻人;为人认真负责,但不吹毛求疵;做人善良仁慈,但不软弱无能。"师生一旦形成和谐、民主的关系,那么,教师对学生不良品行的矫正就可能通畅无阻。

3.拓宽知识结构,适应新的需要

二十一世纪社会发生了巨大变化,以人为本的教育观念取代了以知识为本的教育观。教师的任务,除了完成各学科知识的传授外,现代教育要完成培养适应现代化社会发展的人的任务,这就需要教师有相应的知识结构:专业理论知识及相关的人文科学知识,自然科学知识、教育基本理论、教学法等知识。如对中学生不良品行的矫正就需要教师不仅掌握学科知识,还需要教师掌握教育学、心理学,心理素质教育,教育行为学,挫折教育和少量的医学知识等。教师只有通过自己的学习和实践不断调整,拓宽自己的知识面,完善自己的知识结构,使自己能够适应新的教育教学形势的需要。

4.具备多种能力,提高矫正中学生不良品行的效率

当代教师的能力结构包括:设计操作能力、观察能力、发现能力、预见能力、分析问题能力、解决问题的能力、组织管理能力、课堂教学能力、语言表达能力、控制能力、领导能力、书写能力、教研能力、运用现代化手段的能力、开拓创新能力。教师的能力强,解决同题的办法就多,解决中学生不良品行矫正的问题效率就高。因此,每位教师要加强自我能力的培养,来适应明天的教育。

四、研究结论

(一)促进教师转变观念,重视对中学生不良品行的矫正。

通过实验,教师们认识到其教育教学行为在学生不良品行矫正过程中的作用,认识到心理素质在素质教育中占有很重要的地位,改变单凭分数片面评价学生的发展,形成了"以学生的发展为本,不求人人升学,但求人人成才"的正确教育观念。教师们普遍重视了对中学生不良品行的矫正,在矫正过程中,能自觉地发挥教师行为的积极作用,为学校的教育教学质量的提高创造了有利的条件。

(二)有效地探索教师行为在中学生不良品行矫正中的作用的途径、方法,实验证明以下四个"结合"是切实可行的。

1.教师行为的个案研究与学生不良品行的矫正相结合。

2.教师行为的实践与现代教育理论的学习相结合。

3.规范的教师行为的运用与日常的教育教学相结合。

4.自我教育、学校教育、家庭教育和社会教育相结合。

(三)初步写成的关于《中学生不良品行的矫正与教师行为》的论文如下:

《论体育教学中的道德素质教育》刊用于《黄冈师范学院学报》2000年第六期。

《嫉妒心理的调整》刊用于《黄州晚报》2001年9月。

《怎样面对挫折》刊用于《黄州晚报》2001年11月。

《规范在我心中》主题班会设计刊用在启黄中学政教处主办的《班主任工作》杂志,2000年12月。

《班主任如何实施挫折教育》学校班主任工作会议经验交流发言稿,2001年12月。

《教师行为与中学生不良品行的矫正》结题报告。

(四)通过发挥教师行为在中学生不良品行的矫正中所起的积极作用所采取的相应对策,对中学生不良品行的矫正取得了较好的效果:

教师行为在中学生不良品行的矫正中对学生个人学科成绩发展的影响

姓名	学科	入校考试	期中考试	期末考试	进位情况					
					入 校		期 中		期 末	
					班名	年级名	班名	年级名	班名	年级名
熊××	语文	67	89.5	102	41	194	10	43	9	37
	教学	64	116	106						
	英语	未考	117.5	115						
黄××	语文	56.5	75	83.5	64	309	43	215	42	214
	教学	34	97	89						
	英语	未考	104.5	110.5						
阮××	语文	63.5	80.5	87.5	43	215	28	138	21	101
	教学	64	116	117						
	英语	未考	108.5	105.5						

从表中可以看出,实验班中的几位品行不良的学生,入校以来,学生在学科学习上取得明显的进步,进位很快!这说明教师的教育教学行为在中学生不良品行的矫正中,在素质教育的理念下,注重以学生为本,用正确的学生观来对待每一位学生,因此,教师的科学、规范的教育教学行为,对促进学生的道德意识、智能、人格等方面的发展效果是明显的。

五、继续讨论

(一)对"教师行为在中学生不良品行的矫正的作用"的理解

"教师行为"概念在文中已提到,本文详细阐述的是,在中学生不良品行的矫正过程中,教师规范的,科学的教育教学行为所起到的积极作用;至于教师当中所存在的不规范的行为,如何纠正,以及教师的不规范的行为产生的原因等问题,本文未涉及,可以继续讨论。

(二)探讨"教师行为怎样才能在中学生不良品行的矫正中发挥积极作用"的问题是一个全新的命题。笔者认为:教师行为在中学生不良品行的矫正中发挥作用有很多策略,可供继续探讨。

一、从"中学生不良品行的矫正与教师行为"命题中还涉及到教师个人素质的高低,而教师行为与教师素质之间的关系问题本文未涉及,今后将继续探讨。

主要参考资料：

1、邵瑞珍主编：《教育心理学》，上海教育出版杜，1988 年版

2、张斌贤等主编：《高屋建瓴——当代教育新观念》，中国铁道出版社，1997年版

3、张燕镜主编：《教育学》，北京师范学院出版，1991 年版

4、谭虎：《素质教育与教师素质的适应性转变》，《江西教育科研》，1997 年第 5 期

5、文□：《素质教育三题》，《教育研究》，1998 年第 3 期

6、蒋美勤：《老师行为及师生关系之趋势辨析》，《教育发展研究》，2001 年第 6 期

7、邱国梁、江界华：《青少年品行障碍及其矫正》，教育出版社，1997 年 9 月版

（2001 年 9 月，本人承担了湖北省教科所"九□五"规划课题《中学生品行障碍的诊断及矫正》的子课题，题目是"教师行为与中学生品行不良的矫正"，此课题已经结题。本人撰写的课题论文《教师行为与中学生品行不良的矫正》受到评审专家的表彰。时任省级课题《中学生品行障碍的诊断及矫正》课题组核心研究人员。）

明目标、订措施、开题研究国家级课题

——中国教育学会十二五规划课题

《中小学生养成教育策略研究》开题报告

总课题组负责人:市东坡小学校长　陶秀琪

一、研究项目:

由黄冈中学教研处主任童金元同志和原政教处副主任、现市东坡小学校长陶秀琪同志承担的中国教育学会十二五规划课题《中小学生养成教育策略研究》,2012年10月26日,由中国教育学会确立为中国教育学会十二五规划课题,编号为17090495B。

在黄冈中学校长、党委书记刘祥同志的大力支持下,按照《中国教育学会科研课题管理办法(试行)》的规定,黄冈中学和市东坡小学合作研究,请中国教育学会学术室副主任时俊卿、北师大博导、教授李芒作为课题组指导专家,成立了总课题组《中小学生养成教育策略研究》课题组,分高中、初中、小学三个小组,并制定了课题研究方案,落实研究经费,请专家现场进行开题论证等工作。

我们课题组将面对当今社会发展的趋势和时代的挑战,把中小学生良好习惯的养成在继承中华民族传统美德,坚持和弘扬民族精神基础上,同时也要与当今时代的气息,尤其是要适应新课程标准的要求,适应社会发展的趋势。我们要在遵循2004年3月教育部修订下发的《中小学生守则》《中学生日常行为规范》《小学生日常行为规范》作为标准的基础上,根据各学段学生的特点和学校特色,制定出中小学生养成教育的内容,针对这些内容研究出教育策略和设计训练程序和策略,以及中小学生不良习惯的矫正,教师的良好行为习惯对中小学生良好行为习惯的养成所起的作用等,以达到中小学生良好行为习惯的养成的目的。

二、研究目的:办人民满意的教育!

本课题尝试探索新时期中小学生良好行为养成教育的基本特点,探寻新时期中小学生良好行为养成教育的基本规律、基本模式、基本途径和主要方法，探究新时期中小学生良好行为养成教育的评价方式，设计道德行为教育案例与道德行为习惯训练活动方案和训练的程序，揭示培养学生良好行为习惯的基本规律，进一步提炼出在培养学生良好行为习惯中的具体策略，目的是，有效完成义务教育中养成教育目标即《怎样培养习惯》一书中说："养成教育的最低目标是：通过培养人的良好行为习惯和良好思维习惯，解放人的大脑，从而达到我们养成教育的终极目标：培养人学会做人、学会学习、学会创造。这也是素质教育的三大核心任务。"引导学生道德行为习惯的改变、家长教子观念的转变、教师教育教学方式的改变、学校培养模式的改变等，促进中小学生良好道德习惯的形成和健康人格的发展，努力构建新型的人才培养模式，提高学校素质教育的质量和水平，办人民满意的教育。

三、立项背景：

（一）新时代的要求。十八大报告强调要"努力办好人民满意的教育，……把立德树人作为教育的根本任务，培养德智体美劳全面发展的社会主义建设者和接班人"。"立德树人"首次被确立为教育的根本任务。"立德树人"，立德为先，树人为本。也就是说，教育的根本任务是引导青年学生树立正确的世界观、人生观、价值观和荣辱观，培养德智体美劳全面发展的"和谐的人"。

我国著名教育家叶圣陶的概括更精练："教育是什么，简单就是一句话，就是养成良好习惯。"伟大的教育家陶行知曾说："什么是教育，行为习惯的培养就是教育。"青少年德育教育的重要内容就是良好行为习惯的养成。因此养成教育，是党和政府对中小学德育工作的要求。《中共中央关于改革和加强中小学生德育工作的通知》明确指出："中小学教育阶段是青少年儿童长身体、长知识的时期，是对他们进行道德情操、心理品质和行为习惯养成教育的最佳时期。"同时还指出："德育对中小学生特别是小学生，更多的是养成教育。"苏联教育家乌申斯基有句名言："良好的习惯是人在某种神经系统中存放的道德资本，这资本不断增值，而人在其整个一生中享受着它的利息。"这句话道出了良好行为习惯对于人的重要性。这也是新时代的要求。

（二）现实的需要。

首先，提供一份研究资料：这是少年儿童行为习惯与人格的关系研究课题组（全国教育科学十五规划课题），对北京 5 个区 11 所中小学的 1529 名学生、

1468 名学生家长和 295 名教师进行专题调查后得出的结论：勇于表现自己、生活比较有序、待人有礼貌、喜欢交往、做事遵守规则、爱护环境、敢于发表见解、喜欢新事物等，成为当代中小学生比较突出的良好习惯；但喜欢依赖别人、比较任性、害怕承担责任、交往中容易伤害别人、不爱劳动、在消费中喜欢攀比和炫耀、学习中不爱刻苦钻研等，也凸显了他们值得改进的不良习惯。

其次，从我们课题组的调查情况来看：中小学生在养成方面暴露的问题极为严重：公德意识弱，文明意识弱，感恩意识弱，节约意识弱，学习主动性弱，创造思维弱。

再次，当代中小学生在习惯养成方面的总特点是：传统性习惯好，时代性习惯不足；强调动作性习惯，忽视智慧性习惯；重视私人性习惯，忽视公共性习惯。独生子女的依赖性、惰性日趋明显，学校重规范知识传递，轻行为实践导引，不从日常生活中的细节开始，忽视基本的良好习惯培养，脱离广大青少年生活实际，不遵循他们身心发展的特点。在少年儿童中出现了"行为霸道、不懂礼貌、磨蹭马虎、好吃懒做、自私任性、孤僻胆小"等不良倾向，他们的价值观、人生观取向不稳定，在生活、学习、思维习惯养成上状况令人堪忧。

《中小学生养成教育策略研究》正是研究现实中存在的问题，探究出解决问题的方法，促进青少年健康成长。

（三）铸就师魂的需要。立德树人，师德为范。"学高为师，身正为范"，知识或可言传，德行需得身教。叶圣陶先生说："教师的全部工作就是为人师表。"教师肩负着为人师表、教书育人的重任，是社会主义精神文明的传播者和建设者，是青少年一代成长的引路人。立德先立师，树人先正己；养成教育，教师先行。

三. 研究内容：

（一）尝试探索新时期中小学生养成教育的基本特点和基本目标。

（二）探寻新时期中小学生良好行为养成教育的内容。

1. 养成教育内容要规范化：《中共中央关于改革和加强中、小学德育工作的通知》中明确指出：要制订并组织试行中小学生《日常行为规范》，使学生牢记规范要求，逐渐养成文明的行为习惯。《通知》要求我们把养成教育规范化。养成教育的内容很多，其中有一些经过筛选，把最重要的一些要求制订成为规范，是最基本的东西，要求每个学生都要做到，并逐步养成习惯。现在国家教委已制订出《中学生日常行为规范》《小学生日常行为规范》，对我们把养成教育规范化、科学化起到很大的作用。

2.养成教育内容要细目化：本着"近一点、小一点、实一点"的原则，我们总课题组要根据学生的年龄特点把养成教育抽象的内容具体化，把概括的内容分解成细目，要贴近学生实际，让学生看得见，摸得着，明确具体，易于理解掌握和执行。

3.教育内容要序列化：从小学阶段、初中阶段到高中阶段，遵循青少年的发育规律和认知、心理特点，我们每个学段要研究制定出每个学龄期学生的行为规范和要求，包括培养什么习惯，培养到什么程度。在教育内容的安排上要体现层次性和教育的连续性，要有梯度，不能简单重复，做到由浅入深、由近及远、循序渐进。

（三）探寻新时期中小学生良好习惯养成教育的基本规律、基本教育模式、基本教育途径和主要策略。

（四）探究新时期中小学生良好习惯养成教育的评价方式。

（五）设计良好习惯养成教育案例。

（六）设计良好习惯训练活动方案和训练的程序。

四、研究重点

落实《中小学生守则》《小学生守则》《中学生日常行为规范》及课题组根据学生的特点和各校挖掘开发的养成教育的内容。

五、研究独到创新

（一）这项课题由名校黄冈中学与新型学校市东坡小学合作研究，标志着黄冈素质教育在科学的轨道上有条不紊的实施。这是开辟校际合作研究课题的新路子，不仅促进两校的教育科研的发展，而且对黄冈市教育科研将起到引领作用。

（二）本课题把养成教育的内容从小学、初中到高中系列化，探讨各个阶段的养成教育的基本规律、基本教育模式、基本教育途径和主要策略。这是对目前学生养成教育策略研究的创新！

（三）本课题着眼于学生良好习惯训练和训练程序的研究。侧重对学生良好行为习惯的塑造。我国教育专家林格在《怎样培养习惯》中说："习惯不是有遗传得来的，它是在后天的生活环境中习得的。从生理机制讲，良好习惯是一种后天获得的条件反射。"所以，良好行为习惯是可以塑造的。而塑造通常被认为是教授一种新行为或新技巧的方法。它的优势是对良好行为（连续接近）进行强化，并把它作为教授新良好行为或调整良好行为的策略。如何塑造学生的良好习惯，这将是我们的创新研究。

六. 研究开发

（一）开发德育校本教材，让养成教育内容成为校本教材的内容，让养成教育成为德育教育的一个常规教育内容，使养成教育常态化。

（二）开发多种教育资源，加强中小学的养成教育。

1. 教师资源开发。"老师是学生的一面镜子"，中小学生模仿性强，教师的身教比言教往往起到更大的作用。因此，教师良好的师德表率给学生树立榜样，以深厚的思想情感、庄重大方的仪表、和蔼可亲的仪容、彬彬有礼的语言给学生做示范，使学生在师生交往中受到潜移默化的教育。对学生的教育诱导"动之以情、晓之以理"，不简单地批评指责。在对学生进行良好行为习惯养成的教育时，教师应适当地采用多种形式的激励方式，以表扬为主，要注意发现学生的闪光点，让学生多感受成功之感，用成功的喜悦强化学生的行为，培养学生辨别是非的能力，从而使学生形成良好的行为习惯。这就是我们为什么要研究"教师的良好行为习惯对中小学生良好行为习惯的养成所起的作用"这个问题。

2. 校园文化资源开发。

（1）挖掘黄冈中学的文化资源。黄高人的团结、实干、拼搏、进取、敢为人先、敢打硬仗，团队精神等精神品质，是无价之宝，我们要通过课题研究，挖掘出黄冈中学的文化资源，用它来滋润世世代代的莘莘学子，培养出祖国需要的栋梁之才！

（2）突出东坡精神的传承。张志烈先生从核心价值观上加以概括："爱国爱民，奋励当世的崇高理想；求实求真，探索创新的认识追求；信道直前，独立不惧的处世原则；坚持节操，潇洒自适的生活态度。"除此之外，还有真诚、刚毅、耐挫、自强不息等精神都是我们学生应该传承的精神，课题组将对东坡精神进行提炼，把它融入到养成教育的内容中去，丰富养成教育资源。

（3）整合教材资源。我们将通过课堂教学这个养成教育主渠道，将学科教材和学生养成教育内容如《中小学生守则》《小学生守则》《中学生日常行为规范》等，进行科学整合，将养成良好行为目标与知识教育有机结合，真正达到教书育人的目的。

(4)开拓活动载体。我们课题组将针对各学段学生的年龄特点,将《中小学生守则》《小学生守则》《中学生日常行为规范》等养成教育内容与主题活动有机地结合在一起,形成适合各校特色的,适合学生特点的系列的多种形式的教育活动,并让活动持续延伸,让学生在持续延伸的活动当中形成优秀品质,形成良好的习惯。

3.开发家庭教育资源

良好行为习惯养成教育必须由学校、家庭、社会共同完成,尤其注意家庭教育这个环节,家庭环境是学生良好行为习惯养成的主要因素。有个资料上报道,青少年犯罪抽样调查发现,65%是单亲家庭的孩子,父母离异或家庭不和,孩子失去了母爱或父爱,无人关心。45%是家庭溺爱,中国受几千年传统思想的影响,爷爷、奶奶、父母宠爱有加,没有形成教育孩子的统一思想,孩子想怎样就怎样,家长千方百计满足他的要求,久而久之,这些孩子变得任性、霸道、不明是非,不懂对错,在学校不懂如何与同学相处,屡屡犯错。所以,学校教育要通过多种途径,运用多种形式,切实加强与家庭、社会的有机联系,让家长了解一些家庭教育知识和该学期学生行为习惯养成的策略,听取家长的建议和要求,争取家长的理解和支持,共同促进学生良好习惯的养成。

七. 课题管理

(一)充分发挥专家的引领作用,邀请中国教育学会专家作为总课题组的科研顾问,定期来校作课题研究指导,少走弯路,保证研究扎实有效的开展。

(二)领导重视,经费保障。这项课题得到了黄冈市教育局、教科院、黄冈中学和市东坡小学的领导非常重视,这项课题的研究,尤其是黄冈中学和市东坡小学的领导在人员、经费方面给予重点保障。特别是要感谢黄冈中学,承担了这次开题的大部分费用,给予我们课题组大力的支持!

(三)严格执行《中国教育学会教育科研规划课题管理办法》(试行)。《中小学生养成教育策略研究》总课题组在中国教育学会秘书处和中国教育学会学术室的指导下,课题组管理实行目标管理和过程管理相结合:确立了研究目标,组织好现场开题;加强日常管理;实施报告制度;加强课题组研究人员的培训和指导,注重搭建阶段性总结的平台,组织好阶段性的研究成果交流活动和比赛活动,并把比赛结果上报中国教育学会秘书处,由学会秘书处确认后,总课题组再发奖。总课题组将对小学、初中、高中三个小组进行过程的监督和指导,各小组组织的重要研究活动,要向总课题组报告,总课题组再向学会秘书处报告。

(四)健全组织机构,责任到人。根据《中小学生养成教育策略研究》有小学、初中、高中三个研究小组既有独立性,又有连续性的特点,在总课题组的组织下,成立三个研究小组:高中组,刘折谷任组长,初中组,王超任组长,小学组,肖敏任组长。每个研究小组里又有子课题研究组长对本子课题组研究人员的研究负责,每个研究人员要对自己的研究负责,责任到人。建立健全研究制度,定时间、定地点、定内容,保证研究落到实处。

课题组织机构:

(1)课题指导专家:孟　刚　时俊卿　李　芒

(2)课题负责人:童金元　陶秀琪

(3)课题组研究成员:

高中组:刘折谷(组长)　徐海军　胡华川　蔡　新

初中组:王　超(组长)　李平友　王　忍　张辉勇　夏　天　金　婵
　　　　干海涛　汪正祥　周　华　岑　栋　张春霞　陈剑　潘小华
　　　　胡丽珍　方　诚　余　燕　彭传智　王　萧　沈　田　吴丹宇
　　　　周丽娜

小学组:肖　敏(组长)　余振兴　杨向阳　杜红英　黄莉帆　唐桂荣
　　　　孙海钰　徐　凌　姜沛源　万　琴　吴美娟　江向红　胡建军
　　　　陶文芬　龚全球　龙秀荣　吴营军　黄邱平　单　科　徐　贞

(五)实行定期检查,阶段性总结。

2012 年 10 月——2013 年元月 12 日,现场开题的准备的检查与总结

2013 年元月——2013 年 5 月,　　　课题研究的启动阶段的检查与总结

2013 年 5 月——2013 年 11 月,　　　方案实施阶段的检查与总结

2013 年 11 月——2014 年 11 月,　　　课题总结与结题专家评审阶段

《中小学生养成教育策略研究》总课题组按照《研究方案》的时间安排,定期组织召开课题研究经验交流和研讨,及时总结经验,交流方法,互相学习。确保课题有条不紊地开展。

八、预期成果

(一)创建养成教育内容校本教材

（二）总结新时期中小学生良好习惯养成教育的基本规律、基本教育模式、基本教育途径和主要策略。

（三）创新新时期中小学生良好习惯养成教育的评价方式。

（四）文字等结题资料等。

（五）预期有些创新成果。

各位专家：课题研究是问题激发思考，思考形成思想，思想促进教育。教育是思想与思想的交汇，情感与情感的融通，心灵对心灵的唤起。这种交汇、融通和唤起需要有诗一样的意蕴，因为她是在用心灵写诗；需要有火一样的激情，因为她是在点燃生命；需要有水一样的灵动，因为她是在荡涤心灵。

让我们带着诗意的微笑，深思前行！

（2013年1月10日在黄冈中学东报告厅举行开题仪式，本人是本课题的负责人之一，此文是在有中国教育学会专家参加的开题会上所作的开题报告。这次开题顺利通过中国教育学会的专家审核，批准开题。）

在新课标背景下班主任专业化发展中实施年级管理的探索

——第 16 期"浦东教育论坛"上的交流讲话

尊敬的各位专家、各位同行：

我们黄冈中学的目标定位是：以科学发展观为指导，把黄冈中学办成合格中学生与青少年英才的培育基地；合理负担与更高质量的实验基地；精品校园与素质教育的示范基地。

黄冈中学的办学理念是三句话："以人为本，以德立校"的人本理念；"宽而有度，和而不同"的管理理念；"育人为本，质量第一"的育人理念。

黄冈中学寻求的管理模式：大众教育和精英教育相结合的模式。这正是具有黄冈中学特色的一种教育模式。

黄冈中学追求的一种更为理想的境界："海阔凭鱼跃，天高任鸟飞"——突破考试的框框，为学生的发展提供一个更加广阔的平台，让学生的天性得到自由而充分的发展，让优秀成为习惯。为此，黄冈中学为理科特长生开设了"理科实验班"，为艺术和体育爱好者成立了艺术团、运动队。对于更多的学生，我们坚持每天开展课外活动，培养和发展他们的兴趣和特长，使校园生活更加丰富多彩，学生成才之路更加宽广。

黄冈中学作为示范学校的示范作用体现在：提出"合理负担与更高质量"。

黄冈中学成果：在国际奥赛中夺得 21 枚奖牌（金牌 14 枚，银牌 5 枚，铜牌 2 枚）；高考、中考升学率高；人文环境好！

下面请看一段视频：（一）

在新的形势下，我们黄高人与时俱进，在寻求适合新形势发展的管理途径，在探讨班主任专业化建设等方面做了很多探究。我们黄冈中学的管理模式是以年级组为管理单元，年级组既是一个独立的管理整体，又是属于学校整体管理的一个基层单位。我是一名年级主任，我想结合自己的工作实际谈谈

"在新课标背景下班主任专业化发展中实施年级管理的探索"这个话题,与各位专家交流学习的体会和实践的感受。我认为,对班主任专业化建设可以以年级工作的推进着力点。于是,我在做年级工作中,致力于班主任的专业化发展机制的建构,逐步形成了校本化特色的班主任培训思路,并在实践中产生了积极的影响。

所谓班主任专业化是指"教师在从事学科教学的同时,通过各种途径和形式,个人成为班集体建设的成员,并且在班集体建设中具有越来越重要的作用,逐步成为班集体管理与建设的专门人才;并由这样的人才群体形成一支符合班主任素质要求、在学校教育教学工作中发挥特殊作用并具有特殊地位的,以班集体建设为专职的育人队伍的转变过程"。

一、新课程背景下对班主任专业化的基本素质的要求

国家基础教育课程改革强调培养学生终身学习和发展能力,培养学生创新精神和实践能力,培养学生正确的情感、态度和价值观。新课标提倡自主、合作、探究学习。新课改的成效完全取决于教师的专业素质和教学行为。基础教育课程改革对教师提出了更高的要求。在这种背景下,对班主任老师的要求更高,班主任老师除了具有一般教师的优良素质(如渊博的专业知识、熟练的实验技能、热爱祖国、爱岗敬业、乐于奉献、严于律己、为人师表等)外,还必须具备以下几点:

(一)树立科学发展观,在协调中求发展。

科学发展观就是坚持以人为本,树立全面、协调、可持续的发展观,促进经济社会和人的全面发展。科学发展观的本质和核心是坚持以人为本。实质是,发展就是硬道理,我们就要以学生为本,根据学生的实际情况,有针对性的开展教育。从根本上让学生在德智体美劳诸方面得到发展。我们树立以学生为本的教育理念,就是把立德树人作为我们教育的最重要的工作。统筹兼顾是科学发展观的根本方法。所谓统筹兼顾,就是正确认识和妥善处理对学生教育中的重大关系。班主任要善于运用统筹兼顾的方法来解决班级管理中存在的重要关系,让学生能协调发展,也让自己能在班主任工作中协调发展。如:

老师与学生的关系和谐,出现乐教乐学的生动局面。学生与学习的关系要有兴趣、要热爱、要敢于拼搏去学,如何让学生达到这种境界,这是我们要探讨的;学生与学生之间的关系要和谐,既影响着学生的健康成长,也影响优良

集体的形成。班主任要有目的地加以引导。

老师与家长之间的和谐。从深层次来讲，是学校与家长之间的和谐。学校老师尽可能采取多种措施保持与家长的密切联系，及时告知学生在校的各方面表现，使家长感受到老师对他们孩子的关心，为家长与老师之间的和谐关系奠定良好的基础。

(二)练就过硬的育人本领，在实践中求发展。

育人是对每一个教师的要求，更是对班主任的要求。创建优秀班集体的最终目的也就是育人，在帮助学生获得知识的同时，提高他们的德育素养，使学生的个性得到充分健康的发展。因此，班主任必须具有过硬的育人本领。具体表现在：班主任应具备宽泛扎实的文化知识，以自身深厚广博的文化知识底蕴去影响学生；具备深厚的心理学、教育学、社会学等方面的理论底蕴，不断探索育人规律，提高育人的艺术和水平；具备先进的班级管理理念，熟悉班级体建设的基本原则和方法，并能在创建优秀班集体的实际操作中创造性地研究它们，运用它们，完善它们，充实它们，发展它们，从而使自己的班集体创建工作建立在科学、稳定、扎实的基础上，与时俱进。

(三)搞好教育和科研，在学习中求发展。

班主任工作是一门课程。班主任工作包括教育和科研两部分，这是班主任专业发展的两大基石和依托。新课程改革，既对教师提出了新的挑战，又给教师搭设了一个挖掘潜能、展示才华的发展平台。教育活动不仅是具体的实践活动，同时也是一项创造性劳动；不仅需要渗透班主任老师的情感，也需要理性思考参与其中。班级不仅是教育的园地，也是绝佳的研究场所。大量的教育现象就在我们身边，我们可以通过参加课题研究、撰写试验论文，把教育教学实践中纯经验的东西上升到理性和专业化的高度。

因此，一名专业化的班主任应能自觉学习现代教育理论，并以此为指导，去设计、实施、评判班集体的创建工作，研究和解决新问题，进行理论概括。同时，班主任教师还应提高对国内外最新研究信息的敏锐意识，能在不断吸收的基础上，加强创造性的实际操作应用能力，使班级管理工作更好地为教育教学服务，为学生个性的全面健康发展服务。

需要指出的是：班主任专业素质的发展是一种动态的过程，班主任的态度、价值、信念、知识技能等综合素养需要不断地调整、修订和接受实践考验。班主任教师必须不断充实自己，才能在发展过程中保存活力，永葆教育的青春。

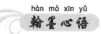

（四）运用成功理念,在创新中求发展。

在新的背景下,要找寻新的管理方法、管理理念,并将其应用到班级管理中的能力,这是新形势对班主任的要求。怎么做呢？在这里愿与各位教师共同切磋、共同交流。我认为主要是先发现,然后敢尝试。例如我收集到一些知名公司的成功理念、管理之道与班级管理在理念、目标上都有"不谋而合"之处,或许有异曲同工之妙,于是我便在年级班级管理中尝试了一下,发现效果还是不错的。

例如:我们运用经营理念"邻桌原则":培养年级老师们的团队精神。

"邻桌原则":靠"你就是公司"凝聚人心的美国惠普公司,首先提出了"邻桌原则"的经营理念。"邻桌原则"就是鼓励每个员工在干自己工作的同时,看看邻桌在干什么,是不是遇到了困难,想想自己是不是有更好的办法帮助邻桌顺利解决难题。"邻桌原则"不仅提倡员工展现个人才干,更重要的是强调公司员工团队精神的培养。我有意识地把"邻桌原则"运用到年级管理中,如:班级老师的配备注重了体质强弱搭配、按"情商""智商"合理搭配、男女搭配、工作能力的强弱搭配等来培养教师的团队精神。教师的团队精神指教师相互合作,共享教学资源,优化教学模式,提高教学效率。努力把初二创建成"年级一盘棋,年级兴衰,匹夫有责"的团结协作的优秀团队。这种创新能力是当代班主任必须培养的。

（五）形成健全心理品质,在调整中求发展

班主任老师健全的个性心理品质,是影响学生良好个性形成的重要因素。班主任教师健全的心理品质包括丰富的内容:第一,班主任老师应培养自己良好的性格,做到敬业爱生、平易近人,具有爱心、耐心和诚心;作为一名优秀的班主任老师,应把学生视为自己的"生命",善于发现学生身上的闪光点,学会欣赏学生;应对学生一视同仁,尊重每一个学生;应有一颗包容之心,对学生中存在的不足或错误,善于用发展的眼光看问题,在宽容中引导学生认识自我、调整自我、发展自我。第二,班主任老师应具有对教育事业勤奋进取、刻苦钻研、锲而不舍的敬业精神。无论是育人还是班级管理,都具有一定的长期性、反复性,存在着很多不确定性因素。大量的工作都不是一时半刻就能收到立竿见影的效果。这就要求班主任在工作中解放思想、勇于探索、积极进取,坚持不懈地对学生表现出无限的责任感。第三,班主任教师应善于控制自己的情绪,善于选择最适当的育人时机,随机应变,因势利导,表现出较高的教育机智。第四,班主任老师还应该具备很强的心理承受能力,既要能承受工作带来的压力,还要能够承受社会及学生家长对学生成材愿望给老师带来的压力等。班主任老师要能承受复杂的环境给自己带来的压力,能协调各种关系,提高综合能力,让自己在不断的调整中得到发展。

二、在班主任专业化建设过程中实施年级管理的探讨

(一)目标激励:增强班主任工作动力。

所谓目标激励,就是确定适当的目标,诱发人的动机和行为,从而达到调动人的积极性的一种工作方法。目标作为一种诱因,具有发动、激励和导向作用。只有确立了追求的目标,才能保持永不衰竭的内在动力。我们年级制定的目标比较全面。

首先是年级思想建设目标明确:(1)运用经营理念把培养教师的团队精神放在首位。教师的团队精神指教师相互合作,共享教学资源,优化教学模式,提高教学效率。努力把初二年级创建成"年级一盘棋,年级兴衰,匹夫有责"的团结协作的优秀团队。

(2)加强年级教师的思想建设,要转变观念,继续发扬肯干、苦干和无私奉献的敬业精神、工作作风。提倡所有教师高境界做人:见困难就上,见荣誉和利益就让。当个人利益与年级利益发生冲突的时候,宁可牺牲个人利益来保护年级利益。构建和谐的初二年级。

(3)年级负责人切实为年级营造一种以"一心为公,团结协作,拼搏向上,真抓实干"的氛围,为老师们提供优质的服务,提供优良的工作环境,在各个方面作出表率。

其次是年级对各班提出的目标明确:各班文化课在期中期末考试中的四科和八科所要达到的目标是:年级前 80 名,每班 8 个;年级前 100 名,每班 10 人;年级前 120 名,每班 12 个。

再次是备课组的达标:备课组要强化"年级一盘棋"的意识,关注年级整体发展,不让任何班掉队,各学科争取在期中期末考试中的'一均三率(高分率、优分率、有效率、人均分)'能使各班达到基本平衡发展,力争让各班各科学习达到基本平衡发展,让 10 个班能有效的发展。这样以来,年级上上下下都能认真贯彻落实在行动上,老师们工作积极性高,带来的效果不错,特别是年轻老师所带的班进步大,这更说明年级的传帮带做得好。

年级对班主任工作的目标和责任要明确,期望值要高,这样激发班主任工作动力的作用才会更强。年级管理者要适时对班主任工作加以点拨、指导,给班主任提出具有浓郁时代气息的目标责任要求,强化其使命感,并可根据班主任的能力、特长等进行激励,创造一种竞争、奉献的氛围,强化班主任的角色意识和责任意识,激励班主任敬业、乐业、勤业、精业。

"用力去做,只能合格;用心去做,方能成功。"运用目标激励,增强班主任的工作动力,使他们全身心地投入工作,更好地发挥主动性、积极性和创造性,从而不断获得成长。

(二)健全机制:强化班主任建设的过程管理。

我们年级成立了管理系统,坚持教育教学监督,确保年级管理目标的实现,抓好过程管理,确保教育教学质量。通过制定制度,将德育内容的实施途径具体化、常规化,使班主任工作有章可循,目标明确,途径固定,提高班主任开展德育工作的自觉性。

1. 管理系统。负责年级各项制度的制定和执行,对年级的日常工作进行具体控制和管理。管理系统三条线:

第一条线:年级主任在抓年级全面工作的同时侧重抓教学:各科备课组长抓好常规的的教学管理和语数英训练的业务管理;配合教务员负责期中期末的考场安排及教学质量分析,负责课堂教务日志的管理;配合教务员负责语数外三科训练日常管理包括考勤;要求教师管教管道,让学科老师能配合班主任抓好管理工作。

第二条线:年级副主任协助年级主任做好学生管理:各班主任负责班级管理,负责抓好量化考核的内容的管理。

第三条线:工会组长负责老师服务管理系统:劳动纪律的监督,班主任和教师的各项活动的组织,办公室的卫生管理和教师的福利等。

2. 监督系统。

(1)年级负责人值日主要负责对管理系统中的各成员工作情况的监督与督促;

(2)量化考核对班级管理进行考核。班级的量化考核指标如下:

①两操②卫生③各班课间纪律④体育运动会的成绩⑤学校各项活动名次⑥班主任的五到班:早自习前或升旗;课间操;下午第一节课前;晚上放学;各种大的活动到班的考勤。各项指标的考核都有具体的人员负责,每周公布,起到对班级工作的促进作用。

3.反馈系统。这一系统主要负责信息反馈以便及时发现年级工作中的问题，及时修正处理。在我们年级实践工作中，这一系统进行如下反馈：①《课堂教务日志》反馈老师和学生在课堂上存在的问题；②量化考核对班级管理进行考核的数据、黑板报评比数据等反馈各班的管理情况；③通过各种形式的学生座谈会可以了解到年级学生管理和教学方面的情况。

4.保障系统。年级制定了有效的奖惩措施。为了确保目标的实现，为了调动老师们和班主任的工作的积极性，特制定出了奖惩措施，真正起到了促进工作的目的。

如：班主任管理方面奖励措施：荣获班级的量化考核总分前五名的班级获得一定的奖励；其他班也可获得激励式的奖励。期中期末各结算一次，并作为评模范班和模范班主任的重要依据，这样就调动了班主任的工作积极性。

年级的四个系统，不仅运转通畅，而且真正起到了促进工作的作用，确保了年级各项工作的落实，提高了班主任工作的自觉性和主动性。

(三)教育实践：提高班主任综合素养。

新课程要求班主任具备较高的综合素质，有不断更新教育观念、学习新知识新技能的欲望和要求。高素质的班主任只能在广阔的教育实践中产生。

①主题教育——在活动中磨砺

建设一个良好班集体必须通过各种活动来实现。主题教育活动，是班级教育的重要形式，是班集体建设的基本方法和途径，同时，也是班主任成长的载体。我们年级组织班主任精心设计和组织班级活动，为学生发展提供生动活泼的展示舞台，让学生在活动中得到感悟和教育，带着真实的体验、生命的灵性走进新课程，学习新知识。一次主题教育活动，既是一次成功教育的缩影，也成为班主任锻炼工作能力，提高综合素质的舞台。

我们年级每月统一安排主题班会，和各种教育活动，有意识地培养班主任的组织班会和组织活动的能力。如：主题班会有："规范在我心中""祖国在我心中""尊师重教是美德""文明礼貌之花开遍校园"等等；其他的活动有"故事会""英语口语竞赛""各学科校内竞赛""文科知识竞赛""法律知识讲座""篮球赛""足球赛""田径运动会""文艺晚会"等。

②专题研讨——在交流中提高

一个不断进取的班主任，应具有总结和反思意识，与他人交流、向他人学习的意识和胸怀以及语言表达等综合技能。我们年级有意创造机会，让老师们切磋经验,分享成果。比如每周组织"周一早晨班主任集体备课"。内容有:一周一次主题班会的专题讨论,为周三开班会作准备;年级小结一周的情况,布置一周的任务等。 通过集体备课活动,提高班主任的思想认识和精神境界以及工作技能,尤其对年轻班主任的培养有重要意义。

(四)活动跟进:实施班主任队伍专业化发展"六百工程"。

实施班主任专业化发展"六百工程",以活动为载体,从理论和实践的有机结合的层面推进班主任专业化发展,全面提高班主任素质和教育教学能力。

班主任队伍专业化发展"六百工程"的主要内容有:

(1)熟练运用百条名言警句。班主任在日常教育中,能熟练运用百条名言警句对学生进行激励性教育。班主任可通过"班级每日名言"的形式逐步积累、学习、使用,提高班主任的个人素质和教育能力。

(2)熟练讲解古今中外百个具有教育意义的故事。班主任在日常教育中能运用这些故事进行启发式教育。达到育人的目的。

(3)开展百人次家长联系活动。每年有百人次班主任通过家访、走访等形式进入学生家庭,开展家校联系活动,促进学校教育。

(4)评选、编订百个爱生案例集。年级组织评选爱生百例,并选择百篇优秀案例装订成集。

(5)撰写百篇德育论文。组织德育论文评比,五年内有百篇德育论文获奖(含校级),将获奖论文装订成册。

(6)开展百个主题班会的活动,既由年级组织一定量的主题班会比赛,又让老师们自主创新组织主题班会,并组织评出优秀班会,给予一定的奖励,培养老师们的组织主题班会的能力。

各位专家、同行:经过了今天第16期"浦东教育论坛"来探讨研究"现代化进程中的班主任专业化发展建设"的主题,让我们进入了第一种境界"昨夜西风凋碧树,独上高楼,望尽天涯路",让我们明确了"班主任专业化发展建设"追求的目标,确立了前进的方向。今后,我们更要进一步加强学习,深入教育教学研究,为实现我们"现代化进程中的班主任专业化发展建设"的目标而坚忍不拔地努力,用艰辛的汗水来写就第二境界"衣带渐宽终不悔,为伊消得人憔悴";更重要的是:还有很多东西都需要我们花更多的时间和精力去思考,去尝试,最后才会达到第三种境界,那就是"众里寻他千百度,蓦然回首,那人却在灯火阑珊处"。只有这样，最终能让我们所有教育工作者享受到"会当凌绝顶，一览众山小"的成功喜悦！ 我坚信：我们一定能尝到这种喜悦的！谢谢！ ！

（2009 年 6 月 16 日，此文是本人参加第 16 期"浦东教育论坛"暨首届"北京、浦东、南京、武汉四地的班主任工作协作研究"学术论坛上的讲话，得到教育专家的好评。）

启黄特色，打造基础教育品牌

——黄冈市电视台的黄冈新闻播出的系列报道

2010年中考，启黄中学喜创佳绩：该校何云中同学以658分夺得黄州城区中考状元，有9名学生进入黄州城区前10名，有18名学生进入黄州城区前20名，有40名学生进入黄州城区前50名；黄冈中学在黄州城区正线录取的200名中，启黄有127名学生。至此，启黄中学在黄州城区勇夺中考"七连冠"。

2010届高考中：获本届黄冈市高考文科状元的袁弛就是2007届启黄的学生，启黄的学生中还有张弛保送上北大，李顺考上清华。近几年，启黄初中每年都有两三人考上清华、北大。

启黄是黄冈基础教育的一个品牌，是一张闪亮的名片。

一、"真情奉献　目标管理"

（一）真情奉献

启黄初中的每一位教师，不仅认真教书育人，而且就像蜡烛一样燃烧了自己，照亮了学生前进的道路；不仅形成了严于律己、吃苦耐劳和无私奉献的优良传统，而且兢兢业业地把满腔心血和真情奉献给学生；不仅关心每一名学生的成长，而且以爱心、真情培育和引导学生，成为学生的良师益友，赢得了广大学生的尊敬和爱戴。

（二）目标管理

1.目标的制定：

安　全　目　标：建设和谐安全初中

思想建设目标：培养教师的团队精神即教师相互合作，共享教学资源，优化教学模式，提高教学效率。

教育教学目标：培养的学生素质全面并在黄冈市竞赛和中考中达到全市第一。

平时强化"年级一盘棋"的意识，关注年级整体发展，不让任何班掉队，使各班达到基本平衡发展。

2.措施与办法

(1)抓制度建设。

首先，遵循学校在目标管理中建立了一整套保证总目标顺利展开和实施的制度，如《关于常规教学和加强教学管理的若干规定》

其次，启黄初中针对教育教学过程中出现的新情况制定一些相关的措施，达到调动积极性的作用。如：《班级量化考核方案》《新教师培养和老教师带新规定》《各年级对语数外三联赛取得全市第一的备课组的奖励规定》等。

(2)抓教学过程管理。

各年级成立了管理系统，坚持教育教学监督，确保年级管理目标的实现，抓好过程管理，确保教育教学质量。

①管理系统，在学校领导的指导下，实现齐抓共管。年级实行年级主任负责制，全面负责，侧重教学管理，副主任侧重班主任和学生管理，工会组长认真做好教师上班坐班考勤、年级财务管理及办公室的卫生管理。学科教学实施备课组长负责制，备课组长对本学科的计划安排和教学质量总负责；学生管理实施班主任负责制，全面负责对学生进行德智体等方面的教育。

②监督系统，这是对管理系统中的各成员工作情况的监督与督促。

③反馈系统，这一系统主要负责信息反馈以便及时发现年级工作中的问题，及时修正。

④保障系统，年级制定了有效的奖惩措施。为了确保目标的实现，为了调动老师们和班主任的工作的积极性，特制定出了奖惩措施，真正起到了促进工作的目的。

年级的四个系统，不仅运转通畅，而且真正起到了促进工作的作用，确保了年级各项工作的落实，提高了班主任和全体教师工作的自觉性和主动性，确保了教学质量的提高。

二、"快乐学习，幸福成长"

启黄中学坚持"以学生为本，以德立校"的人本理念，让学生在快乐中学习，在学习中幸福成长。

1.让甜美的微笑装点你的面容 。

启黄的老师总是带上甜美的微笑走进教室，让微笑感染每一个学生，带给学生一个好心情。在教学过程中，教师还用微笑来代替语言。比如，对于发言较好的同学，微笑是对他的赞赏；对于想发言而又不敢说的同学，微笑是对他的鼓励；对于发言不够好的同学，微笑是对他的安慰。让课堂课堂成为学生学习的乐园。

2.小心呵护学生的自尊心，尊重学生的人格。

启黄的老师很小心地呵护学生的自尊心，尊重学生的人格，维护学生在同学们面前的形象。如果学生发言不正确，教师不指责他；如果学生上课违纪，教师只用眼神制止他，不要当着全班同学的面批评他，并课后找他单独谈，问清原因；如果学生回答问题虽然不是很准确全面，但不乏独到之处，我们还是给予充分的肯定。用陈校长的话说："我们在教学中，提倡营造一种返璞归真的教学艺术境界，让学生知无不言，言无不尽，不简单、轻易地否定学生的想法。即使是所谓的'胡思乱想'，也要分析他是怎么想的，要善于发现其中合理的成分、独到的见解。"

3.对待学生要有一颗真爱之心

启黄的教师总是蹲下来，听听学生的心声，和他学生做朋友。除了在学习上，还要在生活上、思想上多关爱学生，让学生觉得你是他们可以信赖的人。这样，他们就会放心大胆地表现自己，展示自己。让学生感受老师的爱，快乐成长。

4.让学生在课外活动中快乐学习。如讲故事会，诗歌朗诵会，文科知识竞赛，一年一度的启黄中学学生会主席竞选，一年一度的校园文化艺术节，一年一度的科技竞赛，春秋两季的球类、田径运动会……都是展示学生多方面才能和创造性的舞台，让学生在活动中快乐学习。

尤其是2009年12月份开始，启黄中学初三别出心裁地推出课外活动"师生一起跑步"的新举措，初中男生每天围绕校园跑1000米，女生跑800米。陈鼎常校长说：师生一起跑步，不仅进一步融洽了师生间的关系，而且还培养了团队精神，更让师生有充沛精力投入到教学和学习之中。

三、"精彩课堂，互动教学"

"积极的课堂我创造，我的课堂我作主"。启黄中学的精彩课堂是让学生在民主平等的氛围中主动学习，积极参与，互动合作，反思感悟，充分发挥学生的学习自主性，让学生最大限度地发挥自己的学习热情和创造热情，是启黄中学课堂教学模式的核心要素。

1、生生互动，养成"自主、合作、探究"的学习方式，让学生成为学习的主人。

学生积极地互动使他们获取了更多的来自学习伙伴的信息,达到了集思广益、取长补短、协同发展的目的。同时,生生互动也在潜移默化中培养了学生的合作精神,提高了他们的交往能力。

2. 师生互动,老师是组织者,学生成为主人,构建民主开放的课堂,促进师生生命意义上的共同发展。启黄中学在课堂教学过程中,在师生互动的过程中,学生广泛搜集到的资料可以弥补教师课程资源的馈乏,学生在解决问题时的奇思妙想可以让教师在"没想到"中拓展自己的思路,学生对教学内容的深刻理解可以提升教师的感悟,真正做到"教学相长"。

3. 师生与媒体之间的互动,建立在以多媒体辅助技术,网络技术环境下的新型课堂教学,提高教学效果。多媒体集文字、图形、图象、声音、动画、影视等各种信息传输手段为一体,具有很强的真实感和表现力,可以激发学生学习兴趣,引起注意;可以变抽象为具体,使教学更加形象、直观,便于学生理解和掌握;可以动态地、对比地演示一些现象,可以有效地控制变化的速度,调节快慢,从而便于学生观察和思维;可以及时反馈教学信息,突出重点,解决难点,增大课堂教学容量,极大地提高教与学的效率,使教学效果达到最佳。

4. 学生与授课教师之外的交流对象的互动,在新课程理念下的课堂教学中,学生互动的对象是多样的。有时为了一些教学内容的需要,要求学生与授课教师之外的人进行交流。如开展语文综合性学习活动,像《走进赤壁感受东坡文化》让学生走出教室,进行有针对性的采访,能有效地培养学生的综合能力。

5. 师师互动,建立互助合作的机制,加快教师的专业化发展。我们不仅建立了教师集体备课制度、相互听课制度、校本教研制度,"师带徒"的老帮青制度,而且还加强了不同学科之间教师的协作,2010届还建立了班级以班主任为核心,以各学科老师为骨干,以学生干部为协作的合作群体。开展互动教学的效果在初三年级在2009年黄冈市语数外的三联赛中得到了检验:总分全市第一名、第二名都在我校;黄州城区前十名有:获得第一、二、四、五、六、七、八、九名是我校学生;获全市一等奖:我校24人;占城区获一等奖人数2/3,获全市二等奖城区我校51人,占城区获二等奖人数的2/3;团体总分获黄州城区第一名;实现初中语数外综合能力测试团体总分城区"四连冠"。

我们启黄中学非常重视教育教学研究,以陶秀琪为课题组长的课题组完成了省级课题"初中语文综合阅读课题"研究和省教科院科研课题《中学生品行心理障碍的矫正》的子课题《教师行为与中学生不良品行的矫正》的研究,这些课题均已结题,并得到了专家们的高度赞誉。这样以来,在业务上,每位教师既是教育者,又是受教育者,又是研究者,它使启黄中学的教育教学水平得到了较大提高,有力促进了教师的专业发展,从整体上促进了教育教学质量的提高,体现了我校的"'育人为本,质量第一'的育人理念。"

在新的形势下,我们启黄中学要与时俱进,树立科学发展观,继续寻求适合新形势发展的管理途径,有效的教学方法,让学生"快乐学习,幸福成长",成长为祖国的栋梁之才。

（该文是本人执笔写的《启黄特色,打造基础教育品牌》的宣传稿,在2010年8月27——29黄冈市电视台的黄冈新闻系列报道播出。时任启黄中学初三年级主任,初三(9)班主任。2010届获本届黄冈市高考文科状元的袁弛就是2007届本人的学生,还有保送上北大的张弛也是本人的学生。）

巧施爱心 循循善诱

——致新同学的一封信

同学们：

你们好！

你们是一群勤学好问、上进心强、敢于面对挑战的新型中学生。你们是一群刻苦钻研、自信自强、志向远大的优秀中学生。你们是一群善于动脑、勤于思考、力求发展的新型中学生。我愿意和你们讨论下列问题，供你们参考。

问题一："我们为什么要这样拼命去学习，我学习为了什么？"

我认为，你们这是"学习目的不明确"。要想明确学习的目的，首先，学习志向要远大，树立"为祖国而学习"的观念。古人说："志不强者，智不达"。我们每一个人，只有树立了远大志向，才能正确地面对生活中的困难和挫折，才有了战胜困难的勇气。徐特立先生说得好："一个人有了远大的理想，就是在最艰苦困难的时候，也会感到幸福。"远大的志向是我们人生中的航标，是黑暗中的一盏明灯，有了它，我们才能驾舟前进；有了它，我们才会不怕风吹浪打；有了它，我们才能迎接新的挑战，到达理想的彼岸。

你们要认识到：你们是当代的中学生，是祖国的未来和希望，肩负着建设祖国的伟大使命。祖国要富强，民族要强盛，就需要中学生们树立远大的理想。因此，我们的中学生要心里装着祖国，想着自己肩负的使命，把自己的学习同祖国的未来，同祖国的现代化建设事业紧密联系起来，要用周恩来的"为中华之崛起而读书"来激励自己，并为实现这个远大理想而努力奋斗。

其次，学习是素质教育的需要。素质教育一般指的是对青少年的最基本的品质教育，实际上指的是一个国家（社会）的基础教育即从幼儿园开始，经过小学到中学这一阶段的教育。就我国来讲，我国青少年只要学好了我国从幼儿园到中学这一阶段开设的全部课程，就具备了我国公民在思想品德、科学文化、健康体魄、审美心理和劳动技术等方面应具备的最基本的品质（素质），在此基础上人们就能成为德、智、体、美、劳五方面都得到发展的社会主义建设者和接班人。"（引自黎世法著《异步教育学》）。因此，我们中学生的个人素质提高的有效途径就是学习即：学习一般指经验的获得及行为变化的过程。人类的学习是获得经验、知识、文化的手段，知识的继承和文化的传承要依靠学习。所以学习可以充实生活，健康身心，促使个人的素质得到全面的发展和提高。高尔基说："一个人追求的目标越高，他的才能就发展得越快，对社会就越有益"。

另外，学习是为了生存。试问：你们想征服自己吗，你们想具备战胜困难的能力吗，你们想在充满竞争的21世纪里站住脚吗，你们想要有一定的生存能力吗？你们会说，想！那就需要学习。《中国教育改革和发展纲要》中指出："世界范围的经济竞争，综合国力的竞争，实质上是科学技术的竞争和民族素质的竞争。从这个意义上讲，谁掌握了面向21世纪的教育，谁就能在21世纪的国际竞争中处于战略主动地位"。邓小平同志说："现代社会是竞争的社会，为了适应社会的需要，必须培养孩子们的竞争意识"。由此可以看出，人若具备竞争力，你就有了适应能力，就有了生存能力。其实，学习的过程既是学习知识的过程，也是培养自己的各种能力的过程，同时还锻炼了自己的意志力、耐力等心理品质。所以，我认为，从生存的角度来看学习，你们应该树立终身学习的观念；也就是人们常说的"活到老，学到老。"只有这样，你们在任何时候都有能力战胜任何困难，才能在纷纭繁杂的竞争中永远立于不败之地。

最后，要加强自我修养。我们要以"周总理自我修养七原则"来严格要求自己。

1. 加紧学习，抓住中心，宁精勿杂，宁专勿多。

2. 努力工作，要有计划，有重点，有条理。

3. 习作合一，要注意时间，空间和条件，使之配合适当，要注意检讨和整理，要有发现和创造。

4. 要与自己和他人的一切不正确的思想意识作原则上坚决的斗争。

5. 适当地发扬自己的长处，具体地纠正自己的短处。

6. 永远不与群众隔离，向群众学习，并帮助他们过集体生活，注意调研，遵守纪律。

7. 健全自己身体，保持合理的规律生活，这是自我修养的物质基础。

问题二："我们学习的时候会觉得烦，无论我怎么休息，或和别人聊天说笑，都改变不了这种烦闷的心情。"

我认为，你们的这种心态是中学生常见的学习心理障碍"焦虑"。即一个人的动机行为遇到实际或臆想的挫折而产生消极不安的情绪体验状态，它由多种感受交织而成。(所谓动机是指引起个人行为，维护该行为，并将此行为导向某一目标的过程)从反思中可以看出，你们还是有一定的学习目标的，而且非常努力，但学习中或生活中的挫折，或者自己的动机行为与现实的实际不一致等等因素，都可能造成你们的焦虑不安、忧愁、烦闷等消极情绪。

那么怎样消除这种不良情绪呢？提出几点建议，供大家参考。

1.加强学习动机教育。

你们应确立为人民、为集体、为社会而学习的动机，克服为个人利益而学习的动机。将社会性动机与个人性动机有机地结合起来，形成健康有效的学习动机。

2.培养广博、稳固、持久的学习兴趣。

兴趣对丰富知识，开发智力有重要意义。你们要根据自己不同的兴趣特点，安排不同的学习内容，采取不同的学习方法，激发自己的学习兴趣。要在了解自己已有兴趣情况的基础上，有针对性地培养自己的兴趣，促进自己兴趣向着有社会价值、广博、稳定而有中心的方向转化，从而增强学习兴趣的广泛性、稳固性、持久性，提高学习的积极性、主动性、自觉性。

3.掌握科学的学习方法，提高学习能力。

(1)目标激励。目标是一种期望，是人们在各项活动中所追求的预期结果在主观上的超前反映。目标对于一个人学习积极性的激发有一定的影响，同学们要注意制订不同阶段的学习目标，来激励自己去实现一个一个的目标，帮助自己提高，让自己慢慢学会学习。

学习目标在个人的发展上要有：具体目标——阶段目标——总目标；从时间上讲：短期目标——中期目标——长期目标。当然，一个时期过了以后，要及时调整目标，要让自己自始至终处在一种有明确的执着追求当中，这样的学习才有动力。

我认为：目标是石，它能敲出星星之火；目标是火，它能点燃熄灭的灯；目标是灯，它能照亮夜行的路；目标是路，它能引你走到黎明。请同学们一定要用目标来激励自己前进。

(2)"三五"进取型学习方法，被认为是较为理想的学习策略。其基本要素是五要、五先、五会。"五要"即一要围绕教师讲述展开思维联想；二要清理教材文字叙述思路；三要听出教师讲述的重点难点；四要跨越听课学习障碍，不受干扰；五要在理解基础上做扼要笔记。"五先"即一先预习后听课；二先尝试回忆后看书;三先看书后做作业;四先理解后记忆;五先知识整理后入眠。"五会"即一会制定学习计划;二会利用时间充分学习;三会进行学习小结;四会提出问题讨论学习;五会阅读参考资料扩展学习。

(3)"五心"学习法是爱迪生一生成功的秘诀:开始学习要有决心;碰到困难要有信心;研究问题要专心;反复学习要耐心;向别人学习要虚心。用"六到"学习法可能调适懒惰、拖沓的不良学习态度。所谓"六到"即心到、要开动脑筋,积极思维;眼到,要勤看,在多方面增加感性知识;口到,要勤问勤背诵,熟记一些必需知识;耳到,要勤听,发挥听觉器官的最大潜力;手到,要勤写,抄写记录是读书关键;足到,要勤跑,实地考察或请教别人,验证理论,丰富实践知识。

(4)注意各科学习环节的落实。如语文学习环节可以分为:从语文学习习惯的培养的环节有:阅读习惯、写作习惯、听话习惯、说话习惯等环节。从语文学习方法的角度看:有预习、听课、作业、背记、运用、拓展等环节。还要让学生注重在单位时间内的学习效率的提高。还要让学生与学生一起研究班级开展"语文环节的监督"的有效措施。 如果能做到"平时多流汗",那么,"考时就过得硬"。 这样一来,我们的学生就能一直保持很好的语文学习兴趣,有助于学会学习。其他学科也是如此。希望同学们找到适合自己学习的方法。

问题三:"不知怎样才能提高学习数学和英语的兴趣?"

这是一个"如何激发自己的学习兴趣"的问题。郭沫若先生有句名言叫"兴趣出勤奋"。可见,兴趣能使一个人产生积极的学习态度,推动其兴致勃勃地、不懈地学习。如果一个人对某种事物产生了兴趣,就会对该事物表现出特别的关注,大胆地进行探索,并以渴望和愉快的心情去从事与此事物有关的活动。那么,怎样培养自己学习数学和英语的学习兴趣呢?提出以下建议,供你们参考。

首先,在知识内部发掘寻找自己感兴趣的因素,充分利用各学科的特点优势,发挥自己的主体作用,激发自己的学习兴趣,比如,英语的文情诗意和异国风情,数学上的逻辑思维,都容易使自己产生兴趣,对发挥自己学习上的主动性、积极性和创造性有着重要的作用。

其次,抢占课外阵地,加强课外阅读,适当了解各学科发展,使自己的学习兴趣建立在自觉的学习基础上。像《生活中数学》等书,通过讲述趣味浓厚的日常生活中的现象,可让自己了解各学科不是枯燥的,抽象的,而是有着无穷的乐趣和实用价值的,自己也能从中获得求知的启迪和欲望,扩充自己的课外知识。同时科学家如达尔文、阿基米德、富兰克林、居里夫人等,他们科学研究的成功和失败、顺利和挫折、必然和偶然，特别是他们的献身科学的精神，坚忍不拔的毅力和对人类的巨大贡献也会给自己以深刻的启迪，留下终生难忘的印象，从而大大提高自己的学习兴趣，而且认识科学家发现问题，提出假设，验证、推理判断的过程等，对于自己形成科学方法论的观点无疑具有重要作用。

三是经常不断地对自己进行人生观和崇高理想的教育，让自己的兴趣之花深深扎根于人生理想的土壤之中。只有当一个人的兴趣与其奋斗目标及人生理想结合起来的时候，他的学习兴趣才会由有趣、乐趣发展到志趣。如周恩来"为中华之崛起"而读书、陈景润立志要在"数学皇冠上嵌进一颗明珠"，都是在读书时立下的志愿，而这样的志趣才具有更大的社会性、自觉性和方向性，具有更大的推动力量。

四是培养自己认真、进取的精神和良好的意志品质。大凡有成就的科学家，在其学生时代没有一个被难题吓退过，这既是个人坚强意志之表现，也是发掘学习乐趣最酣畅淋漓之时。要以此来教育自己，明确学习目的，制定学习计划，认认真真地对待每一门功课，踏踏实实地掌握每一个知识点，独立思考，持之以恒，锲而不舍，遇到久久不能解决的难题不可轻易放弃、请教老师。多做题，并善于归纳其规律。与此同时，还要积极参与各学科知识竞赛，让自己在激烈的角逐中，充分体现出积极思考，迎接挑战的价值，充分体味由艰苦到获得成功的乐趣。

五是语文要背百篇文章，数学要做千道题，英语要背每篇文章。

问题四："初中生的自学能力如何培养？"

1、初中生自学能力的结构

自学能力是学习主体独立地获取、探索和应用知识的能力，它是由多种能力按一定的结构组合而成的有机整体。初中生的自学能力结构有如下因素：独立确立学习目标和学习计划的能力，独立选择自学材料的能力，原有知识技能结构，把握自学过程的能力，认知能力、自学方法、自学习惯、自学活动的自我调控机制等要素。

（1）、独立确立学习目标和学习计划的能力

目标是自学的方向和动力，是制定自学计划的依据，是评价自学效果的标准，是自学活动自学组织能力的标志。初中生应具有独立地确定自学目标和计划的能力，它包括把握事物发展趋势的能力，确定目标难度的能力，将大目标分解为具体目标的能力，在自学活动中随时调整目标的能力，制订实现目标

的计划和措施的能力。

（2）、独立选择自学材料的能力

自学内容是自学能力发展的基础，内容不同自学活动的效能和水平也不同。因此，初中生要根据自学目标，独立地选择自学材料，确立自学内容的能力，它包括确定自学内容深度、广度和难度的能力，明确学习内容与自学能力以及身心健康三者之间关系的能力。

（3）、原有知识技能结构

初中生原有的知识技能结构既是自觉能力的体现，又是自学能力进一步发展的基础。自学目标的确立和自学内容的选择，要以原有的知识结构为基础，又要高于原有的基础，从而实现以学习促进自学能力的发展。因此，初中生应有正确认识自己原有知识和技能基础的能力。

（4）、把握自学过程的能力

自学目标要通过自学过程来实现。初中生应具有完整的高效能的自学过程，并有主动驾驭自学过程的能力。它包括独立确定自学目标，独立制订自学计划，独立选择自学材料，独立自学，独立思考，独立作业，独立检查作业，修正错误，及时复习巩固，系统总结概括，反馈调节自学活动，创造性应用知识技能等能力。

（5）、认知能力

初中生的观察力、记忆力、思维力、想象力是自学能力的核心，而思维能力又是核心的核心。独立的认知能力是自学能力结构中最活跃的要素，它贯穿自学的全过程，决定着自学能力结构中其他要素发展的水平，影响自学能力的整体功能。因此，培养初中生的自学能力，最根本的是要发展初中生的认知能力，特别是独立分析问题和解决问题的能力，培养良好的思维品质。

（6）、自学方法

初中生的自学方法是指独立地搜集、贮存、加工和应用信息的方法。它包括一般的学习方法和特殊的学习方法。一般学习方法有：听讲的方法、阅读的方法、记笔记的方法、观察方法、记忆方法、思维方法、作业方法、考试方法等。特殊的学习方法是指不同学科所特有的学习方法，如实验方法、操作方法等。

（7）、自学活动的习惯化、自动化

初中生应养成良好的自学习惯，应使科学的学习方法成为熟练的技能技巧，成为自动化的自学行为方式，使自学成为生活的有机组成部分。

（8）、自学活动的自我调控机制

初中生要对自己的自学活动不断地进行反思,发展元认知能力(即对认知的认知)。要具有对自学过程进行自我检查、自我评价和自我调控的能力,以增强自学活动的自学组织能力,使自学活动有序、高效地进行。

以上八个方面缺一不可,使自学能力成为一个统一的有机整体。初中生既要全面地培养自己的自学能力,又要突出思维能力这个核心,以形成一个比较完整的自学能力结构,发挥其整体功能,从而为自己今后的发展奠定一个坚实的基础。

2、如何培养自学能力?

具体地说,自学者在日常学习生活中要着力培养以下几种能力:

（1）主动阅读能力。尽管各种视听技术蓬勃发展,但是文字阅读仍然是人们获得信息的重要手段。阅读能力包括记忆、理解和运用三个方面。主动,则主要指具有强烈的求知欲,懂得自学的意义,能主动、自觉地去读书,能科学地自我组织学习。要通过粗读、细读、精读,读懂教材,抓住要点,掌握知识点的要义。总之,要使自学者掌握一般的读书方法,养成良好的读书习惯。主动阅读能力,是自学能力的重要因素之一,是培养自学能力的第一关,是基础,也是关键。

（2）独立思考力。思考与狭义的思维是同义词,思维以感知为基础,又超越感知的界限,它探索与发展事物内部的本质联系与规律性,是认识过程的高级阶段。思考有敏捷与迟钝、深刻与肤浅、灵活与笨拙、简洁与繁琐、依赖性与独立性之分。所谓独立性,就是通常说的批判性,其特征是反对人云亦云,"不唯书,不唯上,只唯实";在学习中常常不满足于释疑,而是不断进行质疑,于无疑之处生疑。独立思考能力是构成自学能力的核心内容。问题启发,使自学者思考具有方向性;强调用心读书,克服思维的惰性;精心小结,培养思维的概括性与严肃性,十分注意思维技巧训练,培养思维的敏捷性与灵活性,即抽象概括,一题多解,多题一解等。

（3）自练自检力。知识在训练中掌握,能力在训练中提高。所谓自练,就是自己依据学习目标去做练习,不待教师与他人督促。任何知识的学习和任何能力的掌握程度都需要一定的测试来检验。而自检,则是自己进行自测并核对答案,并能找出毛病及出现毛病的原因,从而加以改正,使之正确规范。教材中,有做练习的指令性要求。练习本中,有练习题,留有做题的空白,答案附于课本后面,便于自学者当时知道结果。要训练自己如何做练习,如何进行自检。这样就很快使自己形成了自练自检的良好学习习惯,并能很快迁移到各个方面去。

(4)促进自制力。这是自学习惯的迁移。自制能力,就是自己管理自己的能力,也就是不待教师和他人约束、监督,自己能够用规范的标准和道德要求自己的能力。这是一种自觉的能力。

(5)自我控制力。自我控制能力是指一个人对自身进行调节、控制的意志能力。自学能力的情意要素的优化与自学能力的智能要素的优化是相辅相成的。一个人只有克服自身的盲目冲动,克服外界不良因素的诱惑,才能全身心地进行学习,全面发展。大量数据表明,自学习惯较好,学习计划性强,持续时间较长,不仅提高了智商指数,而且情商指数也有提高,促进了综合素质的全面提高。

(6)自觉探求力。这一能力是自学能力的纵深发展,即自学者遇到问题,能自觉思考,自觉寻找答案,自觉寻找参考资料,一直到问题的解决。要求由于增强自学信心,养成良好的学习习惯,能及时复习与巩固所学知识,能主动预习将学内容,能自学有关资料,读参考书,扩大知识量,并且对学习中遇到的难题,能废寝忘食,遍寻解决方法。学习劲头永远是那么旺盛。

(7)加速形成概括力。对典型事例及有关知识进行分析、比较、抽象等心智操作,找出共同的本质特征并得出结论的能力为概括能力。概括能力的形成,关键在于"加速"二字。

(8)能动的应变力。能动应变能力是自学能力结构中的一个重要的心理因素。能动,是指自觉努力,积极主动;应变,是指对付突然发生的情况,对付意料之外的问题。

(9)发展创新思维力。所谓创新思维能力就是创造思维能力。创造性思维是以解决科学或艺术研究中所提出的疑难问题为前提,用独特新颖的思维方法,创造出有社会价值的新观点、新理论、新知识、新方法等心理过程。其特征是:积极的求异性、洞察的敏锐性、灵感的活跃性。在创新思维中,想象具有特殊的作用。想象是创造的源泉。没有想象,就没有创造。创造性的想象,是不断改变旧表象,创造新表象,赋予思维以独特的形式。

问题五:"怎样加强晚自习的管理?"

晚自习作为学校教学的重要组成部分,它在学生的学习、学校的管理中地位和作用是不容忽视的。由于同学们在家里上晚自习，这就需要加强学生晚自习的管理，为学生创造一个良好的学习环境，使学生的学习有所保证！

1、明确晚自习的任务

（1）英语晚读要在完成学习任务的基础上，背单词背课文（一定要背课文），请家长监督执行并签字。准备英语竞赛的同学，要注重拓展，多做阅读与多作综合性试卷，加强作文积累。

（2）保质保量的作各科作业，一定要以"严肃、严格、严谨"的态度做作业，这是复习提高的重要环节。

（3）拓展时间（9 :10-10 :00）

①数学每天做五道题。在做题中归纳出规律，提高做题能力。

②养成归纳每科学习内容的知识点的习惯，培养自学能力。

③在做完各种作业的基础上，培养自己预习能力与质疑能力。

④坚持不懈、拼搏奋进、冲刺黄冈中学的高中，争创一流！为自己争光、为父母争光、为学校争光，发展就是硬道理！

2、时间安排

	星期一	星期二	星期三	星期四	星期五	星期六	星期日
7：00——7：30	英语晚读时间（背单词、背课文（一定要背课文）或背英语作文或英文阅读文章）						
8：00——9：00	根据老师布置的作业上自习课（注意每天的知识归纳；注意提高作业质量以及强化纪律；不懂的问题多问科任老师）						
9：10—10：10	数学	英语	语文	数学	英语	数学	语文

当然，上述建议是否合适，请你们自己根据具体情况而定。我相信，只要你们明确学习目的，善于调整自己的心态、保持健康的心理状态、把学习寓于快乐之中，注意激发自己的学习兴趣，你们的学习效率就一定能提高。我期待着你们的学习取得更大的进步！

（该文是对新同学的学习目的、学习兴趣、学习方法的引导以及对新同学心理素质的培养。）

牢记"五点"调节 正确面对挫折

——怎样面对挫折

所谓挫折，指日常生活中的挫败、失意，在心理学上是个体在从事有目的活动中遇到障碍、干扰，致使个人动机不能实现，个人的需要不能满足而引发的一种消极的心理状态，挫折感是一种普遍存在的心理现象，中学生无论在生活还是在学习、生活等方面都会遇到许许多多不同的挫折。那么，中学生如何面对挫折呢？

首先，要明白挫折是任何人都不能避免的，具有普遍性、客观性。当自己设立的目标与实际目标产生差异时；当尽了最大努力还不能完成看来似乎不太高的目标时；当自己的观念与社会相矛盾时；当自己认为合理的要求不能满足时；当升学考试落榜降临时等都会产生挫折。例如鲁迅曾彷徨过，歌德、贝多芬还曾想过自杀，但他们都顽强地战胜了自己的消沉和软弱，通过自己的努力，最终坚定地走向成功。

其次，要看到挫折并不可怕，生活中的挫折和磨难，给人以打击，给人带来悲伤和痛苦，但也能使人奋起，成熟，变得坚强起来！有一句名言说得好："人的生命似洪水在奔腾，不遇着岛屿和暗礁，难以激起美丽的浪花"。春秋时期的越王勾践，被吴国打败后成了吴王的奴仆，他并不就此认命，而是卧薪尝胆；终于他率众如愿以偿地打败了吴国……正如贝弗里奇所说："人们最出色的工作，往往是处在逆境的情况下做出的"。因此，不要惧怕挫折，事实告诉我们：只要你吸取教训，不被困难吓倒，就能重整旗鼓，在新的起跑线上搏击，去夺取新的胜利！

最后，要善于进行心理调节，保持良好的心态，摆脱挫折感。罗曼ο罗兰说："人生是场无休止的激烈搏斗。要做一个真正的人，就得随时准备面对无形的敌人，面对存在于自己身上能致你死地的那股力量，面对那乱人心智引你走向堕落和毁灭的糊涂念头……"

所以，当挫折来临时，你就应该从以下几方面进行心理调节。

其一学会客观地对待自己。古人云：人贵有自知之明。要对自己有一个正确、全面、客观的认识，自己有哪些优点、缺点；有哪些成功的经验和失败的教训，应当心中有数，既不夸大，也不缩小，实事求是地去接受现实，及时地摆脱挫折感，排除一切干扰自己心智的因素，以主动、积极、乐观、向上的态度对待所发生的一切。

其二学会暂时的搁置，忘却不愉快，离开你所厌烦的情境。让时间抚平不宁静的心，填平心灵上的创伤。

其三学会转移注意力。在受挫折时，要及时转移思想感情和注意力，"忘我"地去热衷于让你开心的事。如唱歌，读书，绘画，写作，工作……

其四学会宽容。越是在遭受挫折，越是要谦让，对别人宽容大度。这一点是构成健康人格的关键因素之一。

其五做一件事要善始善终。当面临任务很多时，要先解决一个最容易解决的问题，有了成果就会有信心，成果越大，信心就越强。

总之，"真的猛士，则可以操纵自我心智，跨越道道障碍，打破重重险阻，奋力前行！"在人生的道路上，只有那些勇于面对挫折，不畏艰难，凭坚强的毅力拼搏的人，才能有希望走向成功，才能创造出更加美好的明天！

中学生朋友，请你们正确地面对挫折吧！

祝你考上理想中的大学！

（该文在黄冈中学 2001 年度德育论文评比获一等奖。）

遵循《规范》养成良好习惯

——《规范在我心中》主题班会实录

陶秀琪

班会总体说明

班会主题	《规范》在我心中	计划学时	（时间）1课时
适应对象	（年级）初一年级 高一年级		
班会活动目标	1. 学习《中学生日常行为规范》，《中学生守则》《中学生礼仪常〈等，帮助学生树立正确的人生观和世界观，养成良好的行为习惯，促进学生健康快乐的成长。 2.提高学生的道德修养，牢固树立规范意识，增强自觉性，培养学〈从我做起、从小事做起的意识，做讲文明、讲纪律的合格的中学生〈		
班会重点	帮助学生理解《中学生日常行为规范》《中学生守则》《中学生礼仪常规》。		
班会难点	巩固和落实《中学生日常行为规范》《中学生守则》《中学生礼仪常规》		
活动设计思路	开展《规范在我心中》的目的——用文艺节目来表演《中学生日常行为规范》《中学生守则》《中学生礼仪常规》中的条款，有利于学生理解并掌握——穿插记者采访环节——用同学们的理解和政教处领导的讲话引导全体学生对《规范》的理解——校长讲话，为学生指明方向。		
所需教学媒体	PPT、电视机、电脑、黄冈中学电视台、多媒体教室		
班会活动准备	确定表演的《规范》条款；进行各种类型节目的创作，电视短剧的创作与拍摄，各种文艺节目的编排，准备奖品，摄像机，话筒等		

班会内容和过程

导语：老师们，同学们：

黄冈中学就是一条生命饱满的河流，她从历史的源头出发，朝着国内一流、国际知名的未来流淌；不管两岸风景如何变换，河上始终有着渴望向美丽彼岸去摘取最灿烂珍珠的船客，我们这些莘莘学子有着代代相传的辛勤的舵手和船工掌航护航；黄冈中学的优秀教职工们，我们高一（5）班全体同学向全体老师敬礼！起立！鞠躬(全体学生鞠躬)！坐下！

过渡:啊！黄冈中学！黄冈中学！

我们刚刚在您的怀抱中依偎着！

刚刚感受到您的威严！刚刚体会到您的深情！黄冈中学,我想对您说的实在是太多太多！……下面请听演讲《当我跨入黄冈中学的时候》。

环节一:演讲《当我跨入黄冈中学的时候》

设计说明:这个环节的设计是培养学生的热爱学校的爱国主义情操。

词:尊敬的各位老师,亲爱的同学们:

大家好！

今天,我为大家演讲的题目是《当我跨入黄冈中学的时候》。

黄冈中学是我向往已久的圣地,在我的心中,黄冈中学是一片神圣的求知热土,是一座通往未来的知识殿堂。在我很小很小的时候,我的爷爷曾牵着我的手,在这片宁静而神圣的校园里漫步。爷爷对我说,"孩子,长大了,可一定要到黄冈中学来读书啊！"当时的我,虽然不知道为什么,但在我小小的心中,却隐隐知道了这里是读书求学的最好地方！今天,当我真的跨入这所在湖北省乃至全国赫赫威名的学校大门时,儿时梦寐以求的愿望化为现实。我激动、我快乐、我更自豪！

上学的第一天,我含辛茹苦的父母对我千叮万嘱,上黄冈中学意味着吃苦和奋斗！意味着勤学苦练知识本领！意味着要成为一位品学兼优的好学生！我怀着辛福的心情暗下决心,我要按《中学生日常行为规范》的要求那样,像奥运会上跑马拉松那样,坚持不懈,踏平求知路上的坎坷,沿着初中的起跑线,跑进黄冈中学的高中,跑进我神往的大学。

当我跨入黄冈中学的时候,我就被这浓厚的文化之风,浓浓的学习之风所深深感染。

我们的老师有严谨的治学态度,我们班主任有着和谐温柔的微笑,数学老师教会我们精密的思维,英语老师培养我们的英语兴趣,各科老师有着无私奉献的精神。上学的第一堂课,班主任老师就对我们说,当我批评你的时候,请不要丧气,只怪我方法不好;当我唠叨的时候,请不要烦燥,只怪我口才不好。但是,同学们,我爱你们！面对这样谦恭而敬业的老师,我由衷地想说:"老师,我敬爱您！黄冈中学,我爱您！"

课余,我走在我们的校园里,校园里秋意甚浓,绿树常青。同学们静悄悄的脚步,是校园宁静的风景。操场上、食堂里、图书馆,没有喧哗,没有哄抢,到处都是文明,到处都是礼貌的氛围。

当我跨入教室的时候,深吸了几口学习的空气,同学们有的在看书,有的在做读书笔记,有的在奋笔疾书,有的在静静思索。当我的老师走进课堂,只见同学位都在认真听讲,在积极举手发言,在认真做作业,大家都暗暗地用实际行动,为我们的光辉而努力!

黄冈中学成长了王崧、库超、付丹、袁新意。这些奥赛名星,永远是我们学习的榜样!他们是黄冈中学的骄傲,黄冈中学也以他们为自豪!他们的辉煌成绩是我们今后努力的方向和目标!

当我跨入黄冈中学的时候,我就深爱着黄冈中学的一切!在这片神圣的校园里,沐浴着文明的春风,吮吸着知识的乳汁,感受着老师的关爱和教诲!

我相信,只要我们努力向上,我们远大的理想都会变成现实!我们的未来就会光辉而灿烂!我们黄冈中学将永远春色满园!万紫千红!

谢谢大家!

班主任小结:这篇演讲稿感情真挚、文采飞扬,表达了自己对黄冈中学的向往、热爱之情!在文中还为高一的学生树立了学习的目标和榜样,教育我们要珍惜在黄冈中学学习的时光。要努力学习,奋发向上!

过渡:哲学家培根说:"在我看来,举止就像是心灵的衣裳,并且具备衣裳的特点。因为举止应当合乎时尚而不应稀奇古怪,它应该在体现心灵美的同时,又能掩饰不足。"我们刚来高中应该怎样来规范自己的行为举止,来塑造自己美好的心灵呢?请听大合唱《规范歌》。

环节二:大合唱《规范歌》

设计说明:这个环节的设计是为了让全体同学更好的理解和掌握《中学生日常行为规范》,用《三大纪律八项注意》的曲调来唱这首歌,又好唱,又好记,又便于落实。教育效果好!

词:黄冈中学每个学生热爱祖国,热爱人民。

努力学习准备为社会主义现代化贡献力量。

自尊自爱注重仪表,穿戴整洁,举止文明。

不打架骂人,养成良好的卫生习惯,心理健康。

遵规守纪严于律己,遵守公德,礼貌待人。

勤奋艰苦，尊重父母老师的意见和教导，关心兄妹。

班主任小结：刚才的《规范歌》唱出了同学们的心声，唱出了同学们的志气，唱出了我们遵守《中学生日常行为规范》的决心。坚信大家是能够养成良好的行为习惯的。

过渡：一个月以来的学习生活总的来说，是充满诗情画意的，但也存在着许多不足，下面请欣赏话剧《图书馆里的风波》，作者刘浩。

环节三：话剧《图书馆里的风波》

设计说明：这个环节的设计是为了教育学生遵守《中学生日常行为规范》中的第三部分："遵规守纪，勤奋学习"中的第21条："保持图书馆、阅览室的安静。"

大家好！今天我为大家表演独角戏，它的名字叫《阅览室里的风波》

这天下午阅览室里很安静，大家都在认真地看着书，可是，从一个角落里发出了一阵音乐声，是谁呢？大家忍不住向那里看，原来是刘刚（表演者戴上耳机，边听边哼，边摇晃着身子），王红看见后皱起了眉，她拿出一张纸和一支笔在上面"唰唰唰"地写了几个字，又亲手拿起纸条离开了座位，把纸条递给了刘刚。刘刚接过纸条看见上面写着"遵守纪律，保持安静"，刘刚"哼"了一声，随手把纸条揉成一团，扔进了废纸篓，王红看到这情景，她不由得又皱起了眉，她又轻手轻脚地走过去，"啪"地一声关上了刘刚的随身听，刘刚瞪她一下，朝着王红恶狠狠地说："王红，你别多管闲事。"说着又打开了随身听，继续听（表演：边听边摇晃）。王红再也忍不住了，她又径直走过去，拉住刘刚的手腕，轻声说"来，来，来。"于是王红就和刘刚一起走到图书馆外，她一本正经的问刘刚："刘刚，你学过《中学生日常行为规范》没有？"刘刚扬起头，满不在乎："学过。"那么，你为什么不遵守呢？""遵守，怎么啦？""遵守这句话———'要保持图书室和阅览室的安静'。"刘刚这时才语塞了，他搓着手"这、这、这。""那么你愿意改正吗？"王红和颜悦色的说。"行！行！"刘刚忙不迭地点头，他轻轻地关上了随身听，摸着头皮，不好意思地笑了，"嘿、嘿、嘿。"王红也会心地微微一笑，于是，他们俩一起拉着手走进了图书馆，我的节目表演完了，谢谢！

班主任小结：同学们把《图书馆的风波》演绎的惟妙惟肖，生动有趣，非常形象的教育了全体同学，使同学们认识到："保持图书馆、阅览室的安静"非常重要。

过渡：我们每个星期都要进行考试，在考试的时候，我们应该注意哪些问题呢？下面请欣赏小品《如此考试》，作者贾煜。

环节四：小品《如此考试》

设计说明：这个环节的设计是在教育学生诚实考试，自觉遵守《中学生日常行为规范》中的第三部分："遵规守纪，勤奋学习"中的"考试不作弊"。

情景设计：

舞台上摆着两张课桌和课凳，两位男同学坐在座位上，正在进行数学考试，有一位教师在监考，小明（坐在左边）遇到一道难题，抓耳挠腮。

旁白：《如此考试》

数学考试开始了，考场上平时学习不认真的小明与一道难题狭路相逢了，强攻5分钟未能攻下，并想办法智取，首先小明用余光瞟了一下来回踱步的老师，老师正好背对着他，他迅速瞟了瞟同桌小刚，那道让他冥思苦想的题目让他做了出来，小明喜出望外，偷偷撞了撞小刚的胳膊，并对小刚说……。小刚头也不抬，继续做自己的试卷，小明以为小刚没听见，于是写了一张小纸条，趁老师不注意扔到了小刚的桌上，这一幕恰巧让老师发现了，于是老师敲了敲他们的桌子，作为提醒。小明看到被老师发现了，又坐在座位上开始发呆。一会老师走了，小明确定老师离开了，就有了新的小动作，把头低下来去翻书。真是无巧不成书，这一幕又让老师发现了，于是老师把小明牵了出来，语重心长地说："来，来，你出来。《中学生日常行为规范》中的第三部分："遵规守纪，勤奋学习"中的"考试不作弊"，难道你不知道吗？考试就是要考出真实成绩，真诚最重要。"

小明说："老师，我错了，我一定改。"老师说："你回座位吧！"

旁白：小明满脸绯红地回到座位上，叹了口气，突然他像是被电触了一下，他醒悟了过来，这才专心伏案做卷，为刚才自己的所作所为而感到羞愧。

班主任小结：生动活泼的小品告诉全体同学，诚实是做人之本，诚实考试最重要。同学们在欢笑中接受了教育，懂得了道理，达到了教育的目的！

过渡：游戏机对我们中学生的危害是非常大的。那么，让我们来听一听游戏机的自述！请看小品《游戏机的自述》。

环节五：小品表演《游戏机的自述》，作者：冯创

设计说明：电子游戏对青少年的毒害，已经成为了社会问题。民盟北京市委早就发布了题为"关于电子游戏与未成年人教育问题"的调查报告，报告中

指出:"目前,在校生因迷恋网络游戏造成学习成绩下降,甚至旷课、逃学的现象日益普遍"。

这篇调查报告还指出:"电子游戏一般以'攻击、战斗、竞争'为主要成分。未成年人长期玩飞车、砍杀、爆破、枪战等游戏,会使他们模糊道德认知,淡化游戏虚拟与现实生活的差异,误认为这种通过伤害他人而达到目的的方式是合理的。因为玩电子游戏而引发的道德失范、行为越轨甚至违法犯罪的问题正逐渐增多。"从这组材料提供的信息中,我们清楚地看到了"电子海洛因"正在逼近中学生,我们还清楚地看到了中学生们面临着"电子海洛因"的挑战,我们更清楚地看到了我们学校教育面临着中学生玩游戏成瘾的"矫正"的挑战。本小品就是教育学生要知道电子游戏的危害,要远离电子游戏,要远离网吧,确保中学生身心健康,快乐成长!

(头戴电子游戏机的表演者上场)

我就是电子游戏机,从外观来看,就像一台电视机,又像一台电脑,还俗称"电子海洛因"。你瞧,我的名字和我非常相配,因为是姓电的,当然名字也带电□迷上我的人就像吸了毒一样,整天无精打采,茶饭不思,学习的人不爱学习了,工作的人不愿工作了。他们一遇上我就像饿汉见到包子,而且能够达到如痴如醉、废寝忘食的境界。所以,我又叫"电子海洛因",我身体里有着供人们游戏的软件,用密密麻麻的电线连接着,构成了我的内脏,所以,我还有一个雅号"电子游戏机"。嘿嘿,告诉你吧! 我最大的优点就是屏幕上出现的图案一闪一闪,对人们的视力有很大的影响,迷上我的人,哈哈,我可是对你不客气了。我的屏幕上现出的图案时而明、时而暗、时而深、时而浅。而且我可以放射出一些辐射物来刺激人的眼睛。所以,许多视力良好的人,玩上瘾后马上就会变成眼"镜"蛇。

最近,有许多中学生也分外喜欢玩电子游戏机,有的甚至玩机丧志,中毒成瘾。合肥市一名13岁的中学生因沉迷游戏,在游戏机室泡了整整8天8夜;武汉市一名16岁的少年因沉迷游戏而荒废了学业,其母亲跪求游戏机室的老板。向社会发出救救孩子的呼吁。游戏机病象瘟疫般在中小学生中漫延,据有关城市的初步不完全调查,至少有10%的中小学生沉湎于游戏机,有的学校高达50%以上,上瘾成癖的青少年,终日沉湎游戏机,难以自拔,中毒之深,触目惊心。

最近,全国各地开始采取强有力的措施,整治游戏机室。沈阳市公安局从警察队伍自身着手,实施了电子游戏机室的治安管理查纠制度;上海出台了规范电子游戏机管理办法;昆明市对游戏机接待未成年的游戏机室给予了取缔。武汉市进行彻底整治电子游戏机室,对游戏机场所实行定点限量营业。《中学生行为规范》规定:不进营业性舞厅、营业性电子游戏厅、不进酒吧,音乐茶座等不适合中小学生的场所。

嗨,我失业了! 什么时候,我才能东山再起呢?

班主任小结:《中学生日常行为规范》中的第一部分"自尊自爱,注重仪表"的第7条要求中学生"不进营业性舞厅、营业性电子游戏厅、酒吧和音乐茶座等不适宜中学生活动的场所"。以上小品,让同学们了解电子游戏的特点、危害以及全国各地为了整治游戏机室所采取的措施,对学生的教育很大,有效果。

过渡:大家好!(小记者上场,随着上台的有一名录相师)

我是中学生天地的小记者,下面我对高一(5)班作一个采访。

环节六:现场采访,谈感受,助理解。

设计说明:用新颖的节目形式,把学生对《中学生日常行为规范》的理解和形式多样的节目内容结合起来,现身说法,对全体学生的教育效果好! 更值得提倡的是,把政教处领导的讲话融到这里,既新颖又让同学们很自然的领悟领导的教育,避免了枯燥的说教,教育效果好。

记者:(采访同学甲)刚才三个节目很好,请你说说你的感受。

同学甲:看了刚才的三个小品后,我的感受有很多。像小品中出现的不良现象,在我们的校园里是绝对不可能看到的。因为,入学以来,我们在老师的教育下,努力学习《中学生日常行为规范》,自己的一言一行比小学好多了,我相信,只要我们努力学习,按照《中学生日常行为规范》中的每一条去做,我们的校园会变得更加文明的。

谢谢!

记者:谢谢!

记者:(采访同学乙)请问你叫什么名字?

同学乙:我叫夏坤

记者:谢谢! 看了三个小品之后,你觉得你该怎么做呢?

同学乙:我认为,我们中学生应该遵守《中学生日常行为规范》,认真学习,考试时不作弊,考出自己的真实水平。在图书馆阅览室不大声喧哗,不进入不适合中小学生的场所,我希望同学们都以《中学生日常行为规范》来约束自己的行为,努力再努力,努力做一名合格的优秀的中学生。

记者:谢谢!

记者:(采访同学丙)请问你叫什么名字?

同学丙:我叫方媛。

记者:你有什么感受呢?

同学丙:看了刚才的三个小品,深知在今后的日子里我们要做到,在图书馆里不能大声喧闹,要保持安静;不能打扰他人读书,妨碍他人学习;在神圣的考场上,我们不能作弊,要考出自己的真实水平。

记者:程主任,我想采访您,我们的同学表演了电视短剧。请问您,我们应该怎样做,才能做一个合格的中学生呢?(采访黄冈中学政教处主任)

程主任:这个问题,刚才几个同学都回答得很好。

首先,我们要以《中学生日常行为规范》来约束自己,对照检查自己的言行举止,其次,要养成良好的文明行为习惯,从小事做起,从身边的事情做起,俗话说:"勿以恶小而为之,勿以善小而不为。"最后,我们要在老师的领导下,同学干部的管理下,同学们之间互相监督,互相帮助,为班集体增光,为学校争光的思想指引下,做一名合格的中学生。

好,谢谢。

记者:谢谢程主任,谢谢大家。(采访结束)

班主任小结:同学们对以上三个节目的理解是很深刻的,对《中学生日常行为规范》掌握的较好。程主任的电视讲话,对我们落实《行为规范》提出了具体要求,我们表示感谢。

过渡:《规范》是我们行动的指南,《规范》在我心中,请听演讲《<规范>在我心中》。

环节七:演讲《<规范>在我心中》,作者范轶

设计说明:本篇演讲稿从学生自身的感受出发,谈到了《规范》给予他学习、生活乃至做人方面的帮助。让学生从中感受到《规范》在一个人的成长中的作用。

大家好! 今天我演讲的题目是《<规范>在我心中》

俗话说没有规矩,不成方圆。《规范》是一切胜利之本。人的一言一行都离不开《规范》,特别是我们中学生,只有依照《中学生日常行为规范》来做,才

会获取成功,否则将一事无成。

《规范》对班级的作用非常大。开学时,班主任带领我们学习了《中学生日常行为规范》,我们就大力抓学习、抓劳动、抓卫生、抓文明习惯的培养,结果开学不久,我们班就取得了好成绩。

就拿上次军训来说吧,我们班同学奋力拼搏、吃苦耐劳,没有谁喊苦叫累,个个精神抖擞,结果在军训汇报表演时,我们班一举夺得全校第一名。大家心里都明白,这是学习《中学生日常行为规范》的结果,是它告诉我们,要热爱班集体,告诉我们不怕苦、不怕累,才能获得成功的道理。《中学生日常行为规范》让我们班大变样,让同学们大变样,也让我大变样。《规范》对我今后的学习起到了非常大的作用。就拿上星期劳动来说吧,在以前我是最不爱劳动的,一见了劳动就躲。自从学习了《中学生日常行为规范》中"要热爱劳动"这一条后,我彻底改掉了这个毛病,本来这次没安排我扫地,但是,我主动帮助别人打扫,在我的带动下同学们都来帮忙,结果,那次劳动我班获得全校卫生第三名。可见,《规范》是多么的重要。

《规范》在学习上也帮助了我。小学时,上课我从来不举手发言,而且听课也无精打采。自从学习了《中学生日常行为规范》中的"上课要认真听讲,积极举手发言"这一条后,我彻底改掉了这个毛病,上课发言的次数增多了,听课也有精神了。短短一个月,我就改掉了上课不听讲的毛病,还养成了上课积极举手发言的好习惯。《中学生行为规范》让我受益匪浅。

《规范》对我不规范的行为进行纠正;《规范》对我学习起推波助澜的作用;《规范》让我成功,让我获取喜悦。《规范》你永远在我心中。

班主任小结:同学们看到了《规范》的作用。我们要从我做起,从现在做起,自觉遵守《中学生日常行为规范》,逐步养成良好的行为习惯,提高自我素养!

过渡:下面是由我班男生表演的趣味节目《迎外宾》,请大家欣赏。

环节八:情景剧《迎外宾》

设计说明:用情景剧的方式表演"迎外宾",目的是教育学生遵守《中学生日常行为规范》中的第二部分中"真诚友爱,礼貌待人"的第10条的规定:"遇见外宾,以礼相待,不卑不亢",要做一个有礼貌的人。

旁白:我告诉大家一个好消息,最近有一个外宾要到我们学校来参观访问,我们学校已经派出学生代表到火车站去迎接他,这不,已经到火车站了。

同学乙：我是来迎接外宾的，不知道这位先生是不是，我去问问。

（问外宾）

同学乙：Excuse me, are you Mr. Green.

同学丙：No, I'm not.

同学乙：Sorry.

同学丙：That's all right.

同学乙：Good bye.

同学丙：Good bye.

同学乙：刚才这位先生不是，不知道这位先生是不是，我再去问问。

同学乙：Excuse me, are you Mr. Green.

外　宾：Yes, I'm.

同学乙：Oh, good. I'm Lilei. How do you do.

外　宾：：How do you do.

同学乙：Welcome to Huang gang.

外　宾：Thank you.

同学乙：You're welcome, please.

旁白：我们的学生代表已经把外宾接到了，他们要到宾馆去办理住宿登记。

服务员：下午好！

同学乙：Good afternoon.

外　宾：Good afternoon.

服务员：请问这位先生叫什么名字？

同学乙：What's your name please.

外　宾：My name is Jim Green.

同学乙：他说，他叫杰姆·格林。

服务员：请问他能拼写他的名字吗？

同学乙：Can you spell your name please.

外　宾：Yes, I can.

同学乙：他说，他能。

服务员：谢谢！这是房间钥匙。

同学乙：Thank you. This is the key for your room.

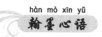

外　宾：Thank you.

同学乙：谢谢！

服务员：不用谢！

旁白：外宾已经办理好了住宿登记。他们就要到我们学校来参现了。大家欢迎。

同学乙：Hello. Nice to meet you.

外　宾：Nice to meet you too.

同学乙：Would you please.

同学乙：Look. That's the teaching building.

外　宾：Oh, That's good. It's that a library.

同学乙：No, it isn't. That's the dobbin.

同学乙：Look! That's the library.

外　宾：Oh, very good.

同学乙：This is my classroom.

外　宾：What's your number.

同学乙：I'm No 1. year 1. You're welcome.

外　宾：See you later.

同学乙：See you.

旁白：《中学生日常行为规范》第二章第10条规定中学生"遇见外宾，以礼相待，不卑不亢"。

班主任小结：同学们用流利的英语表现了中国中学生的精神风貌。你们充分展示了中国人民的"真诚友爱，礼貌待人"！你们是优秀的当代中学生的代表！

过渡：我们学校的校长非常关心我们的成长，下面我们欢迎校长给黄冈中学的同学提几点希望。

环节九：校长讲话，明确方向

设计说明：这是画龙点睛之笔。校长的讲话，高屋建瓴，方向明确，把对学生的教育寓于生动有趣的活动当中，目的是，有利于学生的接受，有利于老师的接受，有利于整体优化！这个环节起到了升华主题的作用。教育效果好！

校长：同学们，今天的《规范在我心中》的主题班会，主题很突出，形式很新颖。老师的心血没有白费，同学们展示了多才多艺，显示了较高的综合素质。

今天高一(5)班同学的班会，代表了我们黄冈中学的学生风采！我为有这样的班级而高兴！为有这样的学生而自豪！

同学们，今天我来参加这个主题班会，是带着听课笔记来的，因为这是一堂课。班会是一堂课，是一堂十分重要的课。我们在学校学习，有必修课程、选修课程、活动课程，班会就是活动课程，是必不可少的。我们要培养我们同学具有较高的综合素质，要培养这样的人，要培养21世纪所需要的高素质的人才，不仅仅需要科学知识、人文知识、创新能力，还要很好的心理品质，还要很好的学习习惯、生活习惯和行为习惯。

人与人之间，学生与学生之间，学校与学校之间，班与班之间，在同样的要求下，会有一些不同的差距，会有不同的结果。其原因一是与他的基础有关，二与他的习惯有关，基础的不同也是与他的习惯有关。所以，学习的习惯对他的成长，有着非常重要的作用。

面向21世纪，我要求我们同学，要在素质教育当中，在学校的教育教学的各项活动当中，学会做人，学会学习，学会发展。不仅仅是在我们的班会中能讲得出、演得出、做得到。而且在实际的学习生活当中，能始终如一做到《<规范>在我心中》，做到为祖国的繁荣，为中华民族的复兴而努力学习，把自己的综合素质搞上去，我祝愿同学们，好好学习，天天向上。

谢谢！

班主任总结：校长的殷切希望，校长的谆谆教导，我们牢记在心。谢谢校长。

《中学生日常行为规范》在我心中，在我们大家心中。没有规矩，就不成方圆。只要我们时刻铭记《规范》，处处遵循《规范》；我们就能成为一个高尚的人，一个纯粹的人，一个有道德的人，一个脱离了低级趣味的人，一个有益于人民的人。

（该主题班会在2000年秋季荣获黄冈中学优质班会一等奖。2012年3月该主题班会教案被收入《中小学素质教育资源包》，北京东方燕园科技发展有限公司全国发行。）

心存感恩 立志成才

——感恩教育主题班会实录

陶秀琪

班会总体说明

班会主题	心存感恩 立志成才	计划 学时	（时间） 2 课时
适应对象	（年级）初一、初二、初三年级、高中		
班会活动目标	1、让学生认识父母养育之恩、教师培育之恩、他人关爱之恩，使学生了解在自己成长过程中，家庭、学校和社会每个成员为之所付出的辛勤汗水，形成"感恩相报"之识。 2、使学生感悟到自己的每一天成长都离不开父母、离不开教师、离不开同学、离不开社会上所有的人，对自己周围的人 应感激他们、应尊重他们，产生"感恩相报"之情。 3、使学生认识真情回报要以自己的成人、成才来回报，激励自己奋发学习，立下成才之志，树立"感恩报效"之志。		
班会重点	本班会中最重要和最本质的学习内容：培养学生的对父母、教师的感恩之心。应对策略：1、收看"历史上最牛的励志感恩演讲—'一横老师'的演讲"净化了人心灵，洗涤着所有学生的心灵。2、在母亲节时，布置学生给母亲作一件事。3、教师节时，布置学生给教师做几件事，培养感恩老师的感情。4、召开丰富多采的主题班会培养学生的感恩心。		
班会难点	由于知识、认知的深度和模糊性，学生在班会过程中容易遇到的困难问题是：感恩同学的理解。 　　应对策略：讲清意义，组织活动，加强理解，达到培养感恩之心的目的。		
活动设计思路	开展感恩教育设计目的——理解感恩教育的概念——弄懂感恩教育的意义——设计感恩教育的活动——收看视频：历史上最牛的励志感恩教育的"一横老师"的演讲——举行歌颂母亲的诗歌朗诵会——开展"我为母亲做件事"活动——开展"我为老师送温暖"活动——开展"我给同学解难题"活动——开展"我要感恩党的领导"——大合唱：感恩之心。		
所需教学媒体	PPT，电视机；电脑；"一横老师"的演讲视频；黄冈中学电视台。		
班会活动准备	收集感恩教育的材料，文艺节目的准备及道具的运用		

班会内容和过程

环节一.激趣抢答,感受感恩

设计说明:这个环节从名人诗句着手,调动学生的积累,激起学生感恩的情趣,诉诸感情,为下面看"一横老师"的感恩演讲(视频)做铺垫。

过渡:请同学们抢答下列问题,看谁答得又快又准。请填出名句中缺少的部分:

1.谁言寸草心,＿＿＿＿＿＿＿＿＿。——唐·孟郊《游子吟》

2.养儿方知娘艰辛,＿＿＿＿＿＿＿＿＿。——日本谚语

3.＿＿＿＿＿＿＿＿＿,羊知跪乳之恩。——明代的《增广贤文》

4.＿＿＿＿＿＿＿＿＿;我帮人家,莫记心上。——华罗庚

答案:1。报得三春晖 2。养女方知谢娘恩 3。鸦有反哺之义 4。人家帮我,永志不忘

班主任小结:同学们,从上面的题目可以看出,古今中外的诗词和谚语中有许多铭记感恩的名句,感人至深,叫人难忘。激励人们做一个感恩的人,做一个有道德的人。

环节二,看视频,感受感恩(45分钟)

设计说明:"历史上最牛的励志感恩教育的'一横老师'的演讲"讲座的主题:是教学生懂得感恩,通过对亲人、对老师、对同窗的形象塑造与赞颂,让我们去收藏这份爱,去感恩这份爱。让学生身临其境,并通过谈感受,使学生从"一横老师"的演讲中能充分感悟感恩!

过渡:同学们,有首诗中说"鲜花感恩雨露,因为雨露滋润它成长/苍鹰感恩长空,因为长空让它飞翔/高山感恩大地,因为大地让它高耸/"我们要学会感恩!今天,我们来倾听"历史上最牛的励志感恩教育的'一横老师'的演讲",题目是:感恩父母。全体同学看完视频后,再谈感受。

1.播放视频:"历史上最牛的励志感恩教育的'一横老师'的演讲"(视频可在网上下载并链接)。

2.看视频后,谈感悟示例:

学生甲:"一横老师"的感恩演讲片没有绚丽多彩的画面,没有惊天动地的场景,但却比我看过的任何一个影片都精彩。在日常生活中,我们很多时候都是饭来张口,衣来伸手,从不曾想过感恩,更不懂报答。我在观看演讲的过程

中非常感动,感悟颇多……

我们最应该感恩的是父母,这不仅是中华民族千古以来的美德,同时也是我们应尽的孝道。儒家经典著作《弟子规》中写道:弟子规,圣人训。首孝悌,次谨信……,"孝"是八大美德之首。上面一个"老",下面一个"子",由此可见,"孝"不是一个独体,也不是一个人就可以做到的。一个孩子是否"孝顺",深受其父母的影响,同时一个孩子的孝顺更能感染父母的心。"孝"的主体是"子",身为子女,重要的是孝顺父母,理解父母的一片苦心。在理解的基础上,做到尊重父母,做到尊重父母就是做到了孝的第一步。

《弟子规》中还有这么一句:事诸兄,如事兄。事诸父,如事父。孝不仅指对待自己的父母顺从,在孝顺父母的基础上,还可以更进一步,对待别人的父母兄长,也要像对待自己的父母兄长一样,尊重、爱戴他们,也就是说理应尊重每位比自己年长的人。

其实,"孝"字还体现在对每一细节上,充斥着我们的生活。在尊重每一位长者的基础上,还应包括,对国家的忠诚,爱护自己的国家,维护国家主权,维护民族尊严。

所以,从现在开始,我将会用我的行动去感恩家人,感恩老师,感恩同学,感恩社会,感恩祖国!

班主任小结:我们从"一横老师"的演讲中,知道了感恩的意义:

1.感恩是一种美德,我国是一个历史悠久的文明古国,以"礼仪之邦"闻名于世。在我国虽然没有独创的专门来表达感恩之情的节日,但感恩教育却是源远流长。古人历来重视道德修养和文明礼貌。

2.感恩不仅是一种品德,更是一种责任。感恩应是社会上每个人都应该有的基本道德准则,是做人最起码的修养,也是人之常情。只要我们人人都有一颗感恩的心,我们的校园、我们的社会也将会更加和谐。

3.拥有一颗感恩的心,我们才懂得去孝敬父母;拥有一颗感恩的心,我们才懂得去尊敬师长;拥有一颗感恩的心,我们才懂得去关心,帮助他人。拥有一颗感恩的心,我们就会勤奋学习,珍爱自己;拥有一颗感恩的心,我们就能学会包容,赢得真爱,赢得友谊;拥有一颗感恩的心,我们就会拥有快乐,拥有幸福,我们就会明白事理,更快地长大,我们就能够拥有一个美好未来。

环节三。讲故事，诉诸情感

设计说明：我们在进行德育教育中坚持"以科学的理论武装人，以正确的舆论引导人，以高尚的精神塑造人，以优秀的作品鼓舞人。"我们在感恩教育中运用优秀的作品，典型的示例来引导学生，教育学生懂得感恩。

过渡：同学们，"一横老师"的感恩教育，让我们懂得了感恩。现在，请同学们听名人的故事，传承中华民族感恩的优良传统，并从中学会感恩！

同学一，母爱的伟大：一位母亲下岗了，但是她不忍心看着她的女儿整天闷闷不乐，便决定带她的女儿去滑雪，还买了两件银色面包服，让她女儿高兴。但不幸的事却发生了：她们太兴奋，滑得远离了指定的地方，导致雪崩，母女俩穿的银灰色衣服与白色相似，救援飞机根本看不到她们，母女俩都要冻僵了。最后，母亲把自己的血管割破，用鲜血写了"SOS"使她的女儿获救，而这位伟大的母亲却因失血过多，永远地离开了她的女儿。

同学二，感恩父爱：东汉时的黄香，是历史上公认的"孝亲"的典范。黄香小时候，家境困难，10岁失去母亲，父亲多病。闷热的夏天，他在睡前用扇子赶打蚊子，扇凉父亲睡觉的床和枕头，以便让父亲早一点入睡；寒冷的冬夜，他先钻进冰冷的被窝，用自己的身体暖热被窝后才让父亲睡下；冬天，他穿不起棉袄，为了不让父亲伤心，他从不叫冷，表现出欢呼雀跃的样子，努力在家中营造一种欢乐的气氛，好让父亲宽心，早日康复。

同学三，感恩老师：毛泽东八岁进家乡一个私塾念书，拜毛禹珠为师，一直读到十三岁。后来，谈起少年时的情形，他还特别感谢毛禹珠先生对他进行的启蒙教育。1965年6月25日，毛泽东回到阔别了三十二年的故乡，他请来了韶山的老人们一起吃饭，席间，毛泽东给毛禹珠老师敬酒，老人感激地说："主席敬酒，岂敢岂敢！"毛泽东却说："敬老尊贤，应该应该！"徐特立是毛泽东在湖南师范上学时的老师，他的学而不厌、诲人不倦、艰苦朴素、谦虚勤奋的作风给全校师生留下深刻的印象。1927年大革命失败时，许多人离开了共产党，而徐特立却毅然加入了共产党。因此，毛泽东同志很尊敬徐老。1937年1月，当徐老六十岁生日时，毛泽东同志写信祝贺，信中说："你是我二十年前的先生，你现在仍然是我的先生，你将来必定还是我的先生。"高度赞扬他"革命第一、工作第一、他人第一"的崇高品质，并号召全党同志向徐老学习。徐老七十寿辰时，毛泽东又送去了"坚强的老战士"的亲笔题词。

班主任小结：我深深地体会到，有一种情不求回报，有一种情无怨无悔，有一种情可感天动地;有一种爱无声无息,有一种爱温柔细腻,有一种爱坚定不移!这就是父母之爱!这就是老师之爱!这就是祖国之爱!让我们高声歌唱这种"大爱"吧!

环节四。唱颂歌,表感恩

设计说明:歌声,可以培养学生学习感恩的兴趣;陶冶学生的高尚情操;开启学生的形象思维。尤其是精炼的歌词传达出的思想内容是优秀的教育材料,再加上用优美的曲调,灵活巧妙地激活课堂,让学生感知人间真情的魅力,最大限度地提高教育教学效果。

过渡:父爱是一座山,高大威严;父爱是一汪水,深藏不露;父爱更是一双手,抚摸着我们走过春夏秋冬。让我们用歌声来表达我们对父亲的热爱!请听男声独唱《父亲》。

男声独唱:父亲
歌词:那是我小时侯
常坐在父亲肩头
父亲是儿那登天的梯
父亲是那拉车的牛
忘不了粗茶淡饭将我养大
忘不了一声长叹半壶老酒
等我长大后
山里孩子往外走
想儿时一封家书千里写叮嘱
盼儿归一袋闷烟满天数星斗
都说养儿能防老
可儿山高水远他乡留
都说养儿为防老
可你再苦再累不张口
儿只有轻歌一曲和泪唱
愿天下父母平安度春秋

那是我小时侯
常坐在父亲肩头
父亲是儿那登天的梯
父亲是那拉车的牛
忘不了粗茶淡饭将我养大
忘不了一声长叹半壶老酒
等我长大后
山里孩子往外走
想儿时一封家书千里写叮嘱
盼儿归一袋闷烟满天数星斗
都说养儿能防老
可儿山高水远他乡留
都说养儿能防老
可你再苦再累不张口
儿只有轻歌一曲和泪唱
愿天下父母平安度春秋
愿天下父母平安度春秋

过渡：母爱是清凉的风，是遮雨的伞，是滴落的泪，是甜甜的吻。母爱是"三春晖"，是任何"寸草心"也难以回报的恩情，是人间最圣洁、最伟大、最无私的亲情。请听女声独唱《母亲》

女生独唱〈母亲〉
歌词：你入学的新书包有人给你拿
你雨中的花折伞有人给你打
你爱吃的(那)三鲜馅有人(他)给你包
你委屈的泪花有人给你擦
啊,这个人就是娘
啊,这个人就是妈
这个人给了我生命
给我一个家
啊,不管你走多远
无论你在干啥
到什么时候也离不开
咱的妈
你身在(那)他乡住有人在牵挂
你回到(那)家里边有人沏热茶
你躺在(那)病床上有人(他)掉眼泪
你露出(那)笑容时有人乐开花
啊,不管你多富有
无论你官多大
到什么时候也不能忘
咱的妈

班主任小结：古语说："羊有跪乳之恩，鸦有反哺之义。"常言道：百善孝为先，孝乃众德之本。弘扬仁义孝道，是我们中华民族的传统美德。从歌声中我们领悟到：我们一点一滴的成长都离不开父母的帮助，父母之恩重如山。滴水之恩当涌泉相报，佛说父母恩重难报答！不，歌曲《报答》中唱到"报答你啊只有一句话 /奉献不已鞠躬尽瘁/ 鞠躬尽瘁/ 我的一颗心都捧给你呀/我的祖国我的母亲 /我的家乡父老/我的兄弟姐妹/祖国母亲家乡父老。"

环节五,歌舞:长大后我就成了你

设计说明:舞蹈艺术的功能是:以富有魅力的动态艺术形象,使人悦目赏心,陶冶性情,美化心灵,促进人们的身心健康和社会风尚的完善,进而推动社会主义现代化事业的不断发展。具体说来,舞蹈的功能主要有下列六项:一、自娱自乐、抒发情怀;二、交流情感、增进友谊;三、增强体质、延长青春;四、欣赏愉悦、陶冶情操;五、了解社会、认识世界;六、宣传教化、团结鼓劲。我们编排歌舞就是要通过这种形式,让学生教师这一职业特点的理解的基础上,领会老师的教育之恩,从而感恩老师!

我们的舞蹈编排是:由一位女声领唱,八位男生和八位女生组成舞蹈队,排成大型的歌舞。附歌词如下:

歌词:小时候我以为你很美丽,
领着一群小鸟飞来飞去。
小时候我以为你很神气,
说上一句话也惊天动地。

长大后我就成了你
才知道那间教室
放飞的是希望守巢的总是你
长大后我就成了你
才知道那块黑板
写下的是真理擦去的是功利

小时候我以为你很神秘

让所有的难题成了乐趣
小时候我以为你很有力
你总喜欢把我们高高举起

长大后我就成了你
才知道那支粉笔
画出的是彩虹落下的是泪滴
长大后我就成了你
才知道那个讲台
举起的是别人
奉献的是自己
长大后我就成了你
我就成了你

班主任小结:世上有一种情怀,有一种意境叫感恩。百义忠为先;百善孝为先;百行师为尊。所以,我们用歌舞的形式,一方面歌词对学生有教育作用;另一方面用舞蹈演绎对教师的尊重,引导、教育学生要尊师重教,感恩教师也是我们的责任。

环节六。唱感恩,学会感恩

设计说明:让全班同学唱响《感恩的心》,从中受到教育,感悟感恩的重要性。

过渡:感恩是人的一种美德,感恩是人的一种义务,感谢养育我们的父母,感谢教育我们的老师,滴水之恩当涌泉相报,让我们拥有一颗感恩的心。请听大合唱《感恩的心》

大合唱:感恩的心
歌词:我来自偶然
像一颗尘土
有谁看出我的脆弱
我来自何方
我情归何处
谁在下一刻呼唤我
天地虽宽
这条路却难走
我看遍这人间坎坷辛苦
我还有多少爱
我还有多少泪
要苍天知道
我不认输
感恩的心
感谢有你
伴我一生
让我有勇气做我自己
感恩的心
感谢命运
花开花落
我一样会珍惜
我来自偶然
像一颗尘土
有谁看出我的脆弱
我来自何方

我情归何处
谁在下一刻呼唤我
天地虽宽
这条路却难走
我看遍这人间坎坷辛苦
我还有多少爱
我还有多少泪
要苍天知道
我不认输
感恩的心
感谢有你
伴我一生
让我有勇气做我自己
感恩的心
感谢命运
花开花落
我一样会珍惜
感恩的心
感谢有你
伴我一生
让我有勇气做我自己
感恩的心
感谢命运
花开花落
我一样会珍惜

班主任小结：一首《感恩的心》表达出同学们的深情厚意！让我们怀抱着一颗感恩的心，过错有时也是一种成长；怀抱一颗感恩的心，失败便是成功之母；怀抱一颗感恩的心，阴郁中透出希望的光；怀抱一颗感恩的心，生命必将开出绚烂的鲜花。

环节七，感恩在于行动，行动中感恩

设计说明：这个环节设计的目的是通过老师的指导，达到培养学生自觉养成感恩的习惯，最终达到提升学生的综合素质。

过渡：今天的班会让我们懂得了感恩的意义，知道了感恩是一种美德，是一种责任，是一种智慧！那么，我们该怎样感恩呢？下面请按老师的要求，做好以下的家庭作业，有意识的培养自己的感恩的习惯。

1. 每个同学每天至少为家里做一件力所能及的家务，如：打扫卫生、洗碗、叠被、整理房间、为父母揉揉腰、捶捶背、洗洗脚等，化感恩为行动。

2. 记住：每年5月份的第二个星期天是母亲节，6月份的第三个星期天是父亲节，每年的9月10日是教师节。在母亲节和父亲节向父母说一声"谢谢"，道一声"辛苦了"，在教师节时向老师说一声"祝老师节日快乐！"。送上一句温馨的祝福，传递感恩之情！

3. 桃李满天下，恩情似海深，我师恩泽，在心永留！

倡导：a.讲文明礼貌用语，见到老师主动问好、行礼。

b.用实际行动为老师做一件有意义的事来表达对老师辛勤付出的尊重，报答厚重的师爱。

班主任小结：同学们，其实感恩并不难，感恩有时只需要一句问候、一束鲜花、一次拥抱，甚至一个笑容。我们只有学会感恩，才能尊重每一份平凡的劳动，在未来的生活中少一些怨天尤人的抱怨，多一份发自内心的满足与快乐。

同学们要记住：常怀一颗感恩之心，它会让我们拥有良好的行为习惯；

常怀一份感恩之情，它会让我们在学习的道路上奋勇前进；

常怀一种感恩之念，它会让我们的生活洒满温暖的阳光。

环节八，激情总结，感恩立志

设计说明：这里班主任有意识地向同学们讲清楚感恩的作用，人生道路上有了感恩，生活的前景一片灿烂！那么，在怎样感恩的问题上，教师从学生个人的内涵发展上提出了更高的要求，引导学生立志成才，让学生能正确地培养自己的人生观、价值观，最终把自己培养成优秀的中学生。

班主任总结：鲜花在旷野里开放，描绘着那一片鲜艳夺目的美丽画面，那是鲜花对滋润它成长的雨露的感恩；落叶在空中盘旋，谱写着一曲感恩的乐章，那是大树对滋养它大地的感恩；白云在蔚蓝的天空中飘荡，绘画着那一幅幅感人的画面，那是白云对哺育它的蓝天的感恩……我们应该感恩，是的，学会感恩，是一种情怀；学会感恩，更是一种情操；学会感恩，尤其是一种素养。

作为 21 世纪的我们，首先感恩的应当是父母，孝敬父母，是人之根本，是感恩的起点。父母的爱，是一场可以洒在我心田的细雨；父母的爱，是黑暗中的明灯，让我的心不再孤独；父母的爱，是生命中的加油站，让我有勇气接受挑战。

其次，在人的一生中，人生道路曲折坎坷，不知有多少艰难险阻，甚至遭遇挫折和失败。在危困时刻，有人向你伸出温暖的双手，解除生活的困顿；有人为你指点迷津，让你明确前进的方向；甚至有人用肩膀、身躯把你擎起来，让你攀上人生的高峰……你最终战胜了苦难，扬帆远航，驶向光明幸福的彼岸，这个人可能是你的老师，可能是你的领导，可能是你的同学，可能是你的朋友等。我们要感受到人生道路上充满了人间恩情，我们要学会感恩！

那么，怎样做才能使自己的感恩有内涵呢？

1. 理想是指路明灯。古人说："志不强者，智不达。"我们每一个人，只有树立了远大理想，才能正确地面对生活中的困难和挫折，才有战胜困难的勇气。徐特立先生说得好："一个人有了远大的理想，就是在最艰苦困难的时候，也会感到幸福。"我们中学生要心里装着祖国，想着自己肩负的使命，感恩祖国，把自己的学习同祖国的未来，同祖国的现代化建设事业紧密联系起来，要用周恩来的"为中华之崛起而读书"来激励自己，并为实现这个远大理想而努力奋斗。

2. 习惯决定品德。人的品德基本上是由习惯组成的，俗语说：思想决定行动，行动决定习惯，习惯决定品德，品德决定命运。因此，我们要注重自己良好行为习惯的培养。习惯培养在少年儿童的思想道德教育中，在他们思想道德素质的形成中都具有重要的地位和作用。感恩不仅是一种品德，更是一种责任。感恩应是社会上每个人都应该有的基本道德准则，是做人最起码的修养，也是人之常情。表达自己的感恩或接受对方的感恩，都需要练习，并且需要将它培养成为一种自然的习惯，让感恩成习惯，随时随地感恩陌生人给你的付出和帮助,感恩就会成为你的一种美德、一种态度、一种信念,更是一种责任和使命。

　　3.行善是感恩。古语云:"人之初,性本善。"其实,行善很简单! 解放自己心理的压力,是善待自己;对于别人的帮助,报以微笑或说声真诚的感谢,是善待他人;将身边的废纸轻轻捡起,丢进垃圾箱,是善待环境;知荣明耻,奋发图强,为中华之崛起而读书,是善待社会! 当我们行善时,也是为自己积累财富,是让爱的种子在你我心中传递,达到感恩社会的目的。因此,将"日行一善"当做我们的一种习惯吧,让我们寻善源、存善心、纳善言、行善事,在思善、写善、行善、扬善的进程中表现出我们的真诚与感动!

　　同学们:让我们行动起来吧! 学会感恩! 让感恩成为习惯! 让我们的社会到处充满爱!

　　(该主题班会教案被收入《中小学素质教育资源包》,北京东方燕园科技发展有限公司全国发行。)

家校沟通 共商教育策略

——2008 年 3 月初一(9)班家长会上的发言

一. 树立正确的教育观念

在辽阔的亚马孙平原上,生活着一种叫雕鹰的雄鹰,它有"飞行之王"的称号,它的飞行时间之长,速度之快,动作之敏捷,堪称鹰中之最,被它发现的小动物,一般都难逃脱它的捕捉。但谁能想到那壮丽飞翔后面蕴藏着滴血的悲壮。

当一只幼鹰出生后,没享受几天舒服的日子,就要经受母亲近似残酷的训练,在母鹰的帮助下,幼鹰没多久就能独自飞翔,但这只是第一步,因为这种飞翔只比爬行好一点,幼鹰需要成百上千次的训练,否则,就不能获得母亲口中的食物。第二步,母鹰把幼鹰带到高处,或树边或悬崖上,然后把它们摔下去,有的幼鹰因胆怯被母亲活活摔死,但母鹰不会因此而停止对它们的训练,母鹰深知:不经过这样的训练,孩子们就不能飞上高远的蓝天,即使能,也难以捕捉到食物而被饿死。第三步则充满着残酷和恐怖,那些被母亲推下悬崖能顺利飞翔的幼鹰将面临最后的,也是最关键、最艰难的考验,因为它们那正在成长的翅膀将会被母鹰残忍的折断大部分骨骼,然后再次从高处推下,有很多幼鹰就是这时成为飞翔悲壮的祭品,但母鹰同样不会停止这"血淋淋"的训练,因为它眼中虽然有痛苦的泪水,但同时也在构筑孩子们生命的蓝天.

有的猎人动了恻隐之心,偷偷地把一些还没来得及被母鹰折断翅膀的幼鹰带回家喂养,但后来猎人发现,那些被喂养长大的幼鹰至多飞到房屋那么高便要落下来,那两米多长的翅膀已成为累赘.

原来,母鹰"残忍"地折断幼鹰翅膀中的大部分骨骼,是决定幼鹰未来能否在广袤的天空中翱翔的关键所在,雕鹰翅膀骨骼的再生能力很强,只要在被折断后仍能忍着剧痛不停的振翅飞翔,使翅膀不断地充血,不久便会痊愈,而痊愈后的翅膀则似神话中的的凤凰一样死后重生,将能长得更加强健有力.如果不这样,雕鹰也就失去了这仅有的一个机会,它也就永远地与蓝天无缘.

没有谁能帮助雕鹰飞翔,除了它自己.

我们每个人都拥有自己辽阔而美丽的蓝天,都拥有一双为蓝天作准备的翅膀,那就是激情、意志、勇气和希望,但我们的翅膀也同样会被折断,也同样会变得疲软无力,如果这样,我们能忍受剧痛拒绝怜悯,永不坠落地飞翔吗?

过渡:其实,这篇文章的实质内容与下面孟子所说的相同。

孟子说"故天将降大任于斯人也,必先苦其心志,劳其筋骨,饿其体肤,空乏其身,行拂乱其所为,所以动心忍性,曾益其所不能。"这段话的意思是说:所以上天将要降落重大责任在这样的人身上,一定要先使他的内心痛苦,使他的筋骨劳累,使他经受饥饿,以致肌肤消瘦,使他受贫困之苦,使他做的事颠倒错乱,总不如意,通过这些来使他的内心警觉,使他的性格坚定,增加他不具备的才能。

因此,我们每一位家长在培养孩子的问题上,要树立正确的观念,要懂得相关的规律。

二. 增进了解,奠定合作教育的基础

(一)教师情况:语文 陶秀琪　数学 李平友 英语 邓小霞 地理 王小明 历史 周华 政治 陶建华

生物 崔腾云 体育 徐咏冀

(二)总结上学期所取得的成绩

1.入校的军训荣获"优胜班集体";07年秋季被学校评为"先进班集体"。

2.狠抓学生行为规范和养成教育,并组织学生认真学习《中学生守则》《中学生日常行为规范》《班级管理条例》。培养学生正确、规范的文明礼仪。从点滴小事抓起,抓好"十大良好习惯"的养成教育:说了就要做,做诚实守信的人;耐心听别人讲话,做尊重别人的人;按规则行动,做行为规范的人;记住自己的责任,做有责任心的人;节约每一分钱,做学会节俭的人;天天锻炼身体,做身强体健的人;用过的东西放回原处,做生活有序的人;感谢别人的帮助,做学会感恩的人;做事有计划,做有奋斗感的人;干净文明迎接每一天,做清洁文明的人。大部分同学适应能力强,已初步养成好的生活、学习、听课、作业习惯。

3.加强卫生工作,培养学生的卫生习惯,增强学生的劳动观念。上学期卫生检查总分位居第一。

4.学科(语数)竞赛的成绩位居第一。

5.经过培养,我班有一部分学生干部工作很出色,责任心强。

6.科技文化节,文艺晚会和艺术类作品的总分居第一,获优胜班集体。

7.半年的努力,初一(9)班基本形成团结、进取、严肃、活泼的良好班风

三.家庭教育是很重要的环节

部分家长中还有一些对教育的认识模糊,对老师过于期待,配合不主动。

我希望今后家长不要仅依赖老师,要主动参与对孩子的管理。家长要知道,苏联有位教育专家说过,一个人的成才是受很多因素的影响,最主要的是以下因素的影响:父母教育、学生自己、教师指导、所看的书、班级氛围、偶然因素等。

家庭教育非常重要,家长要了解学校教育目标、班级管理目标、了解学校特点、了解班级特点、了解学生情况,要让自己的家庭教育有效地配合学校教育。

四.解决问题的措施

(一)树立科学发展观,按照科学规律实施家校合作教育。

科学发展观就是坚持以人为本,树立全面、协调、可持续的发展观,促进经济社会和人的全面发展。科学发展观的本质和核心是坚持以人为本。我们就要以学生为本,根据学生的实际情况,有针对性的开展教育。

所谓"以人为本"就是把每一个学生当作教育的目的,确立和尊重学生在教育活动中的主体地位,尊重他们的个性特点,让学校和家庭的活动都为满足学生的成长和发展而设计和组织,着力培养他们的自信心、全面而和谐的素质、鲜明的个性,尤其注重培养他们的创造力。总之,要力求将学生培养成"大写的人"。

1.德育为先。学校面向全体学生,实施素质教育,帮助学生树立正确的世界观、人生观、价值观,牢固树立社会主义荣辱观,培养学生的社会责任感。"有德有才是正品,有德无才是次品,无德有才是危险品,无德无才是废品"。要坚持全过程育人,做到教学育人、服务育人、管理育人、环境育人等全方位育人,使我们的学生成为发展中国特色社会主义的合格建设者和接班人。我们的家长要与学校保持一致,通力合作,把您的孩子培养成才。

2.把各学科专业能力的培养和人文素质教育有机结合起来,培养和谐发展的人。坚持以人为本,促进人的全面发展,是科学发展观对教育的根本要求。在教育中,重视各学科专业能力的培养又是必要的,因为文化素质是一个人最重要的素质,但是人们往往视重视文化课学习而忽视学生人文素质的培养,甚至把文化课学习和人文素质看作是相互冲突的,对于我们的教育和学习采取

的这种非常实用主义乃至急功近利态度,忽视学生身心的全面和谐发展,是非常狭隘的。爱因斯坦:"用专业知识教育人是不够的。通过专业教育,他可以成为一种有用的机器,但是不能成为一个和谐发展的人。要使学生对价值有所理解并产生强烈的感情,那是最基本的。他必须对美和道德上的善有鲜明的辨别力,否则,他连同他的专业知识就更像一只受过很好训练的狗,而不像一个和谐发展的人。"最先进的教育理念还告诉我们:有最好的思想素质的学生,才能把文化知识学的最好。所以,我们家长一定要注重和学校保持良好的沟通和执行学校的教育理念和方法,把孩子的各学科专业能力的培养和人文素质教育有机结合起来,培养和谐发展的人。

3、要尊重学生人格、关心学生生活、为学生成长服好务。

学生成长过程中反映出的问题,既有学校的问题,也有家长的问题,例如现在有的学校本来思想工作就少,小孩的习惯差也不纠正,只要学习好,就什么都好。现在我们学校已经在做了,那么就希望家长注重学生的思想素质的培养,多举些例子给学生听,引导学生树立有理想、有追求、有上进心、有吃苦精神、有迎接挑战的意识。

(二)运用统筹兼顾的方法来指导我们搞好家庭教育。

统筹兼顾是科学发展观的根本方法。所谓统筹兼顾,就是正确认识和妥善处理对学生教育中的重大关系。家长要善于运用统筹兼顾的方法来解决学生在学习中的存在的重要关系,让学生能协调的发展。学生在学习中的存在的重要关系有:老师与家长之间的和谐,从深层次来讲,是学校与家长之间的和谐。学校老师尽可能采取多种措施保持与家长的密切联系,及时告知学生在校的各方面表现,使家长感受到老师对他们孩子的关心,为家长与老师之间的和谐关系奠定良好的基础,使学校教育和家庭教育形成合力,有效提高教育质量。

学生与老师的关系。师生关系是班级生活中最基本的人际关系,无时无刻不在影响着教育过程和结果。师生间只有建立融洽和谐的关系,才能取得最佳教育效果,"亲其师"才会"信其道"。反之,如果师生关系紧张,甚至对立,教师就很难对学生施加影响。

要创造和谐的师生关系,一方面是要求教师具有较高的师德修养,精湛的教学艺术,良好的外表形象,要热爱学生,尊重学生,做学生的知心朋友。另一方面是要求学生尊敬教师,勤学守纪,只有在此基础上,才能建立起和谐的师生关系,出现乐教乐学的生动局面。同时就要要求家长要带头尊重教师,要维护教师的形象,让学生"亲其师""信其道",增强教师对学生教育的效果。

学生间的人际关系,既影响着学生的健康成长,也影响着优良集体的形成。家长也要有目的地加以引导,强调同学间的人际关系应遵循守纪、理解、团结、互助的基本原则,克服嫉妒、自卑、自傲、自私的不良心理,鼓励学生充满自信、公平竞争、帮人所需、大度为怀。提倡同学们学习上互帮互学,共同进步;生活上一人有难,八方相助;纪律上互相督促,互相提醒;思想上互相交流,互相提高。同时要重视学生的心理疏导,帮助他们解除烦恼。同时,正确认识和对待学生中的非正式群体,也是创建和谐人际关系的关键所在。

学生对学习要有兴趣、要热爱、要敢于拼搏去学。如何让学生达到这种境界,请家长和我们一起探讨,力求让学生达到苦中寓乐。要做到坚持不懈,锲而不舍,才能最后成功!学生与学习中的关系还可以细分为:听课、作业、拓展学习、攻克难关、迎难而上等的关系。

(三)提倡执着追求,坚持不懈的精神。

马克思说:"在科学上没有平坦的大道,只有不畏艰难劳苦沿着陡峭山路攀登的人,才有希望到达光辉的顶点"。教育孩子是一个系统工程,是一个过程,是一个阶段。孩子的学习也是一个系统工程,是一个过程,是一个阶段。这就需要我们做家长的要有耐心、对目标追求要执着,在追求的过程中要有"打持久战"的思想。

从哲学的角度来说,孩子的发展需要从一定量的积累,才能起质的飞跃。这里讲到的还是说,积累要有一定的过程。这就需要家长和我们老师"同心同德、同甘共苦、奋力拼搏"帮助孩子们实现目标。

基础好的孩子的家长,要不断地提出新目标,激励学生追求更高的目标。基础差点学生的家长,查找原因,制定出有效措施,帮助孩子提高,进步才是硬道理!尤其是基础差点的学生,家长不能放弃,要想办法改变这种状态。

(四)落实晚自习的管理。

早晚自习的任务:(1)英语早、晚读要在完成学习任务的基础上,背单词、背课文(一定要背课文),请家长监督执行并签字。英语能力强的同学,要注重拓展,多做阅读与多作综合性试卷,加强作文积累,准备明年的英语竞赛。

(2)保质保量的做各科作业,一定要以"严肃、严格、严谨"的态度做作业,这是学习提高的重要环节。

（3）拓展时间：①数学、英语每天各做五道题。在做题中归纳出规律，提高做题能力。②养成归纳每科学习内容的习惯，培养自学能力。③在做完各科作业的基础上，培养自己预习能力与质疑能力。④坚持不懈、拼搏奋进、冲刺黄冈中学的高中，争创一流！

（4）家长要对学生负责，认真核对当天的学习任务之后，学生任务完成的比较好，再签字。一周收一次，班主任检查。

总而言之：9班需要全体家长一起来齐抓共管，需要形成向心力，需要创新发展。我相信有大家的支持，9班一定会搞得更好！

谢谢！

（该文是在2008年3月初一（9）班家长会上的讲话，加强家校沟通，提高学校教育质量。）

发展才是硬道理

——启黄中学初三年级总结会上的讲话

当我们在庆幸自己带领学生在 2009 年黄冈市语数英三科综合能力测试中取得好成绩的时候,当我们沉浸在欢度 2010 年元旦佳节的时候,当我们正在重整旗鼓冲刺中考目标的时候,我们要明白:发展才是硬道理!如何才能发展好?我认为:看三联赛,挖经验;分析月考,找问题;坚持拼搏,保发展。

一、看三联赛,挖经验

(一)形势

1.规范。今年的三联赛,由于黄冈教育局的重视和要求,教科院的组织很严密、很规范,加大了命题制卷保密的管理力度,省外命题,异地制卷,杜绝了信息泄露,今年中考非常规范管理。

2.黄冈市全市参加的人数多,规模大,十一个县市都报名了。

蕲春 629 人 黄梅 161 人 武穴 236 人 浠水 378 人 罗田 583 人 英山 184 人 团风 202 人 麻城 711 人 红安 430 人 农垦湖 60 人 市直 690 人(其中我校 230 人参赛)

共计 4268 人

3.考场设置:黄州市直设在启黄,其他的考场设在县市。

4.阅卷工作:请黄冈师院的学生阅卷。

(二)2009 年黄冈市语数英三科联赛启黄中学获奖的情况:

启黄中学在全市的三联赛中取得的成绩:

总分全市第一名、第二名都在我校;

黄州城区前十名有:1、2、4、5、6、7、8、9 八位同学;

获全市一等奖:城区 36 人,我校 24 人,占城区获一等奖人数 2/3;

获全市二等奖:城区 77 人,我校 51 人,占城区获二等奖人数 2/3;

获三等奖 35 人,获奖总人数为 110。

黄州城区第一名,城区 200 名中,我校占 124 人。

实现初中语数外综合能力测试团体总分城区"四连冠"。

单科获奖： 语文一等奖 33 人　二等奖 49 人 全市第一

数学一等奖 17 人　二等奖 25 人 全市第二

英语一等奖 30 人　二等奖 51 人 全市第二

(三)经验

1.目标明确。

我们现在已经实现了三联赛的目标,不仅确保了确保黄州城区第一,还争取了个人总分黄冈市第一、第二,语文单科成绩黄冈市第一。

2.领导重视。

学校领导重视。陈鼎常校长知人善用,不给年级施压,以他独特的工作方式调动初三老师的积极性,在三联赛考场的设置、年级工作的指导、教学和管理工作的指导等方面给予了支持。蹲点领导黄书记始终以他"润物细无声"的方式,亲自带领全体老师克服两年半以来在教育教学中所遇到的艰难险阻。陈明星校长以他娴熟的考场组织技巧,把今年三联赛的考务工作安排得仅仅有条,得到了教育局和教科院领导的好评。刘伯永校长始终以主人翁的姿态为年级的发展出谋划策,支持年级的工作。

3.计划周密。各位备课组长开学初就制定了工作计划,精心研究、设计教学进度,多数学科原则上在 2009 年 1 月结束新课,在上新课的过程中注重基础,落实好每一个教学环节。语数英三科在研究竞赛的基础上制定竞赛训练计划、认真研究联赛的特点,搜集资料和信息,做针对性很强的训练。

4.敏锐捕捉动向,及时调整,准确把握方向。

年级备课组敏锐的捕捉到今年三联赛变化情况,并密切关注事态的发展。年级组及时地对三联赛的训练目标进行调整,与语数英三科备课组长探讨训练的方向,把原来跟着教研员的训练思路,调整到我们黄高的训练模式:"坚持落实教材,紧扣黄冈三联赛模式,面向全国",有针对性的训练,效果明显。尤其是语文是全市第一。

5.吃苦耐劳,团结一心,协作精神强。

(1)语数英三科备课组吃苦耐劳,团结一心,协作精神强。 两年半以来,全组老师吃苦耐劳,努力拼搏,全年级一盘棋,所有的老师打破了班级界限,关心每一位参加训练学生的能力提高。尤其是 11 月 23 日后,三科备课组加强竞赛训练研究,在探究学法、解题方法和考试策略等方面进行科学训练,他们在抓好教材落实的基础上,拓展学生思维,培养学生能力,提升学生的综合能力,在教学中用苦干落实"四精四必"。"四精"即,"精选"训练内容,教师在课堂上"精讲",学生"精练",教师"精批";"四必"即,作业"有发必收""有收必批""有批必评",学生对作业"有错必纠"。这些做法是两年半一直在坚持做,希望把这些做法运用到现在的培优补差中去。

(2)训练班的班主任吃苦耐劳,团结一心,协作精神强。特别是训练班的班主任陶秀琪、夏泊凌、王忍不分节假日,坚持与学生摸爬滚打在一起,星期天从来没休息。还有李平友老师两年半以来为小组训练作了大量的工作。另外,干海涛本学期在学生管理方面协助做了一些工作,特别是班主任例会的组织做的不错;张辉勇老师抓卫生,王忍老师抓课间操,他们吃苦耐劳,为年级的常规管理做出了贡献。

6.抓好常规教育教学管理的落实。确保各备课组、各教师每周集体备课一次,备课组以"紧扣课标,体现课改,灵活运用"为命题的原则,发扬备课组团队协作精神,统筹安排各班的教学工作,把教学工作落到实处。张辉勇老师在常规教学的考场安排等分析方面做了大量的工作,夏天一直配合抓甲流的防控工作,初三这个方面做得漂亮,安全工作做得好。

7.开展三联赛的研究活动。9月中旬请教科院领导来学校指导年级工作;组织了一次备课组长外出到黄梅晋梅学校考察,考察学习兄弟学校的竞赛和中考经验。

8.为了挖掘年级中的优秀教师资源,实施"师带徒"的制度,8月中旬召开年级的"拜师会",给每位青年教师配师傅,尤其是没有带过初三的老师,要求跟师傅听课后再上课,每人每学期听课节数与新课时同步。

9.办公室温暖如家。朱文玲在这方面做了一些工作,还有一些老师像文科办公室的纪登启、夏翔、王小彬、陈秋彤、何翔、邓小霞;理化生办公室的谭有利、吉冠男、张辉勇;数学办公室的李平友、姚丽霞等老师,以办公室为家,主动打扫卫生,烧开水,让办公室充满温馨。

所以,用黄冈中学纪检书记黄治民同志的话来说:"这次三联赛的胜利,是年级训练打破了班级界限的结果,是全体老师团结协作精神的胜利!"所以,我们用自己的辛勤劳动再一次证明了"发展就是硬道理"。我们年级经受住了考验,迈好了第一步,增长了我们的信心,增长了我们的志气。

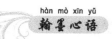

二.分析月考,找问题

1.三联赛后,劲松了,有的班调整不够,所以,整个年级的高分层都退步了,600分只有64人,十月份600分以上有154人,人数减少了90人。这可是一个危险的信号,请全体老师关注,我们承认有的学科题目有难易度的差别,但是我们一定要关注培优转差,要保优生面。还有有的班退步很大,退步较大的班要分析原因,找到症结,有针对性的整改。

2.学科落实存在问题,每个学科的高分层过少。有几科的高分层存在班级之间距离很大。请各科备课组认真分析各学科的情况,备课组长要指导青年教师,分析教材,提高把握教材的能力,完成教学任务的能力。

3.正确面对竞赛成绩和月考成绩。这次考试各方面都很规范,把它作为一种信息,自我对照,反思前个阶段的教学情况,还有常规教学环节的落实状况也请老师们注意。如老师上课时,是否关注了学生听课的状态情况,作业批改是否精细?举一个我从杂志上看到的案例:有一个学生对班主任说,某某老师在整我。班主任老师问,你为什么这么说,学生边拿作业本,边说,老师,我在做作业时故意把这些题做错,这些错误,他都没看,这位老师根本不改我的作业。这样一来,这位学生就与这位老师关系紧张,上课光捣蛋。这个案例虽然不是我们学校的,但是,这也值得老师们深思!其实,反省是一种方法,是一种智慧。关于这一点,毛泽东同志说:"人不能没有批评和自我批评,那样一个人就不能进步。"巴尔扎克说:"自满、自高自大和轻信,是人生的三大暗礁。"

所以,我们要端正心态,多思考自己,谦虚谨慎,树立信心,改进工作,把中考考好。

三. 坚持拼搏,保发展

1.树立中考目标,确保学生全面发展;

我们的目标是全面培养的学生素质,并在黄冈市竞赛和中考成为全市第一。确保学生在德智体美劳等多方面协调发展。

2.加强年级管理,明确责任。

在学校领导正确领导下的,继续坚持年级实行年级主任负责制,全面负责,侧重教学管理;副主任侧重班主任和学生管理,工会组长认真做好教师上班坐班考勤、年级财务管理及办公室的卫生管理。学科教学实施备课组长负责制,备课组长对本学科的计划安排和教学质量总负责。学生管理实施班主任负责制,全面负责对学生进行德智体等方面的教育。各负其责,要有责任意识,履行岗位责任,完成学校交给的任务。

3. 继续发扬"年级一盘棋,年级兴衰,人人有责"的团结协作的精神,把培优转差工作落到实处,达到面向全体。

所谓培优辅差就是培养优秀生与辅导学困生。因为培优辅差工作做得好与坏直接关系到整个班级的发展,从而影响学校的发展,各位教师都在努力做好这方面的工作,并且要把这项工作放在平时的教育教学中,总结和拓展三联赛前的小组训练的经验,打破班级界限,充分利用年级的优质教师资源,要让每个学生以各科高平衡的成绩冲刺中考,提高优生自主学习和自觉学习能力,让有偏科的学生能得到有效的纠正,进一步巩固并提高中等学生的成绩,帮助后进生取得适当进步,让他们在教师的辅导下,逐步提高学习成绩,训练良好的学习习惯,从而为中考奠定扎实的基础,让每个学生都树立"发展就是硬道理"的思想,奋发努力,培养拼搏进取的精神。

4. 继续发扬肯干、苦干和无私奉献的敬业精神,保持一贯的工作作风。提倡所有教师高境界做人:见困难就上,见荣誉和利益就让。当个人利益与年级利益发生冲突的时候,宁可牺牲个人利益来保护年级利益,构建和谐的初三年级大家庭。

5. 理性思考,提高教学水平。现在中考管理日趋规范,我们面临着严峻的形势,加上命题的严密性加强,阅卷的规范,对于我们来说是好事,但是也是挑战。我们现在只能把自己学生的基础打牢,能力提高,把我们的学生培养强大,让我们的学生无论在什么情况下都能考出好成绩。让学生进步,让家长满意!因此,所有的班主任和学科老师,利用年度总结的机会,对自己的教育和教学作一点理性的思考,写一篇教学论文或教学感悟,尤其是青年教师,要学会不停的思考。这里的思考首先指对自己的思考,即把自己当作研究对象,揣摩、琢磨、体验、品味着自己已经和教育水乳交融的日常生活;同时,思考也包括关注、研究、咀嚼、审视别人的教育实践与教育思想,而这种研究的习惯和能力正是任何一个教师走向成功必不可少的精神素养和职业品质。韩愈在《马说》中讲到"世有伯乐,然后有千里马。千里马常有,而伯乐不常有。故虽有名马,辱于奴隶之手,骈死于槽枥之间,不以千里称也。"其实韩愈在这里提出了"千里马"对"伯乐"的依赖关系,"千里马"落到"奴隶之手",结果是"骈死于槽枥之间,不以千里称也。"这里我们感悟到优秀的学生要依赖优秀的教师的培养,我们要培养出优秀的学生，一定要把我们自己的教育教学水平提高，所以，我们提倡终身学习，每位老师要注重自我知识结构的完善和更新。我希望我们年级的老师将来都成为"研究型的老师"。这样，我们的教育教学一定能永远立于不败之地。

6. 安全工作摆在首位。继续抓好晨检、午检工作，确保学生身体健康；各班要加强教育，传播楼道安全疏通知识，保证学生行动安全；体育锻炼的安全，体育锻炼的时间，班主任一定要到场，不仅要辅导学生锻炼，还要关注学生的安全。

总之，科学发展观第一要义是发展，发展才是硬道理。发展是时代的主题，发展是解决一切矛盾和困难的现实途径。发展是我们年级的第一要务。唯有发展才能不断为学校创造雄厚的物质基础和精神财富，才能保障启黄在黄州城区的声誉，使学校利益得到保障。正如邓小平同志所说："发展的出发点和落实处是人民得到实际利益。"所以，我们初三年级要在学校领导的指导下，抓好内部管理，规范教育教学行为，充分调动全体老师和学生的积极性，落实教学的各个环节，向课堂45分钟要质量，出色完成学校交给我们的任务，确保目标的实现。

（2009年12月，启黄中学初三年级在黄冈市举行的语数英综合水平能力测试，简称"三联赛"中取得优异成绩，该文是在校长参加的初三年级总结会上的发言。时任启黄中学初三年级主任，初三(9)班主任。2010年作者担任年级主任所带的年级被评为黄冈中学中考优胜集体；启黄何云中同学以658分夺得黄州城区中考状元。有9名学生进入黄州城区前10名，有18名学生进入黄州城区前20名，有40名学生进入黄州城区前50名；黄冈中学在黄州城区正式录取的200名中，启黄中学占127名学生，创启黄中学的历史新高，为学校的发展作出了贡献！）

晴空一鹤排云上 学子豪情到碧霄

陶秀琪

各位老师、同学们:

你们好!

"龙年吹响了号角,今秋敲起了战鼓!"金秋九月,天高云淡。在这"晴空一鹤排云上"的季节,我们黄冈市东坡小学迎来新的学年,迎来了1200多名同学,迎来了"东坡小学学子冲到云霄的豪气",迎来了黄冈市东坡小学新学期的到来!在此,我代表学校对刚进入东坡小学学习的一年级小朋友、文峰学校过来的各位同学以及其他年级的插班生表示热烈的欢迎!对新加入学校教师团队的各位老师表示热烈的欢迎!祝愿全校师生:事业如龙腾虎跃,身形如龙飞凤舞,工作有来龙去脉,团队显龙马精神,人人万事如意!

"雨润桃李花千树,风举鲲鹏路万程。"老师们、同学们:在2012年7月20日,我们满怀喜悦之情在这里隆重举行"东坡小学"校牌揭牌仪式,热烈庆祝我校在建校五年之际更名为"黄冈市东坡小学",这是我校发展史上一个重要的里程碑,标志着我校从此进入了一个新的发展阶段,那就是"以中华文化为统领,以东坡文化为核心,以校园建设为载体,以建创结合为路径,开展形式多样的东坡文化教育教学活动,打造特色鲜明的东坡文化教育品牌,力争在十二五期间,把东坡小学办成在全省乃至全国都有较高知名度的特色学校"。

同时,我们不会忘记"实验二小"这块牌匾,她蕴含着各级领导对我校事业的肯定和支持,蕴含着社会各届对我校工作的关心和帮助,蕴含着全校教职工创业的艰辛与智慧。为此,我们衷心感谢市委、市政府对学校的大力支持,感谢市教育局对学校的正确领导;感谢社会各界对学校的关心爱护,感谢全体教职员工对学校发展所付出的辛勤劳动!

"高山无语自巍峨,大爱无言香满蹊。"近年来,黄冈市教育局关注我校的教师队伍的优化,从黄冈中学、实验小学等知名学校里,选派优秀教师来我校任教。我们的老教师壮心不已,坚守教学一线,乐做识途老马;中年教师年富力强，勇挑教育教学重担，成为中流砥柱；年轻教师朝气蓬勃，保持青春活力，宛如池中荷花。他们舍小家，顾大家，在各自的岗位上发扬团队精神、奉献精神、实干精神和东坡精神，为东坡小学的发展，作出了巨大的贡献。在此，我谨代表学校，对全校老师为学校发展付出的努力、作出的贡献表示衷心的感谢！

"立志成才，内涵发展。"今天在这里，我与同学们先交流一下，我了解了美国的几所顶尖的中学，让我对美国的教育有了新认识，据有关资料显示，美国哈佛大学国际事务研究中心提出"现代化人"的素质分析模型，他们认为"现代化人"应具备的素质特征是：他们志向高远，以推动社会发展和人类进步为己任；愿意接受新事物，思想上倾向于革命和变化；乐于发表意见；时间观念较强；对人本身的能力较有信心；计划性较强；普遍的信任感，对周围人较多的信任；信奉并愿意遵循公平待人之原则；对新式教育感兴趣；比较尊重他人。这就提醒我们必需对内涵发展的作出思考。

同学们，作为东坡小学的学子，我们如何立志成才，坚持内涵发展，把自己培养成21世纪祖国的有用之才呢？我提出以下建议供同学们参考。

1.理想是指路明灯。古人说："志不强者，智不达。"10岁时，苏轼的母亲程氏给他讲东汉范滂的故事。范滂为天下万民仗义执言、以惩恶扬善为己任，被京师乃至全国的士人所崇拜。苏东坡听后问母亲："我长大后也做范滂这样的人，您愿意不愿意？"母亲回答："你能做范滂，我难道就不能做范母吗？"从此，苏东坡以范滂为榜样，"奋厉有当世志"，做一个正直刚毅的士人。

我们每一个东坡人，只有树立了远大理想，才能正确地面对生活中的困难和挫折，才有战胜困难的勇气。徐特立先生说得好："一个人有了远大的理想，就是在最艰苦困难的时候，也会感到幸福"。远大的志向是我们人生中的航标，是黑暗中的一盏明灯，有了它，我们才能驾舟前进；有了它，我们才会不怕风吹浪打；有了它，我们才能迎接新的挑战，到达理想的彼岸。我们中学生要心里装着祖国，想着自己肩负的使命，把自己的学习同祖国的未来，同祖国的现代化建设事业紧密联系起来，要用周恩来的"为中华之崛起而读书"来激励自己，并为实现这个远大理想而努力奋斗。

2.习惯决定品德。人的品德基本上是由习惯组成的，俗语说：思想决定行动，行动决定习惯，习惯决定品德，品德决定命运。因此，习惯培养在少年儿童的思想道德教育中，在他们思想道德素质的形成中都具有重要的地位和作用。良好习惯使人终身受益，不良习惯让人终身受害。良好的习惯就像是一种有效的道德资本,而不良习惯就像是一笔偿还不清的债务。良好的行为习惯一旦形成就成为人的一种相对稳定的行为方式,它们将在人的一生中发挥重要的作用。因此,少年儿童如果养成一系列做人、做事和学习方面的良好行为习惯,必然终身受用,成为自身可持续发展的重要力量。良好的行为习惯成为人不断发展进步的动力源泉。就拿朱德同志来说,他家境贫苦,8岁就能挑能背,帮母亲下地干活,他从小就参加劳动,培养了他坚强的意志。从而使他在艰苦的岁月里,坚持奋斗夺得革命战争的胜利,成了深受中国人民敬重、爱戴的总司令。这难道不就是好习惯的益处吗?

培养良好的习惯,首先要有养成良好习惯的意识。我们把日常行为习惯的要求概括成八个字:"安静、整洁、有序、尚礼",这八个字涵盖的范围很广,看起来并非过高过严的要求,但是要真正做到位其实并不容易。其次,培养良好的习惯,要从平时生活中点点滴滴小事要求起。习惯体现在日常生活中一点一滴的小事上,贯穿于日常生活的始终,只有从生活中点滴小事做起,不放弃细节,日积月累,才会习惯成自然。第三,培养良好习惯,必须不断纠错,不断矫正。良好习惯的形成,也是在不断纠错、不断矫正的过程中逐步形成的。第四,培养良好的习惯,必须以纪律为保证。纪律带有约束性和强制性。《小学生守则》《小学生日常行为规范》是我们日常行为的准则。

我希望,同学们要自觉的用《小学生守则》《小学生日常行为规范》和学校其他校规校纪约束自己、爱护校产、保护环境、不打架骂人,不做任何《守则》和《规范》不允许的事情,校内校外一个样,都要做一个维护东坡小学声誉的好学生,绝不能因为个别人的个别行为,破坏全体东坡小学师生的好形象!

3.培养优良品德,做行善君子。诸葛亮说:"夫君子之行,静以修身,俭以养德"。这句话的意思是说,德才兼备人的品行,是依靠内心安静、精力集中来修养身心的,是依靠俭朴的作风来培养品德的。苏轼认为"古之君子,刚毅正直,而守之以宽,忠恕仁厚……",苏轼认为教育的目的就是要培养君子。

我认为,同学们要静下心来读书,收获更多的是修身养德。德,是人生的宝贵财富,是尊重事实,是公道正义,是宽厚待人,是谦虚礼让……是人类最美好的品性。静下心来读书,我们可以感悟"德"对于社会的重要、对于人生的宝贵;我们可以知晓,承载风雨的是宽阔心胸,成就价值的是忠厚品行;从细微言行提高修养品德。

行善很简单!解放自己心理的压力,是善待自己;对于别人的帮助,报以微笑或说声真诚的感谢,是善待他人;将身边的废纸轻轻捡起,丢进垃圾箱,是善待环境;知荣明耻,奋发图强,为中华之崛起而读书,是善待社会。"赠人玫瑰,手留余香"。当我们行善时,也是为自己积累财富,是让爱的种子在你我心中传递。因此,将"日行一善"当做我们的一种习惯吧,让我们寻善源、存善心、纳善言、行善事,在思善、写善、行善、扬善的进程中表现出我们的真诚与感动!

4. 修省是锤炼品德。"夫君子之行,静以修身,俭以养德,非淡薄无以明志,非宁静无以致远。"这是诸葛亮的《诫子书》中的句子。是在他临终这一年写给他的嫡子诸葛瞻的,他以强烈而委婉的语气对幼子在道德修养、持之以恒的学习态度、珍惜年华、不虚度光阴等方面提出了要求。他告诉我们:德才兼备的品行,是依靠内心安静、精力集中来修养身心的,是依靠俭朴的作风来培养品德的。学习必须专心致志,增长才干必须刻苦学习。古往今来,这句话鼓舞了多少有志者。成功的人,懂得反省。虽然新的一年已经来临,可是过去的一切不能像碎纸一样扔进垃圾桶。在新的征程开始之际,先想一想过去有什么过错,为什么有那样的过错,把过错一一列出来,把过错的原因一一列出来,是学习方法上的差错还是学习品质和道德意识上的不足?给自己反思的时间,给自己改正的时间。古人云"吾日三省吾身",意思是"我每天多次反省自己"。常留修省之意,日日反省,月月反省,年年反省,应是我们所有人生活、学习的一个准绳,是锤炼品德的有效途径。

5. 勤奋是锤炼自我的关键。有诗云:"三更灯火五更鸡,正是男儿立志时。黑发不知勤学早,白头方悔读书迟"。有一个故事告诉我们:成功的人,都具有勤奋刻苦、意志力坚强、持之以恒、坚持不懈的精神。有个故事说,能够到达金字塔顶端的只有两种动物,一是雄鹰,靠自己的天赋和翅膀飞了上去。我们全国有极少数雄鹰式的人物,智商在120以上,这些同学学习不需要太努力就能达到高峰,有天赋的人就像雄鹰。但是,有另外一种动物,也到了金字塔的顶端。那就是蜗牛,蜗牛肯定只能是爬上去。从底下爬到上面可能要一个月、两个月,甚至一年、两年。在金字塔顶端,人们确实找到了蜗牛的痕迹。我相信蜗牛绝对不会一帆风顺地爬上去,一定会掉下来、再爬、掉下来、再爬。但是,同学们所要知道的是,蜗牛只要爬到金字塔顶端,它眼中所看到的世界,它收获的成就,跟雄鹰是一模一样的。

因此,我们的同学在学习中要发扬"勤奋刻苦、意志力坚强、持之以恒、坚持不懈的精神",要做到五勤:勤于用心、勤于用脑、勤于动口、勤于动手、勤于质疑。用自己的辛勤劳动去实现自我的价值,力争登上自己人生的"金字塔顶端",享受"一览众山小"的成功喜悦!

6.实践是培养人才的有效途径。

实践活动课能有效地调动学生学习的积极性和主动性、彰显和发展了学生的个性、提高和发展了学生多方面的能力:收集、分析和利用信息的能力,发现问题、提出问题乃至于解决问题的能力。培养创新意识和创新能力、合作意识和交往能力,切实转变了学生的学习方式,有效地促进了学生情感、态度和价值观的发展。实践活动课对丰富学生的经验,形成对自然、对社会、对自我的整体认识,发展创新精神、实践能力,以及良好的个性品质,都具有重要意义。

我校今年将设置特色课程:东坡诗文诵读课、东坡德育课、东坡书画课、东坡第二课堂。

开办"东坡文化兴趣班",成立"东坡体艺训练兴趣班",开展书法、绘画、英语、写作等教学活动,进行器乐、朗诵、演唱、舞蹈、跆拳道、围棋等训练活动。

我希望,同学们踊跃参与,认真学习,刻苦训练,培养自己的综合能力,最终达到把自己培养成高素质人才的目标。

请同学们记住:要志存高远,做有理想的人;要苦修炼,做品德优秀的人;要勤学习,做有文化的人;要遵章法,做守纪的人;要知明礼,做有教养的人;要心体健,做身心健康的人;要勤于实践,做有才干的人!请保持"便引诗情到碧霄"的豪情,去迎接暴风雨的洗礼吧!

最后,祝老师们在新的学期,工作愉快,身体健康!

祝同学们在新的学期,学习进步,全面发展!谢谢!

(此文是本人在 2012 年秋季 9 月 3 日升旗仪式上的讲话。)

让东坡诗词大步走进校园倡议书

亲爱的少先队员们：

你们好！

2000年，法国《世界报》组织评选一千年里世界级杰出人物，授予"千年英雄"称号，全世界一共评选出12位，苏东坡是唯一入选的中国人。苏东坡原名苏轼，字子瞻，号"东坡居士"，是北宋著名文学家、书画家、词人、诗人、美食家，"唐宋八大家之一"，豪放派词人代表，也是中国数千年历史上被公认文学艺术造诣最杰出的大家之一，他已成为一种文化象征——东坡文化。东坡文化是以苏轼为代表的融哲学、文学、美学、历史学、教育学等为一体的综合性文化。黄州是东坡文化的发源地，这里处处留下了苏东坡的足迹。在黄州，苏东坡在文学艺术创作上实现了质的飞跃，在文坛上创立了一个流派"豪放派"，文学上的代表作"一词二赋"、书法上的代表作《寒食帖》都作于黄州，这些已经成为黄州一笔巨大的文化遗产。

中国科学院院士杨叔子同志说："没有现代科学、没有先进技术，一个国家、一个民族一打就垮，而没有优秀的历史传统，没有民族文化精神，一个国家、一个民族则不打自垮。"一个民族要生存发展，必须从自身文化中汲取营养，丢掉自己的文化就等于放弃了生存的沃土。东坡文化是中华优秀传统文化的重要组成部分，已成为黄州的地域特色文化。作为黄州人，我们有责任和义务了解苏东坡、学习苏东坡、研究苏东坡，弘扬东坡文化。市委、市政府高瞻远瞩举办东坡文化旅游节，建设文化名城；市教育局科学指导，规划建设东坡特色学校，东坡小学迎来了千载难逢的发展机遇。

学校是文化萌生的摇篮，是文化重要的宣传地和传承地。东坡诗词是东坡文化的主要载体，东坡诗词进校园既是发扬和继承东坡文化的重要途径，也是培养我们少年儿童高尚情操和文化素养的重要举措。黄冈市东坡小学在市委、市政府、市教育局的正确指导下，明确了文化治校之路，将东坡文化作为校园文化建设的核心，在传承东坡文化，诵中华经典，读东坡诗词方面理应走进前面。在此，我们倡议开展东坡文化500工程和5个一工程。500工程：每学期背诵 15 首东坡诗词,小学六年背诵 100 首东坡诗词;每学期阅读 15 个东坡故事,小学六年阅读 100 个东坡故事;每学期熟记 15 句东坡名言名句,小学六年熟记 100 句东坡名言名句;每天练字 20 分钟,每周练字 100 分钟;每学期书写 12 篇东坡小文章,小学毕业书写 100 篇东坡小文章。5 个一工程:每周开设一节"东坡诗文讲诵课",使东坡诗文的学习常规化;每周开设一节东坡书画课,开展以东坡书画为主题的书法和美术教学;每周开设一次第二课堂活动,开展书法、绘画、英语、写作等教学活动,进行器乐、朗诵、演唱、舞蹈、跆拳道、围棋等训练活动;每月开展一次"东坡思想品德教育",把东坡精神融入到德育教育中;每学年开展一次"东坡文化知识讲座",进行东坡文化相关学习。同时我们也向全市中小学生发出倡议:诵读中华经典,陶冶高尚情操,每位同学每学年背诵东坡诗词或其他中华经典诗文不少于 50 首。

同学们,让我们行动起来,诵中华经典,读东坡诗词,为弘扬中华民族优秀文化而努力拼搏!

让东坡诗词大步走进校园吧!

(2012 年 9 月 18 日,东坡小学承办了黄冈市中小学生"中华诵读 o 东坡诗词"经典诵读暨第十五届全国推普周启动仪式",此文是陶秀琪在"启动仪式"上的讲话。)

立足岗位 扬起未成年人思想道德教育建设的风帆

　　未成年人是祖国的花朵,是社会主义事业的接班人,未成年人的成长离不开老师的辛勤劳动和用心的呵护,未成年人思想道德建设工作是一项功在当代,惠及长远的希望工程。在未成年人思想道德建设工作中,在市教育局的正确领导下,认真贯彻落实中共中央国务院《关于进一步加强和改进未成年人思想道德建设的若干规定》的文件精神,立足岗位,不断拓展途径,以特有的人格魅力、学识来引导、影响、关爱未成年人,扬起未成年人思想道德建设的风帆,努力成为未成年人全面发展的良师益友,指导者和指路人,是时代赋予当代教师的历史使命。

　　对于未成年人思想道德教育工作,笔者在30年的教学实践中,有一些心得,与广大老师分享。

一、以身作则,做表率。

　　为人师表,率先垂范。作为一名学校负责人,笔者深知榜样的力量是无穷的,因此,在工作中首先严格要求自己,要求别人做到的,自己先做到。比如在班主任工作中,勤上班、勤观察、勤谈话、勤开班会、勤记载、勤反馈、勤走访、勤办学习班,所带班级教学效果显著:担任班主任时,三届毕业生在中考中先后有44名学生被黄冈中学录取;有2名学生在高考中被北京大学录取,有1名学生被清华大学录取,有1名学生被中国科技大学录取,有3名学生被上海交大录取等;担任年级主任期间,2010届年级毕业生在中考中,在城区录取的200个指标中有127名学生出自启黄中学,创学校的历史新高;有5名学生荣获2012年全国中学生生物联赛中学生生物联赛全国一等奖。

　　在教学业务方面,带头把教学和教研结合起来,取得明显成效:先后撰写论文多篇,其中有10篇论文公开发表,有1篇论文获国家级奖;先后撰写多篇优质教案,其中有1篇获湖北省一等奖,有1篇被收入史绍典编辑的《金牌教案案例》书中,全国发行;另有1篇获市级优秀教案;在黄冈市讲了3节优质示范课,均获市级一等奖;参加湖北省教师说课大赛,获得特等奖;承担2项省级课题,其中"语文综合阅读"课题荣获湖北省基础教育科研优秀项目一等奖;参与编写《综合阅读》地方教材,在全国发行。

在未成年人思想道德建设上,牢固树立"修身重于求学"的观念,和全体班主任一起发扬"团结协作、锐意进取、务实高效"的实干精神,遵循中学生的身心发展的规律,大力抓好德育的日常管理工作,提高德育工作的实效性,带动学校全局的管理。注重班主任队伍的建设。注重德育工作的内容的创新,如:开展了爱国、养成教育、感恩、安全、艺术等七大教育主题,很好的落实了德育的内容。注重德育载体的设计,用丰富多彩的德育活动来熏陶学生的心灵,起到好的效果。为提高德育教育的效果,善于利用广播、板报、班会、故事会、电视教育片等多种渠道,举行内容丰富、形式多样的德育活动,创设良好的教育氛围,努力促进校园文化建设,增强德育教育的实效。

在把东坡文化引进到未成年人思想道德建设上,有独到的研究,2011年8月1日,中国文化报社记者侯丽在《中国文化报》上发表题为"东坡文化走进校园"的文章,对笔者的研究工作和成效进行了报道。2011年8月17日,光明日报社记者梅杰在《光明日报》上发表题为"传统文化,塑造文化校园"的文章,笔者的研究工作和成效进行了报道。2011年9月6日,中国教育报社记者在《中国教育报》上发表题为"如何让传统文化浸润学生心灵"的文章,笔者的研究工作和成效进行报道。三篇文章从不同层面,充分肯定了笔者的研究,在全国有一定的影响,给人以启发。

尤其是率先在黄冈把东坡文化引进到未成年人思想道德建设中,着力打造东坡文化教育品牌,创新办学理念,在黄冈办起了一所以东坡文化治校的"黄冈市东坡小学",受到社会的好评。《黄冈日报》8月5日题为"市教育局首次颁行学校文化建设规划""黄冈市东坡小学,崛起在遗爱湖畔的特色学校"等文章作了报道。

桃李不言,下自成蹊。在榜样示范作用下,全校师生形成了求真务实,踏实进取的工作和学习作风,为学校发展奠定了坚实的基础。

二. 锐意创新,重实干。

笔者结合学校的实际,紧紧依靠和团结全校教职工,在日常未成年人思想道德建设上,为突出一个中心,抓住一条主线,形成一股合力,带好一支队伍,构建一个精神校园。

（一）突出一个中心，即"修身重于求学"这个中心。

在德育工作中确立了以"修身重于求学"为工作的中心，明确了德育工作的方向。然后，围绕中心制定了《学校德育工作计划》，各年级各班制定了班主任工作计划。整合"德育网络资源"，形成"德育合力"。努力把政教处与教务处、总务处、勤管处、电教处、保卫科、团委、学生会、年级组的工作进行联系，形成全面管理，分工合作，形成系统机制，全面推行家庭教育与学校教育协调与配合，密切班主任联系家长的工作，发挥一切德育职能人员的作用，把课堂作为德育工作主阵地，注意发挥各学科教学的德育作用，注意发挥学生干部的作用，是整个学校形成"德育合力"，有效地推进了对未成年人思想道德建设工作。

（二）抓住一条主线，即抓住"提高学生文明素养"这条主线。

所谓"文明素养"主要指人的思想境界、精神品格和自我修养。具体行为有：

1. 抓养成教育，坚持不懈。一是加强教育，提高认识。组织学生学习《中小学生守则》《中小学生日常行为规范》《中小学生综合素质的关键表现》《中小学学生文明礼仪常规》，召开主题班会，举办专题黑板报，大力营造教育氛围。二是组织实践，养成习惯。在校园里划分卫生责任区，落实到各班，组织学生打扫，认真检查，严格考核，长期坚持，常抓不懈，促进良好习惯的形成。三是文明监察，巩固成果。组织学生会或少先队文明监察队对学生食堂就餐进行管理，帮助学生养成讲文明、守秩序、爱惜粮食的好习惯。

2. 抓安全教育，讲求实效。多年来，一直坚持举行"交通知识讲座""法律知识讲座""网络安全知识讲座"，对有网瘾的学生耐心进行教育矫正。通过这些工作，让学生掌握交通安全、法律法规、网络安全常识，加强自我保护意识，增强自我保护能力。

3. 抓心理教育，科学细致。帮助学生树立正确、客观的自我评价标准。一方面，使学生能够正确认识自我、接纳自我，正视现实，乐于学习；另一方面，帮助学生确立适当的期望值，从实际出发，树立正确的人生目标。帮助学生建立正确的自我评价参照体系。教师以积极、肯定的方式，保护、引导学生自我评价，使学生的评价方法既符合社会评价系统，又具有个人特色。教给学生自我评价方法。一方面，培养学生通过写日记、自我测验等方法进行自我肯定；另一方面，充分发挥班集体的作用，通过集体帮助个人，形成自我评价的方法。

4. 抓德育载体，增强实效。

为提高德育教育的效果，2011年至2012年1月学年上学期，政教处利用广播、板报、班会、故事会、电视教育片等多种渠道，举行内容丰富、形式多样的德育活动，创设良好的教育氛围，努力促进校园文化建设，增强德育教育的实效。开展了"爱惜粮食，爱护环境"为主题的文明礼貌月活动，弘扬中华民族的传统美德，培养学生讲文明礼貌的好习惯。召开以"教孩子学会如何做人""家校携手 力推孩子健康成长"等为主题的家长会，告诉家长中小学学生心理发展的特点，并结合实际谈了如何使孩子成为一个有爱心、诚信、自立、自信的人。通过主题家长会，家长们进一步了解孩子们的心理特征，明白以后该怎样采取更为合理、有效的方法去教育孩子，让孩子更加健康的成长。开展的主题为"弘扬传统美德，争做文明中学生"的故事会，弘扬正气，培养学生高尚的品德修养；组织学习《中小学学生守则》等各项规定，开展自查自纠，摒弃不良行为，让高尚的德育理念落实到学生的行为上，让学生真正做到文明礼貌，行为规范。开创了东坡校园文化建设。举行黑板报比赛，文明礼貌月举办征文比赛，校园的报刊栏介绍着国内外大事；宣传橱窗里展示着学习标兵和先进班集体事迹；还有故事会宣传栏，崇德修身的宣传专刊，"我快乐，我运动，我健康"的宣传画等校园文化作品都透露出积极向上的文化品位，用正确的舆论来教育学生，用高雅校园文化教育学生，引导学生修身炼德，健康快乐地成长。

（三）带好一支队伍管理，即"班主任队伍建设"

构建一支政治素质高，能力修养强，作风朴实、道德高尚稳定的德育工作队伍是做好未成年人思想道德的关键。对此，笔者也有自己的一套模式。

1.以师德建设为"核心"

经常组织班主任老师学习《教师工作手册》，学习师德标兵汪金权老师的事迹，促进班主任自我修养的提高。

2.以老带新促"成长"

我在每学期要组织召开拜师会，把新老班主任结成对子，老班主任要毫无保留地指导青年班主任的工作，年轻的班主任从老班主任身上学到了敬业修德、无私奉献、甘于清贫的高尚品质，从思想上有所提高，这是培养班主任的有效方法。

3."五有""六到"抓"落实"

"五有"指：每个班主任工作有计划，主题班会有教案，理论学习有笔记，家校沟通有记载，学生管理有心得。"六到"指：班主任要在升旗前到班、上午第一节课前到班、课间操到班、下午第一节课前到班、打扫卫生到场到班、下午放学前到班。

（四）加强精神文化建设，构建了师生的精神家园

校园精神文化又被称为"学校精神"，它是一所学校的历史传统和被全体师生员工认同的意识形态。校园精神文化对学校发展的影响是全面而深远的，包括教育理念、教育管理、教育手段、教育方法等各个方面。精神文化是校园文化的灵魂，对师生具有独特的感染力和凝聚力，这正为我们做好未成年人思想道德建设工作创建了氛围。笔者历来非常重视学校精神文化建设，围绕学校的办学目标，结合时代精神文化，将"团队精神、奉献精神、实干精神、东坡精神"贯穿于学校工作的方方面面，把"肯干事、会干事、干成事、能共事、不出事"这五事精神作为东坡小学教职工的一切行动的风向标，倡导全体教职工仿效鲁迅先生提出的四种人："我们从古以来，就有埋头苦干的人，有拼命硬干的人，有为民请命的人，有舍身求法的人，……虽是等于为帝王将相作家谱的所谓'正史'，也往往掩不住他们的光耀，这就是中国的脊梁"（《中国人失去自信力了吗》）。提倡所有教职工高境界做人：见困难就上，见荣誉和利益就让。当个人利益与学校利益发生冲突的时候，宁可牺牲个人利益来保护学校利益。努力塑造充满自信、快乐、创新的个性化师生的价值趋向，为学生积淀成长的自信，让教师追享事业的乐趣，使学校成为是师生依恋的精神家园。因此，东坡小学的校园精神文化建设就是以铸造校魂，提升精神文化为最高目标，逐步形成学校独特的精神风貌，为师生构建一个充满生机和活力的精神家园，这也是我们做未成年人思想道德建设工作所追求的目标。

有一种爱无声无息，有一种爱温柔细腻，有一种爱坚定不移。这就是笔者对未成年人思想道德建设工作的伟大的师爱！用默默无闻的奉献，用科学的态度，高尚的师德，艰辛的劳动来成就对未成年人思想道德建设工作的执着追求，为社会培养具有较高道德素质的栋梁之才！

（2012年10月，本人被湖北省精神文明办评为湖北省第二届全省未成年人思想道德建设工作先进工作者。我叫陶秀琪，我在2012年3月15日，任黄冈市东坡小学（原黄冈市第二实验小学）负责人，主持学校全面工作。2012年3月15日前在黄冈中学任语文课教学，担任班主任，年级主任，启黄政教处主任，黄冈中学政教处副主任。我从事未成年人思想道德建设29年。）

传承东坡文化　打造特色名校

东坡文化是中华民族优秀传统文化的一部分。黄州是东坡文化的发源地之一。在这里，苏东坡在文学艺术创作上实现了质的飞跃，创立了文学"豪放派"，写下了流传千古的"一词二赋"，留下了书法代表作《寒食帖》等。

"文化是民族的血脉，是人民的精神家园。"东坡小学地处遗爱湖景区内，具有传承弘扬东坡文化的得天独厚的条件。黄冈市教育局局长王建学说："传承东坡文化，推进素质教育。"黄冈市教育局规划建设东坡特色学校，2012 年 7 月 20 日，将黄冈市第二实验小学更名为"黄冈市东坡小学"。学校把东坡文化作为校园特色文化，围绕"以中华文化为统领、以东坡文化为核心、以校园建设为载体、以建创结合为路径"，开展形式多样的东坡文化教育教学活动，打造特色鲜明的东坡文化教育品牌，力争在"十二五"期间，把东坡小学办成在全省乃至全国都有较高知名度的特色学校。

多年来，学校秉承"努力办好人民满意的教育"的理念，全面贯彻党的教育方针，在开全、开足、开好国家课程的基础上，成立东坡校本教材研发小组，编印不同年级的东坡诗词校本教材和德育教材。包括每周开设一节"东坡诗文讲诵课"，每周开设一节"东坡书画课"；每月一次利用周三的班会课融入"东坡思想品德教育"，把东坡精神融入到德育教育中。此外，还开设"苏轼文化知识讲座"、"书法、绘画兴趣班"等，把东坡诗词、文赋和东坡文化教育教学实践活动制作成影像资料，用于教育教学、校际交流、宣传等。

东坡诗词是东坡文化的主要载体。学校引导学生每学期背诵 15 首东坡诗词，小学六年背诵 100 首东坡诗词；每学期阅读 15 个东坡故事，小学六年阅读 100 个东坡故事；每学期熟记 15 句东坡名言名句，小学六年熟记 100 句东坡名言名句；每天练字 20 分钟，每周练字 100 分钟；每学期书写 12 篇东坡小文章，小学毕业书写 100 篇东坡小文章。

学校每周开设一次第二课堂活动，开展书法、绘画、英语、写作等教学活动，进行器乐、朗诵、演唱、舞蹈、跆拳道、围棋等训练活动；每月开展一次"东坡思想品德教育"，把东坡精神融入到德育教育中；每学年开展一次"东坡文化知识讲座"，进行东坡文化相关学习。同时，向全市中小学生发出倡议：诵读中华经典，陶冶高尚情操，每位同学每学年背诵东坡诗词或中华经典诗文不少于50首。

物质文化建设是学校文化建设的重要组成部分，也是学校精神文化建设的具体显现和实物表达。如何突出学校物质文化的特色，将精神文化内隐价值更好地体现在学校的一砖一瓦、一草一木之上，形成具有较强教育力的物质文化氛围，是学校物质文化建设的基本着眼点。学校进行了科学规划，颁布了《黄冈市东坡文化建设整体方案》，并请湖北省设计院对整个校园都融进了东坡文化元素，形成仿古建筑风格的建设规划设计。

学校新建广场与学校运动场融合，命名为"东坡广场"，同时配套建东坡文化长廊。文化长廊集中展示苏东坡的诗、词、文赋、书、画等文化成就，重点凸现苏东坡一生的奋斗足迹，尤其是在黄州4年的感人事迹，让师生认识苏东坡、了解苏东坡、亲近苏东坡，在东坡文化的熏陶下，快乐工作学习，健康成长。

老教学楼"弘苏楼"（意为弘扬、传承苏东坡治学精神以及文学造诣，走圣贤之路，成圣贤之才），还有办公楼"浩然楼"（取东坡《水调歌头·快哉亭作》"一点浩然气，千里快哉风"之意，引导学生做胸怀天下、正气盈襟、凛凛于天地之间的人）进行立面改造。在原用地内入口处加建凉亭，以木构架的形式留出学生家长的停留空间，在其中辅以小品、柱、廊等反映东坡文化，以其通透和直观的印象传达东坡文化建设的内涵；校门正对花坛内设置的东坡铜像，直观而形象地凸现东坡文化校园的定位；沿中轴线建设文化长廊，集中展示苏东坡的诗、词、文赋、书、画等文化成就。学校新征用地的特色建筑问天楼、江天楼、三养楼，取名亦均出自苏轼著名文学作品。走进东坡小学，如同翻开的文化卷轴，穿越时空，踏进了绚烂的历史长河，处处散发着浓郁的东坡文化气息，孕育滋养着一代代祖国的花朵。

（本文刊登在2012年湖北省唯一公开发行的综合性党刊《党员生活》第6期上。是本人对学校的特色办学思想的思考，对学校教育教学的特色设计的思考。）

知情况 明目标 抓纪律 养习惯 勇达标

——在2012年东坡小学家长会上的讲话

首先,感谢家长们,牺牲休息时间来参加家长会,来商量对孩子的教育策略。今天,我讲话的主题是"知情况、明目标、抓纪律、养习惯、勇达标"。

一、知情况

(一)学校情况

我校在建校五年之际更名为"黄冈市东坡小学",这是我校发展史上一个重要的里程碑,标志着我校从此进入了一个新的发展阶段,那就是"以中华文化为统领,以东坡文化为核心,以校园建设为载体,以建创结合为路径,开展形式多样的东坡文化教育教学活动,打造特色鲜明的东坡文化教育品牌,力争在十二五期间,把东坡小学办成在全省乃至全国有较高知名度的特色学校"。

黄冈市东坡小学是黄冈市人民政府批准并投资新建的一所全日制公办小学,隶属黄冈市教育局。学校位于新港大道中段,预计校园总面积70亩,将成为黄州城区占地面积最大的小学。学校目前拥有标准教室35间、微机室2间、多媒体教室15间、音乐教室1间、形体舞蹈教室1间、围棋教室1间、跆拳道教室1间、多功能教室1间、科学实验室2间。学校还拥有可供200学生中午就餐的餐厅和午睡宿舍。我们学校的地理位置随着黄州城区的东移,马上会成为黄州城区的中心。

遗爱湖是目前黄冈市东坡文化建设的重点工程,市东坡小学地处遗爱湖风景区,与当年东坡常饮酒赋诗的遗爱亭(古名安国寺竹间亭)相距仅数百米。市东坡小学的东坡文化建设不仅是黄冈市中小学布局调整中的重点建设项目,同时也是黄冈市东坡文化建设的重点工程。

黄州是东坡文化的发源地之一。在黄州,苏东坡在文学创作上实现质的飞跃,在文坛上创立了一个流派——豪放派,文学上的代表作"一词二赋"、书法上的代表作《寒食帖》都作于黄州。目前全国共有东坡学校40多所,分布在他曾经工作和生活的地方,唯独黄冈至今没有一所以东坡命名的学校。黄冈市第二实验小学把东坡文化和东坡精神作为校园特色文化，就是把传扬具有地方特色的东坡文化当作己任的东坡学校，市教育局已经决定把我校更名为东坡小学。

学校师资阵容正在优化，现有教职工65人中有来自黄冈中学等学校的优秀教师10余名，研究生学历1人，本科学历52人，湖北省基础教育科研之星2人，黄冈名师3人，市级骨干教师5人。从现在开始，我校将引进黄冈市小学特级和高级教师来学校任教；将招进既具备本科学历，又有综合素质的优秀大学生来充实我校的教师队伍。

（三）办学目标

以中华文化为统领，以东坡文化为核心，以校园建设为载体，以建创结合为路径，开展形式多样的东坡文化教育教学活动，打造特色鲜明的东坡文化教育品牌，力争在十二五期间，把东坡小学办成在全省乃至全国有较高知名度的特色学校。

（三）我校校训

海纳百川 奋厉有为

"海纳百川"是说做人要豁达大度、胸怀宽阔。这既是一个人有修养的表现，是对全体师生品德锤炼的要求，也是呈现我校办学的理念。我校所实施的文化治校是以东坡文化为核心，融合了中国传统文化和现当代人类优秀文化来"滋养人文素养，奠定多彩人生"全面实施的素质教育。所谓"奠定多彩人生"是人生的最终目标，如苏轼"上可陪玉皇大帝，下可陪卑田院乞儿"；"达则金马玉堂为帝王师，穷则食芋饮水为南荒逐客"。苏轼是中华五千年文明史上的第一大才子，千年世界英雄。他的多彩的人生经历告诉我们：人生中有甜苦、有喜忧、有跌倒、有等候、有失败、有成功、有悲欢离合、有坎坎坷坷、也有风调雨顺，人生是多彩的。只要是曾经体验过，也是人生的一种幸福。而我们就要抱着十足的热情投身于各种事业，终会有一样会开花结果的。我校的文化教育就是为学生"多彩的人生奠基"！

"奋厉有为"意思是振作精神，以求强盛。昭示着黄冈市东坡小学全体师生奋发图强，革命加拼命，勇攀教育科学高峰，奋力打造东坡教育品牌，力争在十二五期间，把东坡小学办成在全省乃至全国有较高知名度的特色学校。

因此，我校认真落实十八大的精神，依托学校系列的教育教学改革，创新办学模式和办学途径，为高一级学校培养人才奠基，为学生的多彩人生奠基，为学校的创新发展奠基。

（四）激励口号

1.滋养人文素养，奠定多彩人生

2.打造东坡品牌，推进素质教育

3.仰慕一代文豪 奠基多彩人生

4.读东坡诗文，承东坡精神

五、明目标

基础教育在小学阶段最大的任务就是养成教育。养成教育的最初目标是，通过培养人的良好行为习惯和良好思维习惯，解放人的大脑，从而达到我们养成教育的终极目标。培养人学会做人、学会学习、学会创造。这是素质教育的三大核心任务。

我校的培养目标：以中华文化为统领，以东坡文化为核心，融合中国传统文化，现当代人类优秀文化来"滋养人文素养，奠定多彩人生"全面实施素质教育，培养出新时期的"热爱祖国，理想远大；勤奋学习，追求上进；品德优良，团结友爱；体魄强健，活泼开朗"的四好少年。

小学阶段是学生身心迅速发展又极具可塑性的阶段，应当紧紧抓住这个有利的施教时期，从学生的良好行为习惯入手，通过养成教育培养他们良好的行为习惯和传统美德，教会他们做人最基本的道理，不仅对他们当前的和谐发展起到很大的促进作用，而且关系到他们的终身幸福。养成教育很大程度上符合从学生心理特征和心理发展，对学生的未来发展有很重要的意义。

我们为了把学生的养成教育搞好，我承担了中国教育学会批下了的国家级课题"中小学生养成教育策略研究"，我们把对学生的良好习惯的培养落实在平时的教育教学中，这是其他学校所没有的，请家长们配合，并积极的协助学校开展的养成教育。

三、知规律

1、中科院心理研究所所长、博士生导师王极盛教授认为，人的智力结构因素主要由观察能力、记忆能力、思维能力、想象能力、实践能力组成。观察能力是智力结构的眼睛，记忆能力是智力结构的储存器，思维能力是智力结构的中枢，想象能力是智力结构的翅膀，实践能力是智力结构转换为物质力量的转换器。智力是人的认识能力的综合,包括观察力、记忆力、思维力和想像力,它影响学习活动的速度和质量,解决"能不能学"的问题。非智力因素是指人的理想、动机、兴趣、意志、情绪、自信心,等等,它为学习活动提供动力,解决"想不想学"的问题。关于智力因素与非智力因素的作用问题,一直存在着很大的争议。普学会的斯特恩教授与脑科学专家格拉伯勒等人通过实验证实了:后天勤奋的确能弥补先天智力上的不足。

20%的智力因素＋80%的非智力因素＝成功

这个公式准确吗?

显然,对不同的人而言,两种因素的作用是不同的,但是,很多理论和事例证明,非智力因素比智力因素更重要。

有人调查过诺贝尔奖获奖者的情况,发现他们都具有很好的非智力因素:热爱自己的事业,有锲而不舍的精神、坚强的意志、善良的心态和很强的幽默感。

2、中科院心理研究所所长、博士生导师王极盛教授,连续几年对考上北大、清华的"状元"们进行调查,影响高考成绩的主要因素有:如努力学习、学习方法、老师指导、同学帮助、父母教育、身体健康、临场发挥、记忆力、思维能力、想象能力、考试策略技巧、学习态度、自学能力、学习基础、班级学习气氛、考前营养、考前心态、考场心态、考试居住环境等因素。

3、苏联有位教育专家说过,一个人的成材是受很多因素的影响,最主要的是以下因素的影响:父母教育、学生自己、教师指导、所看的书、班级氛围、偶然因素等的影响。

家庭教育非常重要,家长要了解学校教育目标,班级管理目标,了解学校特点,了解班级特点、了解学生情况,要让自己的家庭教育有效的配合学校教育。

四、抓纪律、养习惯

强化养成教育,着重培养学生的心理承受能力、抗挫能力、自律能力、社交能力。树立学生的竞争意识、安全意识、合作意识。教育学生严格遵守学校的规章制度,严格遵守班纪班规,强调课堂听课的重要性,遵守课堂纪律,纪律是胜利的保证,一定要养成上课守纪律的好习惯,减少非智力因素的影响,让智力因素能正常发展。要想守纪律,就要平时养成良好的习惯。如何养成好习惯呢?

1.什么是良好行为习惯?良好行为习惯是指由于重复或练习而巩固下来

并对人学习、工作和生活等起积极作用的,适应了人的正常需要且对人具有正向价值导向的行动方式。它一旦形成,就会自动的体现在人们的行为中,成为人的不可缺少的东西,若不按行为习惯去做,就会产生不愉快、不舒服,甚至苦恼的情绪。

良好行为习惯的养成教育,是指从学生行为习惯的养成上升到道德品质的形成。习惯决定品德。人的品德基本上是由习惯组成的。俗语说:思想决定行动,行动决定习惯,习惯决定品德,品德决定命运。因此,习惯培养在中小学的思想道德教育中,在他们思想道德素质的形成中都具有重要的地位和作用。著名教育家乌申斯基说:"好习惯是人在神经系统中存放的资本,这个资本会不断地增长。一个人毕生都可以享用它的利息。而坏习惯是道德上无法偿清的债务,这种债务能以不断增长的利息折磨人,使他最好的创举失败,并把他引到道德破产的地步。"良好习惯使人终身受益,不良习惯让人终身受害。良好的行为习惯一旦形成就成为人的一种相对稳定的行为方式,它们将在人的一生中发挥重要的作用。

例如:芬兰专家经过长期研究发现,良好的生活习惯可以有效防治成年型糖尿病。芬兰是糖尿病高发国家之一。由于受遗传因素和生活方式的共同影响,全国有7%的成年人患有糖尿病。芬兰公民保健所公布的最新研究报告显示,健康的饮食结构和有指导地进行运动锻炼,能够使糖尿病患病率降低58%,并能使至少一半的人推迟患上糖尿病。

负责这项研究工作的芬兰科学院院士亚科·图奥米莱赫托指出,不良的生活习惯、身体肥胖和年龄结构是诱发糖尿病最主要的原因。因此,培养包括饮食在内的良好生活习惯和坚持锻炼对预防糖尿病十分重要。 由此可见,良好的行为习惯的养成教育的重要了。

2. 如何帮助学生养成良好行为习惯?

良好行为习惯的养成是一项十分复杂而又十分具体的工作。培养学生的任何一种良好行为习惯,都需要做长期的、细致的工作。不遵循一定的原则,没有科学的方法,单凭热心和干劲是不行的。现在有些教师在中小学生的良好行为习惯培养上虽然花费了不少时间和精力,但因方法不科学,收效甚微。针对这种情况,我们必须遵循规律,按原则做事,讲究科学,让养成教育规范化。

(1)目标是方向。一是要确定要达到的最终良好行为目标,这是良好行为习惯要达到的最高目标。高尔基说:"一个人追求的目标越高,他的才能就发展得越快,对社会就越有益。"良好行为习惯的培养也是这样。二是要确定近期小目标,如在培养学生学习习惯中"认真完成作业"时,要求小学生要做到独立完成,正确率高并能做到仔细检查,自觉验证。小学高年级学生要做到先归纳一天所学习功课的知识点,再保质保量完成作业,并建立"错题集",及时改错等。三是根据学生的个体差异要确定不同的行为目标要求,如学习能力强学习习惯好的学生,作业的正确率要在95%至100%,一般的学生可在85%至95%,学习困难的学生,可在70%或60%、50%等等,只要符合学生自身的实际即可。

(2)学生是主体。教师需要确立学生是主体的意识,同时又要培养学生的主体意识。所谓主体意识。就是对于自身的主体地位、主体能力和主体价值有一种自觉意识,意识到自己是教育的主体,应该自己教育自己,意识到自己有能力教育自己,意识到自己做人的价值,能够改变环境,超越环境,以求自我价值的实现。这就是我们所说的良好行为习惯的培养的主体性。 主体性是人的全面发展的根本特征,是人的全面发展的核心。主体性的主要特征是自主性、主动性、创造性。特别是在道德教育中,我们必须认识到,学生的道德发展,道德行为习惯的形成是一个自主建构的过程,是一个与学生主体活动息息相关的过程。

(3)教师是关键。"老师是学生的一面镜子",小学生模仿性强,教师的身教比言教往往起到更大的作用。因此,教师良好的师德表率给学生树立榜样,以深厚的思想情感、庄重大方的仪表、和蔼可亲的仪容、彬彬有礼的语言给学生做示范,使学生在师生交往中受到潜移默化的教育。对学生的教育诱导"动之以情、晓之以理",不简单地批评指责。在对学生进行良好行为习惯养成的教育时,教师应适当地采用多种形式的激励方式,以表扬为主,要注意发现学生的闪光点,让学生多感受成功之感,用成功的喜悦强化学生的行为,培养学生辨别是非的能力,从而使学生形成良好的行为习惯。这就是我们为什么要研究"教师的良好行为习惯对中小学生良好行为习惯的养成所起的作用"这个问题。

(4)实效是标志。在小学生良好行为习惯养成教育过程中,我们要有效地控制各个环节,有效地开展各种活动:如开展专题教育活动,细化良好行为习惯养成教育。强调校规制定班规,规范良好行为习惯养成教育。构建德育网络,保障良好行为习惯养成教育。诵读东坡诗词,强化良好行为习惯养成教育。还要做到"五个坚持":坚持实践教育;坚持正面教育;坚持开放式教育;坚持传统教育;坚持自我教育。这样以来,根据学生的年龄特点把良好行为习惯养成教育抽象的内容具体化,把概括的内容分解成细目,让学生易于理解掌握和执行,取得了明显的实效。

(5)家校联合是保障。良好行为习惯养成教育必须由学校、家庭、社会共同完成,尤其注意家庭教育这个环节,家庭环境是学生良好行为习惯养成的主要因素。有报道显示,青少年犯罪抽样调查发现,65%是单亲家庭的孩子,父母离异或家庭不和,孩子失去了母爱或父爱,无人关心。45%是家庭溺爱,中国受几千年传统思想的影响,爷爷、奶奶和父母宠爱有加,没有形成教育孩子的统一思想,孩子想怎样就怎样,家长千方百计满足他的要求,久而久之,这些孩子变得任性、霸道、不明是非,不懂对错。在学校不懂如何与同学相处,屡屡犯错。所以,学校教育要通过多种途径,运用多种形式,切实加强与家庭、社会的有机联系,让家长了解一些家庭教育知识和该学期学生行为习惯养成的策略,听取家长的建议和要求,争取家长的理解和支持,共同促进学生良好习惯的养成。

(此文是本人2012年秋季市东坡小学家长学校讲座讲话稿。)

我们这样组织第二课堂活动

据有关资料表明：改革开放以来，尤其是 21 世纪的我国的人才市场更需要、更看重具有"独立创新"、"灵活应变"、"自我约束"等能力的人才。我们中等专业学校是培养人才的场所。学校不仅要让学生学好课本知识，打好基础，而且"中等专业学校必须重视和加强对实践性教学环节的管理，努力培养学生的实践能力，分析问题和解决问题的能力。"(《湖北省普通中等专业学校教学管理暂行规定》)怎样培养学生的实践能力、分析问题和解决问题的能力呢?开辟第二课堂活动是一个有效的途径。今年，在学校领导的指导下，在教研室主任的密切配合下，笔者在抓好教研工作的同时，逐步开辟了第二课堂活动，成立了七个活动小组：英语组、写作组、书法组、演讲组、珠算组、微机组和学生教研组。通过开展丰富多彩的活动，激发了学生的学习兴趣和能力锻炼的积极性，开发了智力、培养了学生的创造精神、增强了能力、培养了优秀人才。我校的第二课堂活动正在健康的发展。为什么能这样呢?我们的具体做法是：

一、建立系统、坚持原则

实的第二课堂活动已经建立了以校长室——教务科——相关教研室——各个小型的实践活动小组的管理体系。

第二课堂活动开展的原则是：

1. 独立自主的原则。让学生在实践中得到锻炼，充分发挥学生自己的主观能动性，培养独立分析问题和解决问题的能力。

2. 个性化的原则。让学生的兴趣爱好真正得到满足，特长得到更好的发挥，培养学生的专长。

3. 与第一课堂、各科活动协调，不使学生负担过重的原则。

4. 加强指导与充分发挥学生的主动性和创造精神相结合的原则。比如：学生教研组是以培养学生的管理能力为训练目的，在训练过程中坚持以上原则，以"早读"为实践园地，在具有一定管理经验的陶珊老师的具体指导下，充分发挥学生的主观能动性，放手让他们来管理全校的早读，有目的、有意识地培养他们独立分析问题和解决问题的能力。现在,我校的早晨的校园内,书声朗朗,读书成风,这种景象的形成与学生教研组的工作是分不开的。

二、制订计划、规范管理

为了确保第二课堂活动的正常进行,落实培养教育的任务和各项具体的能力训练的指标,我们根据实际情况制订了各种计划。首先,教务科把第二课堂活动的开展列入到每学期的教研活动的总计划当中,加强对第二课堂活动的管理。其次,配备有丰富教学经验和教学能力的教师为辅导教师。并由各个实践活动小组的辅导老师制订活动计划和指导各种活动的开展,并写出教案和训练计划,辅导教师的劳动计算一定的工作量。另外,教务科根据各组的情况妥善安排开展活动的时间,统一检查并记载。比如:珠算组活动时间星期一下午 4:30——5:30、微机组活动时间星期日晚 7:30——9:00、其他小组为星期五下午 4:30——5:30。

由此,我校的第二课堂活动是在有组织、有计划、有安排、有检查地稳步发展,已经形成了规范化管理。

三、发挥优势、依靠各方

我们充分地利用教务科的管理优势,在积极协调和组织第二课堂活动的同时,努力依靠有关教研室的帮助,并取得学生科、团委、电教科、图书馆、总务科、办公室、财务室等部门的支持以及学生会、广播台等学生团体的支持。这样,我校的第二课堂活动的开展得到更多的组织指导和帮助。我们常注意加强联络,开展活动时,请他们来帮忙,他们都给予了支持。比如:组织的以"勤奋学习、一专多能、动脑动手、争创一流"为主题的演讲比赛时,基础课教研室和学生科配合教务科做些组织工作,学生会、团委组织学生评委以及做些准备工作。学校的领导全部到场亲临指导,使我们的演讲活动开展得非常成功。又如:书法比赛请学校的胡品廉书记、闫家立书记等领导当评委,他们欣然接受。

四、发挥专长、有效指导

我们把有专业特长的教师动员起来,让他们担任辅导教师,并以课堂教学的形式,对学生进行有效的专长指导。比如:陈朗老师英语教学时间长,教学经验丰富,英语口语的表达能力较强,请她担任英语组的辅导教师;郭威老师有书法特长,请他来辅导书法组;陶珊老师普通话讲得好,演讲有特长请她辅导演讲组,陶老师还兼带学生教研组;谭琳老师热爱文学,请她负责写作组;熊燃老师擅长珠算,就负责珠算组;丰波老师微机技能较强,就负责微机组。其他老师在哪方面有特长,就请他做那个专长的指导老师。

五、引进激励、鼓足干劲

所谓激励就是激发鼓励。我校[1997]24号文件上明确规定:学生参加地市级以上单位组织的各种竞赛,省部级一等奖发给奖金150元,二等奖发给奖金120元,三等奖发给奖金100元。地市级一等奖金100元,二等奖发给奖金80元,三等奖发给奖金60元。一种竞赛有多名学生参加并取得名次,全部享受同等级同数额的奖金待遇。指导教师(最多限二名)按获奖等级,省部级分别给予150、120、100元的奖励。地市级分别给予100、80、60元奖励,获得省部级前三名的指导教师,在职务晋升、评先方面予以优先。

比如:今年5月份珠算组的学生孙君参加黄冈市职业中专学校珠算比赛荣获个人二等奖,学校按规定分别给学生孙君和辅导教师熊燃发奖金各60元,并在全校大会上表扬。这样大大地调动学生和老师的积极性。他们鼓足干劲,克服各种困难,积极地投入到第二课堂活动当中。

陈朗老师看到很多同学热衷于英语并有极高的学习积极性,她欣慰地说:"只要同学们爱学习,我不要什么报酬,也愿意教你们!"熊燃老师家住校外,每次辅导完到下午6点左右,爱人经常出差,女儿常常没有人接,她毫无怨言。第二课堂活动小组的老师在这方面的确是不错的。正因为,有这些吃苦耐劳,乐于奉献的老师们,才有了今天我校第二课堂活动的好成绩。

第二课堂活动丰富了学生的学习生活,为学生提供了将知识转化为能力的机会,改变了他们的思想面貌,激起他们的求知欲,增长了知识才干,拓宽了知识结构、培养了创新精神,使学生在德、才、学、识等方面得到健康发展。当然.我们这方面的工作还处于探索之中,我们在前进的道路上必然会遇到不少的新问题,需要我们去认识、去解决。我们将虚心学习兄弟学校的成功经验,努力地去实践、认识、再实践、再认识,去拓宽、奋进、再开拓、再奋进,把我校的第二课堂活动开展得更加富有特色!

(此文刊登在《黄冈中专教育》上。)

心 中 的 赞 歌

——献给黄冈市东坡小学

大江东去,赤壁留下千古绝响,
故垒西边,楚天钟声万里悠扬。
在遗爱湖旁、楚才之乡
一颗璀璨的明珠
一座文化的殿堂
一个饱涵文化底蕴的名字——东坡小学
为万千学子多彩人生奠基的地方。

啊,东坡小学——
您是一所飘溢着东坡文化的学校,
您是一所渗透着东坡精神的学校,
您是一所流淌着东坡诗词意韵的学校,
您是一所承载着丰富多彩的文化活动的学校,
您是一所开满了文学艺术教育之花的学校。

啊,东坡小学——
我们把您比作什么?
把您比作熠熠闪光的七彩石,
孕育了我灵魂的光芒;
把您比作智慧园的菩提树,
酽酽浓荫滋润了我飞天的理想;
把您比作后羿射穿云朵的响箭,
呼啸着我奔涌的血液蓬勃而上;
把您比作奔向银河的飞舟,
劈开迷雾托载我摘取九天的太阳!
啊,东坡小学——

您是我心中的圣土一方！
是苏东坡的《念奴娇·赤壁怀古》的词韵，
让我们在徐徐楚风中轻轻吟唱，陶醉了少年学子的心房；
是苏东坡的"爱国爱民、奋力当世"之崇高
把我们懵懂的理想点亮；
是苏东坡的"求真求实、探索创新"之追求
让我们执着的舒展思维的翅膀；
苏东坡的"信道直前、独立不惧"之气节
给了我们战胜逆境的无穷力量！
苏东坡的"坚守节操、潇洒自适"之态度
让我们学会了"疾风暴雨吟啸徐行"的坚强。
东坡精神像涓涓溪流
哺育滋润着我们健康成长！
啊，哺我育我的校园，
啊，托我举我的黄冈！
当代举火者创导了新的思路，
当代领航人引领着新的冲浪。
你那"文化治校"的办学理念，
是浇灌我们思想的玉液琼浆；
你那"海纳百川"的人文精神，
是培育参天的大树民族栋梁的"活水资源"；
你那"打造东坡教育品牌，奠定学生多彩人生"的育人特色，
将会书写出因时而化的窈窕之章！

啊，文化治校、质量立校、特色强校，
啊，严谨治学、探索创新、自信自强！
用你们一代师表的精神旗帜，
塑造学校形象；
用你们焚膏继晷的滚烫热血，
点燃红烛之光！
用你们的团队的协作精神，

焊接登天的云梯；
用你们捧星托月的奉献之手，
描绘出东坡小学的辉煌！

今天，我们以新世纪的名义，
敬您一杯春酿；
今天，我们以赤子的情怀，
为您放声歌唱！
啊，东坡小学
您风华初露 蓓蕾初放，
您敢为人先，放而不狂，
遗爱春色满校园，东坡精神振黄冈！
愿您生机盎然，青春永驻！
愿您欣欣向荣，走向辉煌！

（此文是为东坡小学校刊《市东坡小学中华诗词教学研究》写的刊首语，刊登在 2013 年 4 月的《语言文字报》上。）

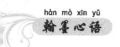
中国梦 我的梦

——2013 年陶秀琪校长在"六一"儿童节致辞

当长江的浪花摇落漫天繁星，
点亮我们黄冈素质教育的梦想。
我们在五彩斑斓，生机盎然的校园里，
来迎接幸福、快乐、充满梦想的"六一"节。

我的梦在东坡赤壁生长，
这梦想的东坡赤壁，
是成就"千年英雄苏东坡"的地方。

我的梦在遗爱湖畔生长，
这梦想的遗爱湖畔，
是传承中华文明的土壤。

我的梦在东坡小学里生长，
这梦想的东坡小学，
正在延伸祖先的荣光。
我的梦，中国梦，花开的地方。

同学们，来吧：
请展开你最美丽的翅膀，
让我们一起飞翔，
飞过长江，
飞向长城，
飞到埃菲尔铁塔上与星空对话。
和世界人民一起分享。

这就是东坡小学永无止境的梦想。

同学们,请记住:

少年智则中国智,

少年强则中国强

我的梦就是中国梦,

中国梦就是我们梦!

(此诗是本人在 2013 年 6 月 1 日,市东坡小学庆"六一"文艺汇演的致辞。)

科学技术是第一生产力的理论意义

马克思早在一百多年前就说过："生产力包括科学"。大工业的生产过程乃是"科学的应用，而科学反过来成了生产过程的因素，即所谓职能"。"大工业把巨大的自然力和自然科学并入生产过程，必然大大提高劳动生产率"。根据这些观点邓小平同志在 1978 年明确提出："科学技术是生产力"，并且越来越显示出作用。1988 年，他又提出："科学技术是第一生产力"的观点，创造性地发展了马克思主义，对我国科技发展，特别是近 40 年来世界经济建设的实践为依据，从本质上揭示了科学技术对当代社会经济发展所起到第一位的作用。

"科学技术是第一生产力"的命题，是从生产力的具体内涵而不是生产力的抽象形式上分类的。生产总是体力，经验的运用和智力、科学技术的运用。古代生产主要是前者，现代生产变为了智力和科学技术占据首要地位。"科学技术是第一生产力"说的就是这个意思，反映的正是现代生产的伟大变革。有人说：生产力=科学技术×（劳动力+劳动资料+劳动对象）。它表明现代社会生产力的内部结构正在发生历史性的变化，科学技术并入现代生产的全过程及生产力三要素和每个要素中，并成为现代生产及每个要素的实质内容。它反映了现代生产力的核心内容是劳动者素质的提高和科学技术的进步。

科学技术是知识形态的生产力，它可以转化为现实的生产力。这是因为：第一，科学技术人员把科学研究成果，把智力物化为机器，为新的生产技术开辟道路，从而提高了人们征服、改造自然界的能力；第二，有一定科学知识、生产经验、劳动技术的劳动者，使用现代化的生产工具，可以在现代化的生产中发挥更大的作用，从而生产出更多更好的物质产品；第三，具有科学知识、经营能力和开拓能力的生产管理人员，实行科学管理，有效的利用科学的力量、社会的力量，充分调动生产者的自觉性、主动性、创造性，从而也可以提高社会生产力。

"科学技术是第一生产力"要以"教育为本"。邓小平同志指出：教育是科技的基础。要依靠教育来培养造就人才，提高劳动者的科学文化素质，从而提高劳动生产率，战胜资产阶段的影响。他认为："我们要掌握和发展现代化科学文化知识和各行各业的新技术、新工艺，要创造比资本主义更高的劳动生产率，把我国建设成为现代化的社会主义强国，并在上层建筑领域最终战胜资产阶段的影响，就必须培养具有高度科学文化水平的劳动者，必须造就宏大的又红又专的工人阶级知识分子队伍"。教育是培养人才，发展科学技术的基础工程。1992 年邓小平同志又一次强调："经济发展得快一点，必须依靠科技和教育。"要发展科学技术的人才，而人才的培养靠教育。邓小平还指出："我们要全面正确执行教育方针，端正方向，真正搞好教育改革，使教育事业有一个大的发展，大的提高。教育事业决不只是教育部门的事，各级党委要认真地作大事来抓，各行各业要支持教育事业，大力兴办教育事业"。只有教育事业发展了，才能培养出大批现代科技工作者的专门人才，由此可见，教育是第一生产力的基础。从这个意义上讲"科学技术是第一生产力"要以"教育为本"。

学校及教育部门是科技传播的重要场所，是继承、积累和发展科学技术成果的重要纽带。只有办好学校，办好小学、中学、中等专业学校、大学，才能提高教学质量，培养出高质量的小学生、中学生、中专生、大学生、研究生等，才能真正使科学技术成为第一生产力。

我们现阶段的教育，存在着一些弊端，阻碍着科学技术转化为生产力。我们要以"科学技术是第一生产力"为深化教育改革的指导思想，培养出适应现代社会生产力发展的人才。

1、革新教育思想，树立新的观念；改革教育，扩大开放；改革教学体制，调整课程结构，加大科学技术教育内容；深化校内管理改革，增加学校活力。

2、调整国内科研力量的布局，压缩臃肿的政府、高校科研机构，并把研究重点转到基础的研究上，扩大企业科研队伍，加强应用开发性研究；增加科研经费的投入；引进市场经济，促进科技成果转化为生产力。

3、落实知识分子政策，提高知识分子生活水平。在政治上、经济上、学术上关心科学工作者和教育工作者，充分调动他们的积极性和创造性，对实现"科学技术是第一生产力"的指导思想，具有非常重要的意义。

"科学技术是第一生产力"既是突出缺陷，又是在考察世界各国技术发展与应用的基础上提出来的，已经成为进行社会主义现代化建设的行动指南。回顾一下世界历史发展的史实，我们能明显地看到每次科技革命的出现，都带来了生产力的巨大发展，而当今各国综合国力竞争的背后实质是科技的竞争，与世界发达国家相比,我们在这方面还有大量的工作要做:发达国家中生产力发展科技进步因素一般在 60%以上,而我国还不到 30%;我国许多产品科技含量低,大部分是依靠大量人力、物力、财务的消耗生产出来的;大多数人民群众科技意识不强,许多还是"科盲";采用新科技进行生产力决策的部门、行业及企业相当少……由于各种政治的,环境的等方面原因使得我们与前几次技术革命失之交臂,我们在科技方面大大落后于世界发达国家。随着信息时代的到来,知识经济的挑战,这又是一个极好的机会,所谓"机不可失,时不再来",我们一定要抓住这次机遇,增加科技投入,勇敢地迎接新世纪的挑战,以邓小平提出的"科学是第一生产力"为指导思想,搞好各项工作。江泽民在党的十五大明确提出邓小平理论为当代中国的指导思想;朱镕基总理上台后明确表示本届政府的首要任务是实施"科教兴国"战略;各省、市、部门也纷纷提出科教立市,科教兴农等口号,并逐步制定了各项措施及方案。另外,各地都先后开展的送科技下乡活动及各个单位和有关人员进行的科学普及工作无疑极大推动人们科技意识的增强。全国人大常委会副委员长、著名科学家周光召院士敏锐地察觉到:"在 21 世纪里,知识将取代权力和资本,成为最重要的经济力量,只有知识,才能造就比尔·盖茨那样的世界级富翁,未来属于那些知识拥有者们。"我相信,只要全国人民都动员起来,领导重视起来,我们一定能做好科研工作及科技成果转化工作,推动社会主义生产力的发展及社会主义建设的顺利进行。

(此文刊登在 1999 年第二期《财经教育论丛》。)

启黄中学 2010 年中考成绩公布牌

黄州城区中考成绩揭晓,启黄中学成绩优异:

1、启黄中学何云中同学以 658 分夺得黄州城区中考状元。

2、启黄中学有 9 名学生进入黄州城区前 10 名。

3、启黄中学有 18 名学生进入黄州城区前 20 名。

4、启黄中学有 40 名学生进入黄州城区前 50 名。

5、启黄中学有 127 名学生进入黄州城区前 200 名。

至此,启黄中学在黄州城区勇夺中考"七连冠"。

启黄中学

2010 年 7 月 1 日

(作者时任启黄中学初三年级主任,初三(9)班主任。2010 年作者担任年级主任所带的年级被评为黄冈中学中考优胜集体,录取黄冈中学的 200 名中启黄有 127 名学生,创启黄中学的历史新高,为学校的发展作出了贡献!)

只知景观不知内涵如何让传统文化
浸润学生心灵

新闻回放 日前,在苏轼故乡四川省眉山市举行的一场传统文化进校园的交流活动上,一名初中生讲起校园的东坡文化景观头头是道,但被问及如何理解东坡文化的内涵时却答不上来。对传统文化教育的传承停留在表面不是个别现象,如何向深层次迈进值得深思。

讲景观头头是道,讲内涵吞吞吐吐

"我们建立了东坡文化长廊,把苏轼的诗词书画刻在长廊里,让学生耳濡目染……"、"我们举办了苏轼诗词朗诵会和书画临摹展,让学生在这些活动中得到人文素质的提高……"近日,在著名文学家苏轼的故乡四川眉山举行的一场"东坡学校与东坡文化传播交流活动"中,来自全国各地20多所学校的校长、教师就本校利用苏东坡的传统文化资源开展现代教育的做法进行交流。

这让活动组织者/中国苏轼研究学会理事尧军又喜又忧。喜的是大家对东坡文化的现代教育意义非常重视,忧的是这些教育形式听起来都差不多,会不会让传统文化教育流于形式呢?

尧军的担忧似乎在一位眉山本地的初中生身上得到了验证。在交流中,当13岁的男生刘某某向大家介绍自己校园的东坡文化景观时,文化长廊、亭榭歌台,讲得头头是道。然而当被问及自己对苏东坡有何理解时,刘某某竟一时语塞。

至少在这个时候,那位900多年前的老乡的洒脱气质,在刘松松身上消失得无影无踪。记者随后跟刘松松交流,他还有些不好意思:"之前知道要发言,所以有所准备。但是没想到有人提问,有点慌。"刘松松承认,其实自己对苏轼本人的理解并不深刻,只知道他诗文很好、境遇坎坷,至于具体的事迹,"不会超出课本介绍之外"。

广东省惠州市东坡小学教导主任叶迪标也有同样的困惑。苏轼贬谪惠州期间的住所就在如今惠州东坡小学的校园内,学校围绕这一文化资源,开发了校本教材《东坡诗词乐言》,还把东坡诗词作为科研课题。但是,"想更深一步发挥传统文化的教育功效,就不知从何下手了。"

让传统文化精神在师生行为中得到体现

在眉山市东坡小学校长周吉群看来,尧军和叶迪标的疑问其实反映了传统文化热背后的深层次问题。

"传统文化进校园的教育效果应该有两个层次:第一个层次是把传统文化作为一种课程资源。第二个层次应该是怎样把传统文化的人文精神变为师生的一种观念,最终影响到他们的行为。"周吉群说,"如果第二个问题不解决好,那么传统文化进校园只能是表面热闹,站不住脚,传统教育也要讲求入脑入心。"

在今年的全国两会上,全国政协委员张晓梅曾提出把国学教育纳入中小学课程。张晓梅认为,出现"地沟油"、"毒奶粉"这样的社会现象,很重要的一点是由于人们传统价值观的缺失造成的。"要把过去简单的'读诵经典'提升到'国学教育',融入学校的整体工作,把传统文化全面融入学校的管理、制度、文化、环境、课程中,努力让传统道德走进每个老师和学生的心中。"张晓梅向记者表示。

然而相对于让学生练习书法和绘画,这显然是一个更困难的工程。很多与会者都表示,"这不仅是对学生的挑战,也是对教育工作者和管理部门的挑战"。

"中国传统文化内容很丰富,到底哪些内容应该进入中小学课程,这些内容在中小学教育中承担什么样的角色、发挥什么样的作用,都是我们应该审慎思考的问题。"江苏省宜兴市东坡小学校长勇辉说。"目前,在中小学指定教材或一些参考资料中,对一些历史人物的评价偶尔会有些变化,我们对这些问题感到困惑,因为平时忙于教学,教师很难拿出更多时间研究历史上对这些人物的客观评价,也不知如何取舍。"黄冈中学高级语文教师陶秀琪说。

学校应为学生体验传统文化创造条件

陶秀琪希望教育部门能对传统文化进校园的范围、标准做些指导,比如拟定目录、名单,编写相关的辅助教材等,"我认为这是当前传统文化进校园实施过程中的一个盲点。"

而针对传统文化如何起到深层次的教育作用,尧军开出的药方是"亲历"。而他的感悟即来源于亲身经历。10年前,尧军身患重病,一度灰心厌世。偶然之间，他在病床上读了苏轼的传记，被苏东坡笑对人生变幻的精神感染，从此成为苏轼的"铁杆粉丝"，病愈之后开始热心推动东坡文化进校园的活动。

"让学生亲身体验到从传统文化中汲取的力量，比我们站在讲台上说一百句都顶用。"尧军说，"这需要学校加强引导，必要时为学生的这种体验创造条件。"

湖北黄冈曾是苏轼贬谪之地，他在此创作了大量诗词歌赋和书画作品，这激发了陶秀琪的教学灵感。她和同事们结合苏轼的作品，把综合阅读课的课堂拓展到了校外。在两个月的时间里，学生们走访苏轼感怀过的赤壁，围绕苏轼提出研究课题，独立搜集相关资料或开展访问，最后把研究结果写成小论文或制作成展板，进行交流总结。"课题组会对每名学生进行指导，掌握他们的完成情况，并建立测评体系，追踪记录学生的成长指标。"陶秀琪说。

学生的表现也没有让陶秀琪失望。一位家庭经济困难的学生，原本常向父母伸手要钱，在了解苏轼母亲程氏对其苦口婆心的教育之后，深受感动，回家之后即向父母郑重表示再也不乱花钱了。"学生家长在开座谈会时讲到这里，不禁泪流满面。我既感动又欣慰。"陶秀琪说。

（此文是本人 2011 年 7 月 23 日在四川眉山市举行的"东坡学校与东坡文化传播交流活动"时，接受中国文化报、光明日报、中国教育报记者的采访后，中国教育报的记者高毅哲对本人的研究的一种肯定，在全国有一定影响。）

传统文化，塑造文化校园

光明日报记者 梅杰

在中国苏轼研究学会、眉山三苏祠博物馆、华夏苏东坡文化传播中心联合主办的"东坡学校与东坡文化传播交流活动"中，"传统文化塑造校园"的话题，深深吸引着所有人。

素质教育要重视传统文化

黄冈是否只有应试教育？

黄冈实验小学副校长欧志鸿不这样认为："我们学校是教育部开展的中华经典进校园第一批试点单位，苏东坡的诗词已经列入其中。在综合活动课中，课题组开发了'访赤壁、寻东坡'的主题活动，让学生进行调查，加深对东坡文化的理解。"

黄冈中学高级语文教师陶秀琪认为：黄冈推行"东坡文化进校园"，具有不一样的意义——苏轼贬谪黄州期间，其旧址就在如今黄冈中学的老校区，遗址就在学校范围内。"在这样的校园环境中讲传统文化、讲苏东坡文化，可以很好提高学生知识含量、人文素养。"

东坡文化已成教育品牌

研讨会上，四川省眉山市东坡小学校长周吉群做了《学承东坡道臻至善》的主题演讲。周吉群认为，东坡文化在学校的传播有两个层次：第一个层次是把东坡文化作为教师教学的资源、学生学习的资源以及学校特色建设的资源；第二个层次是把东坡文化的精髓落实到学校的管理行为和教师的教学行为中，通过管理行为和教学行为引导学生做人和治学。

其实，传统文化不仅仅是内化为学校素质教育的一种方式和途径，还是开展对外交流的利器和宝藏。据江苏省宜兴东坡小学校长勇辉介绍，日本有一个"东坡迷"，他追寻东坡的足迹来到宜兴东坡小学，因为非常喜欢这里，总共来了七八次。经他牵线，宜兴东坡小学与日本九赖小学、初云小学结成了姐妹学校，开展校际交流，共同创作文艺节目，举办书画展览、寻访东坡文化等，取得了很好的效果。

主管部门要"给力"协助

目前传统文化在中小学的传播形式过于简单化,还需要改进。

陶秀琪分析,目前,在中小学指定教材或一些参考资料中,对一些历史人物的评价偶尔会有些变化,这是当前传统文化进校园实施过程中的一个盲点。"希望教育部门能对传统文化进校园的范围、标准做些指导。"

周吉群认为,现在许多"进校园"活动流于形式。应该把各种活动与学校特色结合起来,比如,全国东坡学校开展"东坡进校园",就比较贴切,也有更直观、具象的资源去开发和教育学生。

(此文是本人2011年7月23日在四川眉山市举行的"东坡学校与东坡文化传播交流活动"时,接受中国文化报、光明日报、中国教育报记者的采访后,光明日报记者梅杰对本人的研究的一种肯定,在全国有一定影响。)

东坡文化走进、校园

中国文化报记者 侯丽

近日,由中国苏轼研究学会、眉山三苏祠博物馆、华夏苏东坡文化传播中心联合主办的"东坡学校与东坡文化传播交流活动"在四川省眉山市举行。

江苏省宜兴东坡中学、广东省惠州东坡小学、海南省儋州东坡中学、江苏省徐州利国苏轼小学等20多所与东坡文化相关的中小学校校长、学科负责人、特级教师等参加了交流。

自主开发课程

提起湖北省黄冈市,"全国高考学黄冈"的口号如雷贯耳,不管是当地的高考模拟试卷,还是黄冈学生在高考中的奇高分数,都让人们大呼:黄冈是全国应试教育搞得最好的地方。然而,黄冈真的只有应试教育吗?

其实,随着全国中小学素质教育的开展,尤其是新课标实施后,"黄冈开始扎扎实实地推动素质教育。"黄冈实验小学副校长欧志鸿说。

"我们学校是教育部开展的中华经典进校园第一批试点单位,苏东坡的诗词已经列入其中。我们要求学生每周背诵一首,或者是每天一首,长期不懈慢慢进行诗词积累。另外,在综合活动课中,课题组开发了'访赤壁、寻东坡'的主题活动,让学生进行调查,形成口头或书面报告,加深对东坡文化的理解。"欧志鸿说。

据黄冈中学高级语文教师陶秀琪介绍,在素质教育过程中,黄冈"东坡文化进校园"的探索是个典型。苏轼贬谪黄州期间,东坡故居遗址住所地理位置就在黄冈中学老校区校园范围内。因此,学校选择从东坡文化入手来开发综合阅读教材。"比如,语文课上,老师们会介绍与东坡文化有关的历史,并将地理、军事、美术、音乐、书法、英语等学科与东坡文化进行嫁接和整合,以此提高学生的知识含量、人文素养及综合学习能力。"

东坡文化成了教育品牌

研讨会上,四川省眉山市东坡小学校长周吉群做了《学承东坡 道臻至善》的主题演讲。周吉群认为,东坡文化在学校的传播有两个层次:第一个层次是把东坡文化作为教育资源,即教师教学的资源、学生学习的资源以及学校特色建设的资源;第二个层次是发掘东坡文化的现代教育意义,把东坡文化的精髓落实到学校的管理行为和教师的教学行为中,通过管理行为和教学行为引导学生做人和治学。

与会专家认为,东坡文化不仅仅是内化为学校素质教育的一种方式和途径,还是开展对外交流的利器和宝藏。据江苏省宜兴东坡小学校长勇辉介绍,日本有一个"东坡迷"叫佐藤房雄,他追寻东坡的足迹来到宜兴东坡小学,因为非常喜欢这里,总共来了七八次。经他牵线,宜兴东坡小学与日本九赖小学、初云小学结成了姐妹学校,开展校际交流,共同创作文艺节目,举办书画展览、寻访东坡文化等,取得了很好的效果。

希望教育部门加强指导

目前东坡文化或者说传统文化在中小学的传播多以演讲交流、在语文教学及课外兴趣小组中加强学习等方式进行,存在一定的定式。中小学教师们也提出了一些意见,希望能够改进传统文化进校园的方式。

陶秀琪对记者说,目前,在中小学指定教材或一些参考资料中,对一些历史人物的评价偶尔会有些变化,对这些问题感到困惑,因平时忙于教学,教师很难拿出更多时间研究历史上对这些人物的客观评价,也不知如何取舍。"希望教育部门能对传统文化进校园的范围、标准做些指导,比如拟定目录、名单,编写相关的辅助教材等。我认为这是当前传统文化进校园实施过程中的一个盲点。"

周吉群认为,现在各级教育部门和学校喊出了许多"进校园"的口号,比如,廉政文化进校园、安全教育进校园等等,从某种程度上来说,有些活动有时流于形式,学生不感兴趣,教师也不知如何开展。他认为,当前最重要的还是要把各种进校园活动与学校、地域特色结合起来,比如,全国东坡学校开展东坡进校园,就比较贴切,都是与东坡文化有关的学校,也有更直观、具象的资源去开发和教育学生。抓住每个学校的典型文化特征,才能更好地把这项工作落实下去。

(此文是本人 2011 年 7 月 23 日在四川眉山市举行的"东坡学校与东坡文化传播交流活动"时,接受中国文化报、光明日报、中国教育报记者的采访后,中国文化报记者侯丽对本人的研究的一种肯定,在全国有一定影响。)

中小学开书法课，师资成了"拦路虎"

中国文化报记者 侯丽

日前，教育部下发了《关于中小学开展书法教育的意见》，对中小学开展书法教育做出安排。其中，要求小学三至六年级开展书法必修课，并对中学书法教育提出要求。

在信息传递日益键盘化的今天，推动书法教育进课堂，已经成了一个社会关注的热点问题。近年来，每逢两会期间，都有全国人大代表、政协委员提出应该在学校开设书法课的建议。如今，教育部终于对这些意见建议有了回应，并就中小学校的书法教育做出了部署。

对于教育部的这项举措，学校会有哪些反应呢？在秋季学期开学之际，记者做了调查。

突然开设，调整课程显仓促

教育部通知要求，书法课应纳入小学三至六年级必修课，每周安排一个课时。"书法教育应培养学生正确的写字姿势，养成良好的书写习惯。一至三年级着重培养学生硬笔书写能力；三年级开始，过渡到硬笔软笔兼学，学生要用毛笔书写楷书，临摹名家书法，从书法作品的内涵、章法、结构、笔法等方面鉴赏历代重要书法家作品。"

通知强调，省级教育行政部门要对书法教育的课程安排、教学管理、教师任职条件及资源配置等进行规划。

据记者调查，因相关文件于8月底刚刚发布，一些省级教育部门最近才接到通知，许多中小学对此事尚不知情。有学校认为，因为要求"小学三年级到六年级为必修课"，眼下刚刚开学，让学校在短短几天内，便完成对书法教育的课程安排、教学管理、教师任职条件及资源配置等，无疑有些难度。以师资为例，也许那些练过硬笔书法和毛笔字的教师，能够"赶鸭子上架"，但是，这种连基本的培训都没有的安排，显得有点仓促。有些语文教师反馈，最好能提前安排，提前培训，有一段时间的过渡期。

有基础的学校易开展

教育部通知称:"在义务教育阶段的美术、艺术等课程中,要结合学科特点开展形式多样的书法教育。中小学校还可在综合实践活动、地方课程、校本课程中开展书法教育。"

一些学校对于该通知有点措手不及,不过,也有一些学校则早有了开展书法教育的基础。在教育部下发通知之前,北京、上海等一些大城市的中小学已经在开展一些书法教育。北京市西城区福绥境小学刘老师对记者说,该校从一年级至六年级都开设有书法课,每周一节。与该校类似,北京大部分中小学都开设有书法课程,但多以选修课或课外兴趣小组的形式开展。

上海的书法教育也开展得比较好。今年7月暑假期间,上海市教委已经下发了《关于进一步加强义务教育阶段学校写字教学的若干意见》,要求小学阶段的写字教学安排在语文基础型课程的课时内落实,每周开设一节写字课;初中阶段课内写字教学安排在拓展型课程中进行,可集中安排,也可分散安排,平均每周课内写字指导及训练时间不少于一课时。写字课内容包括硬笔书写、毛笔书写。此外,在中小学语文考试评分标准中,写字单列评分,小学占总分的5%,初中占总分的2%。

其他地区一些比较重视素质教育的中小学,也有开展书法教育的基础条件。湖北省黄冈中学语文教师陶秀琪对记者说,黄冈中学每年举行"科技文化节",展出学生的钢笔书法、毛笔书法作品等,从教师到学生,都比较重视书法的学习。

专职师资普遍缺乏

不过,即使是那些开设了书法选修课或书法兴趣小组的学校,书法师资仍然相对匮乏。

北京市西城区福绥境小学刘老师称,虽然学校每周都有书法课,但学校没有专职书法教师。陶秀琪也表示,黄冈中学没有专职书法教师,书法教育多由语文教师兼任,但有几位比较擅长书法的教师可对学生做些指导,另外,学校还会通过电视教学等开展书法专题指导;山东省济南市历城第二中学一位老师称,学校对教师硬笔书法水平有要求,学生中也有书法兴趣小组,但没有专职书法教师……记者随机调查了十几所学校,没有找到一位专职书法教师。一些打工子弟学校、条件较差的私立学校,则更少有这方面的考虑。

中小学缺乏专业书法教师,与我国高校对师资的培养也有关系。据记者了解,目前,我国培养书法教师的高校非常少,已知的只有上海师范大学美术学院等少数高校开设有书法教育专业,这也是上海市唯一一个专职培养书法教师的专业。该专业两年才招一届学生，每届只招 20 名，毕业的学生中只有 50% 到中小学校担任书法教师。这远远满足不了学校的需求。该院书法专业教授张信认为，面对上海市百万名中小学生，现有的书法专职教师只是杯水车薪。当务之急是让书法课尽快成为师范类专业学生的必修课。

不过，据记者调查，许多省级重点师范高校，比如山东师范大学文学院，在培养语文教师的课程设置中，并没有开设任何与书法相关的课程，包括必修课和选修课。学生大部分缺乏书法素养，别说在中小学开展书法教育，连简单的指导都成问题。

书法选修课恐被"架空"

教育部通知要求，"普通高中在语文等相应课程中设置与书法有关的选修课程；中小学校还可在综合实践活动、地方课程、校本课程中开展书法教育。"也就是说，目前阶段的中学书法课，是未做考试要求的非必修课。有网友表示，真正意义上的书法教育，很可能因为不是"必修"、又未能科学合理安排，而在实际教学中被"架空"。

河南郑州某中学学生李文启说，中学课程安排得比较紧，中考或高考期间，连正常的体育、音乐课都往往被占用，单独拿出课程来练书法，不太现实。"从准备墨汁、洗笔到练习过程中可能弄污书本、衣服等，这些时间加起来，一堂 40 分钟的课就所剩无几了；再说，练书法得长期坚持才有效，即使每周都练一堂课，一学期后也不一定能出成绩。"

另有教师称，练书法最好有专门的书法教室，有面积较大的案板可以搁置笔墨，平时每位学生所占课桌面积本来就很小，连宣纸都铺不开。

陶秀琪认为，课堂上，练钢笔书法比毛笔书法更方便，也更现实。以湖北省为例，从去年开始，中考已像高考一样，启动"网评"，考生试卷要传输到电脑屏幕，经过这样一个转化过程，如果考生字迹不清或字型不好，会削弱原本的字迹效果，也会很大程度上影响考试成绩，尤其是作文成绩。"所以，我们的语文教师特别强调学生要练好字，要写清楚，写漂亮，争取在考试中有个好的'印象分'。"她认为，中考、高考是"指挥棒"，如果这两个关键时刻对书法水平有要求，才能更好地激发师生练习书法的积极性。

不管怎么说，书法进中小学课堂毕竟是件好事，在学校克服困难执行相关规定的同时，我们还应该清醒地认识到，让中小学生练书法，藉此完成对传统文化的传承和发扬，还需从根本上改变当前以升学为目的的教育教学现状，将书法教育真正融入到对中小学生健全人格、独立精神的塑造中。

　　（此文是 2011 年，中国文化报记者侯丽就落实教育部《关于中小学开展书法教育的意见》对本人的电话采访稿。

后　记

　　本人在教坛上求索了整整 30 年。这期间有奋力拼搏之豪气，有遭受挫折之惆怅，有求索探究之艰辛，有冥思苦想之乐趣，有享受成功之喜悦！……回望三十年的教坛之路，总算留下了那么一点点淡淡的墨痕，尽管把它连缀起来，成不了一串美丽的项链，但我想得到读者和大方之家的指教，并以新的起点，新的目标和新的动力迈向新的征程，这就是我的梦想。

　　今天，我的梦想蓓蕾初放，除了要告慰自己三十年的辛勤耕耘外，更要衷心的感谢——

　　序言的作者是中国教育学会小学语文教学研究会副理事长、湖北省教研室小学语文教研员、特级教师段宗平同志，是您的培养厚爱给予了我潜心教坛研究的动力；

　　市教育局教师管理科科长雷中怀同志，是您的激励和帮助给予我成书付梓的信心；

　　我的历任领导老师，是您的教育栽培给予我锻炼成长的实力；

　　我的各位同事朋友，是您的努力创造给予我执笔的丰富素材。

　　还有出版社，是您的热情支持和辛勤的劳动才使我的书稿得以整理付印。

　　回望三十年，教坛有浅迹。展望未来，黄冈素质教育探究之路仍是任重而道远。我深感责任重大，我要感谢一直为了我的成长和书稿付印倾注诚挚关爱的所有前辈、领导、同事、朋友，请您在我继续前行的新的征程中给予更多的支持、鼓励、鞭策！

作者简介

陶秀琪,华中师范大学本科。湖北大学"课程与教学论"专业的研究生并获教育硕士。中学高级教师。1999年9月至2012年7月,在黄冈中学任语文课教学,担任班主任,年级主任;2012年11月13日,任黄冈市东坡小学(原黄冈市第二实验小学)校长、书记。教龄整30年。

黄冈市教育局授予"黄冈市骨干教师";黄冈市教育局授予"黄冈名师"荣誉称号;黄冈市教育局授予"王正本优秀教师奖";被国家行政学院评为"中国教育干部培训网优秀学员";湖北省教研室评为优秀语文教师;"湖北省教育学会基础教育科研之星";湖北省教研室"综合阅读课题及教学实践"的课题研究先进个人;省教研室"基础教育课题"优秀项目主持人;湖北省精神文明建设委员会授予"第二届全省未成年人思想道德建设工作先进工作者";黄冈市总工会授予"黄冈市女职工建功立业标兵。湖北省中学语文学会会员、黄冈市中小学班主任培训教师、黄冈师范学院湖北省"国培计划"置换培训项目教育学特聘专家、"全国东坡学校工作委员会第一届理事会"常务理事。

勤于教学研究,承担4课题研究,国家级课题两项,正在研究之中;省级课题两项均已结题,军均获得专家的好评,其中作者承担的省级课题"初中语文综合阅读课题研究"被评为全省"基础教育课题"研究优秀项目一等奖,作者被评为优秀项目主持人。撰写了教育教学专著1本,参编地方教材1本,主编校本教材2本,主编校刊1本,公开在省级以上刊物上发表的论文、案例、创作文章等 17 篇，获市级、省级奖项的课、案例、论文、课题及其他文章等 13 项.。

教学成果突出，辅导学生有 9 人次获国家级、省级奖；担任班主任，三届毕业生在中考中先后有 44 名学生被黄冈中学录取；有 2 名学生在高考中被北京大学录取，有 1 名学生考取清华大学；有 1 名学生被中国科技大学录取，有 3 名学生被上海交大录取等；2010 届担任年级主任所带的年级毕业生在黄州城区中考录取的 200 个指标中有 127 名学生被黄冈中学录取，创启黄中学的历史新高。有 5 名学生在 2012 年全国中学生生物联赛荣获中学生生物联赛全国一等奖。

治校有方略：充分挖掘本地具有鲜明特色的东坡文化，建立体现人文关怀和东坡精神的学校制度体系。完善独具东坡文化特色的教育教学设施。培养师生熟悉掌握东坡诗词文赋的基本文化素养，开创了黄冈素质教育的历史先河，为建设黄冈特色文化学校起到了较好的引领作用。

2012 年 10 月陶秀琪同志与中国教育学会学术室主任时俊卿合影

2012 年 11 月陶秀琪与中国教育学会
管理分会副秘书长卢元锴教授合影

2004 年 10 月湖北省教研室史绍典主任
参加陶秀琪主持的省级课题的开题仪式

2005 年 5 月黄冈中学副校长特级教师张凡
参加综合阅读研究课评课活动

2011 年 7 月在眉山召开的首届
"东坡文化传播"活动上做主题演讲。

陶秀琪组织课题组成员集体研讨

陶秀琪同志带领市东坡小学备课组长到启黄中学学习

陶秀琪同她考取大学的学生在一起

作者和爱人在上海送儿子去英国留学

陶秀琪在启黄上"比教学"示范课

陶秀琪在启黄上"比教学"示范课